Excel

财务与会计

自学经典

金松河 朱德准 孙彤 编著

清华大学出版社
北 京

内 容 简 介

本书以实际应用为出发点，通过大量来源于实际工作中的具有实用性和可操作性的典型案例，对读者在日常会计工作中所遇到的问题进行全面解答。

全书共 10 章，其中包括 Excel 在财务管理中的基本操作、会计记账、进销存的管理、往来账务的处理、工资的核算、固定资产的核算、月末账务处理、其他常用财务报表的创建、会计报表、财务分析和财务预算等内容。

本书结构编排合理、图文并茂、案例丰富，解说详略得当，具有很强的可操作性。可以有效帮助读者提高使用 Excel 2013 进行财务管理的水平。

本书既可作为高等院校、大中专院校相关专业学生的培训教材，也可以作为会计人员、财务管理人员的参考书籍，同时对于企业管理人员、计算机办公应用用户也具有较高的参考价值。

图书在版编目(CIP)数据

Excel 财务与会计自学经典 / 金松河，朱德准，孙彤编著. — 北京：清华大学出版社，2016 (2016.11重印)
（自学经典）
ISBN 978-7-302-42302-7

Ⅰ.①E… Ⅱ.①金… ②朱… ③孙… Ⅲ.①表处理软件—应用—财务管理 ②表处理软件—应用—会计 Ⅳ.①F275-39 ②F232

中国版本图书馆 CIP 数据核字(2015)第 287018 号

责任编辑：杨如林
装帧设计：刘新新
责任校对：胡伟民
责任印制：沈　露

出版发行：清华大学出版社
　　　　　网　　　址：http://www.tup.com.cn，http://www.wqbook.com
　　　　　地　　　址：北京清华大学学研大厦 A 座　　　邮　　编：100084
　　　　　社 总 机：010-62770175　　　　　　　　　邮　　购：010-62786544
　　　　　投稿与读者服务：010-62776969，c-service@tup.tsinghua.edu.cn
　　　　　质量反馈：010-62772015，zhiliang@tup.tsinghua.edu.cn
印 刷 者：三河市君旺印务有限公司
装 订 者：三河市新茂装订有限公司
经　　销：全国新华书店
开　　本：188mm×260mm　　　印　张：20.75　　字　数：610 千字
　　　　　（附光盘 1 张）
版　　次：2016 年 3 月第 1 版　　　　　　　印　次：2016 年 11 月第 2 次印刷
印　　数：3001~4500
定　　价：59.80 元

产品编号：063949-01

前　言

众所周知，Microsoft Excel是微软公司的办公软件Microsoft office的组件之一，它可以进行各种数据的处理、统计分析和辅助决策等操作。Excel 2013版本软件的界面更加简洁美观、操作起来更加方便，同时，许多功能也得到了大幅提高。因此被广泛地应用于管理、统计、财务管理、金融等众多领域。

为了使广大财务人员提高工作效率，我们组织了一批富有教学和实践经验的教师编写了此书。本书从财务管理的实际应用出发，配以大量案例，详细介绍了财务管理的相关操作。每个案例都使用一步一图的方式进行讲解，力求以最清晰、直观的方式呈现给读者。学完这本书之后，相信你也可以使用Excel轻松地完成财务工作。

本书特色概括如下：
- 合理的结构框架。全书以实际应用为出发点，打破了传统的按部就班讲解知识的模式，按照会计人员的实际工作进行排篇布局。
- 丰富的案例介绍。在编写过程中，本书以大量的、贴近实际工作的经典案例为主要内容，不仅涉及财务管理的各个方面，而且在讲解案例的同时，介绍Excel的相关知识。
- 直观的讲解方式。全书采用图文结合的方式进行讲解，每一个操作步骤都配有对应的插图，使读者在学习的过程中能够更加直观、清晰地看到操作效果，更易于理解和掌握。
- 完整的学习脉络。在学习完每章知识内容后，结尾还增加了上机实训和富有针对性的拓展应用练习。同时，还对本章的常见疑难问题及相应的解决方案进行了汇总。

全书共10章，其中各章节内容概述如下：

第1章主要介绍Excel在财务管理中的基础知识，知识点包括制作现金日记账、制作费用统计表、制作应收账款统计、制作差旅费报销单等。

第2章主要介绍使用Excel进行会计记账，知识点包括制作会计科目表、制作记账凭证、制作记账凭证汇总表、制作总分类账等。

第3章主要介绍使用Excel进行进销存的管理，知识点包括使用Excel进行采购管理、使用Excel进行销售管理、使用Excel进行库存管理等。

第4章主要介绍往来账务的处理，知识点包括应收账款的统计和处理、应收账款的账龄分析、应付账款的统计和分析等。

第5章主要介绍使用Excel进行薪酬管理，知识点包括制作工资信息表、制作工资明细表、制作工资条、制作工作发放表等。

第6章主要介绍使用Excel进行工资核算，知识点包括制作固定资产管理表、对固定资产进行筛选、对固定资产折旧进行计算，对折旧费用进行分析等。

第7章主要介绍月末账务处理的相关知识，知识点包括结转利润、编制科目汇总表、编制财务明细账表、保护财务账目等。

第8章主要介绍其他几种常见财务报表的创建，知识点包括创建银行存款日记账、创建销售业绩分析表、创建生产成本汇总表等。

第9章主要介绍三大会计报表，知识点包括创建资产负债表、利润表、现金流量表等。

第10章主要介绍财务分析和财务预算，知识点包括核算各种财务比率、财务对比分析、财务趋势分析、杜邦分析、日常业务预算等。

本书由金松河、朱德准、孙彤老师主编，其中第1~4章由金松河老师编写，第5章由张素花、张双双、李鹏燕老师编写，第6~7章由孙彤老师编写，第8~10章由朱德准老师编写，附录其他部分由王园园、张晨晨、谢世玉、石翠翠、郑菁菁、朱艳秋、蔺双彪老师编写，在此对参与本书编写、审校以及光盘制作的老师表示感谢。最后特别感谢郑州轻工业学院教务处对本书的大力支持。

本书主要面向大中专院校、高等院校相关专业的学生，会计人员、财务管理人员。除此之外，还可以作为企业管理人员、计算机办公应用用户的参考书籍。

本书在编写过程中力求严谨细致，但由于时间与精力有限，疏漏之处在所难免，望广大读者批评指正。

作　者

目　录

第 1 章　Excel与财务工作的完美结合 1

1.1　初识现金日记账 1

1.1.1　轻松创建现金日记账 1

1.1.2　设置数据格式 3

1.1.3　设置表格格式 4

1.1.4　打印设置 6

1.2　第一次操作费用统计表 8

1.2.1　快速输入数据 8

1.2.2　利用公式进行统计 9

1.2.3　让各种费用站个队 10

1.2.4　巧用图表进行分析 11

1.3　随处可见的应收账款统计表 12

1.3.1　创建应收账款统计表 12

1.3.2　巧妙设置到期提示 15

1.3.3　记录单的使用 17

1.4　非常重要的差旅费报销单 18

1.4.1　制作漂亮的报销单 18

1.4.2　为报销单添加个性边框 20

1.4.3　设置报销单中字体格式 20

1.5　上机实训 23

1.5.1　创建借款单 23

1.5.2　创建员工医疗费用统计表 26

1.6　常见疑难解答 29

1.7　拓展应用练习 30

第 2 章　轻松搞定会计记账 31

2.1　丰富多彩的会计科目 31

2.1.1　初识会计科目 31

2.1.2　制作会计科目表 32

2.2　教你制作会计凭证 34

2.2.1　制作原始凭证 34

　　　2.2.2　制作记账凭证 36

　　　2.2.3　填制记账凭证 39

　2.3　编制凭证汇总表其实很简单 41

　　　2.3.1　制作凭证汇总表 42

　　　2.3.2　填制记账凭证汇总表 43

　2.4　掌握总分类账 46

　　　2.4.1　编制期初余额统计表 46

　　　2.4.2　录入期初余额 48

　　　2.4.3　计算期末余额 50

　　　2.4.4　试算平衡表 51

　2.5　上机实训 52

　　　2.5.1　编制经费收支账表 52

　　　2.5.2　巧用数据透视表 54

　2.6　常见疑难解答 56

　2.7　拓展应用练习 57

第3章　进、销、存的巧妙管理 58

　3.1　学会采购管理 58

　　　3.1.1　相关函数介绍 58

　　　3.1.2　采购申请单 59

　　　3.1.3　采购统计表 61

　　　3.1.4　采购物资的账务处理 64

　3.2　掌握销售管理 66

　　　3.2.1　编制销售统计表 66

　　　3.2.2　销售商品的账务处理 69

　　　3.2.3　销售数据分析 70

　3.3　精通库存管理 73

　　　3.3.1　制作商品分类表 73

　　　3.3.2　制作入库单 74

　　　3.3.3　编制入库统计表 76

　　　3.3.4　编制出库统计表 78

　　　3.3.5　利用函数进行库存统计 80

　　　3.3.6　库存情况分析 82

　3.4　上机实训 84

　　　3.4.1　对采购数据进行筛选 84

　　　3.4.2　使用数据透视表汇总销售数据 86

　3.5　常见疑难解答 89

　3.6　拓展应用练习 90

第 4 章　往来账务的处理也不难 91

4.1　轻松统计应收账款 91
 4.1.1　美化应收账款统计表 91
 4.1.2　应收账款的账务处理 93
4.2　分析应收账款其实很简单 95
 4.2.1　对逾期应收账款进行分析 95
 4.2.2　对应收账款的账龄进行分析 96
 4.2.3　添加图表辅助分析 99
 4.2.4　制作应收账款催款单 103
 4.2.5　坏账准备的账务处理 108
4.3　这样进行应付账款的统计 108
 4.3.1　利用表格统计应付账款 108
 4.3.2　添加图表辅助分析 111
 4.3.3　应付账款的账务处理 115
4.4　上机实训 115
 4.4.1　创建信用决策模型 115
 4.4.2　往来客户登记表 117
4.5　常见疑难解答 120
4.6　拓展应用练习 121

第 5 章　高效进行工资核算 122

5.1　非常重要的工资信息表 122
 5.1.1　员工基本信息表 122
 5.1.2　员工考勤表 124
 5.1.3　销售业绩统计表 127
 5.1.4　基本福利表 129
 5.1.5　应扣应缴统计表 130
 5.1.6　税率表 132
5.2　精打细算的工资明细表 135
 5.2.1　设置表格样式 135
 5.2.2　输入基本工资数据 137
5.3　人见人爱的工资条 140
 5.3.1　制作工资条 140
 5.3.2　工资条的打印 141
5.4　实用的工资发放表 143
 5.4.1　工资发放表的制作 143
 5.4.2　转化为文本文件 144

5.5 上机实训 146

5.5.1 原来零钱统计表是这样的 146

5.5.2 查询员工工资 148

5.6 常见疑难解答 152

5.7 拓展应用练习 153

第6章 固定资产的核算很简单 154

6.1 盘点固定资产勿遗漏 154

6.1.1 编制固定资产管理表 154

6.1.2 固定资产的增减 156

6.2 快速进行固定资产的查询 159

6.2.1 使用高级筛选进行查询 159

6.2.2 使用自定义筛选进行查询 162

6.3 轻松驾驭固定资产的折旧处理 163

6.3.1 固定资产折旧统计表 164

6.3.2 平均年限法 165

6.3.3 余额递减法 166

6.3.4 双倍余额递减法 167

6.3.5 年数总和法 168

6.4 巧妙进行折旧费用的分析 170

6.4.1 创建数据透视表进行分析 170

6.4.2 添加数据透视图辅助分析 173

6.5 上机实训 177

6.5.1 制作固定资产标识卡 177

6.5.2 创建固定资产查询系统 179

6.6 常见疑难解答 183

6.7 拓展应用练习 184

第7章 月末大作战之账务处理 185

7.1 轻轻松松结转利润 185

7.2 编制科目汇总表一点也不难 188

7.2.1 将所有科目进行分类 188

7.2.2 创建多栏式科目汇总表 193

7.3 设置总分类账 196

7.3.1 设置总分类账的背景 196

7.3.2 在总分类账中添加批注 197

7.4 快速编制财务明细账表 200

7.5 账务核对和平衡检验 204

7.6 保护账目理所当然 206

7.6.1 公式的审核和保护 206

7.6.2 工作表的保护 209

7.6.3 工作簿的保护 210

7.6.4 工作表的显示和隐藏 211

7.7 上机实训 212

7.7.1 保护财务报表中的计算公式 212

7.7.2 为财务报表设置访问密码 214

7.8 常见疑难解答 217

7.9 拓展应用练习 218

第8章　其他常用报表的创建 219

8.1 银行账表 219

8.1.1 创建银行存款日记账 219

8.1.2 创建银行存款日记账汇总表 222

8.2 销售分析表 223

8.2.1 创建销售业绩分析表 224

8.2.2 利用图表辅助分析 226

8.3 生产成本表 227

8.3.1 创建生产成本月度汇总表 228

8.3.2 生产成本年度汇总表 230

8.3.3 利用饼图辅助分析 233

8.4 上机实训 235

8.4.1 构建销售业绩统计表 235

8.4.2 制作委外加工单 238

8.5 常见疑难解答 242

8.6 拓展应用练习 243

第9章　仪表盘一样的会计报表 244

9.1 资产负债表 244

9.1.1 创建资产负债表 244

9.1.2 发布资产负债表 251

9.2 利润表 252

9.2.1 创建利润表 252

9.2.2 分析收入和费用 255

9.3 现金流量表 259

9.3.1 现金流量表的编制方法 259

9.3.2 创建现金流量表 260

9.3.3 现金流量趋势分析 262

9.4 上机实训 268

9.4.1 为资产负债表添加超链接 268

9.4.2 将资产负债表传至OneDrive 271

9.5 常见疑难解答 273

9.6 拓展应用练习 274

第 10 章　巧妙进行财务分析和财务预算 275

10.1 能干的财务比率 275

10.1.1 各类比率指标介绍 275

10.1.2 创建比率分析表 278

10.1.3 计算各种比率 281

10.2 财务对比分析更直观 285

10.2.1 利用数据透视表进行财务对比分析 285

10.2.2 利用图表进行直观分析 287

10.3 轻松进行财务趋势分析 290

10.4 伟大的杜邦分析 291

10.4.1 初识杜邦分析体系 291

10.4.2 利用杜邦指标进行分析 292

10.5 非常重要的日常业务预算 296

10.5.1 销售预算 296

10.5.2 生产预算 298

10.6 上机实训 300

10.6.1 创建财务分析导航页面 300

10.6.1 制作采购预算表 304

10.7 常见疑难解答 307

10.8 拓展应用练习 308

附录A　财务与会计知识 309

附录B　Excel常用快捷键 315

附录C　财务函数汇总 320

第 1 章

Excel与财务工作的完美结合

📹 **本章概述**　　Excel，也称电子表格，是Office办公软件的一个重要组成部分，利用它可以制作各种表格，进行各种数据处理、统计分析等工作。Excel在财务管理中有着广泛的应用，用户可以利用它制作相应的财务单据、统计表，也可以利用它分析财务数据，给管理者和决策者提供理论依据。本章将介绍利用Excel制作各种常见的财务表格。

🎬 **知识要点**　● 制作现金日记账　　　　　　　● 制作费用统计表
　　　　　　　　　● 制作应收账款统计表　　　　　● 制作差旅费报销单

1.1 初识现金日记账

现金日记账是用来记录企业在日常经营过程中，现金的收入、付出以及结余情况的特种日记账。它是由单位出纳人员根据审核无误的现金收款凭证、付款凭证和从银行提取现金的银行付款凭证逐笔进行登记的。现金日记账不仅可以反映企业现金的支存情况，还可以为财务对账和查账提供依据。

1.1.1 轻松创建现金日记账

用户在创建现金日记账时，需要运用公式和函数，计算每日余额和借方、贷方的合计额，然后按类别汇总现金额。

1. 相关函数介绍

● SUM函数

SUM函数是用来计算单元格区域中所有数值的和。该函数的语法格式为：

```
SUM(number1,[number2], )
```

参数number1表示要相加的第一个数；number2表示要相加的第二个数。

● SUMIF函数

SUMIF函数是用来按条件对指定单元格求和的，该函数的语法格式为：

```
SUMIF(range,criteria,[sum_range])
```

参数range表示用于条件计算的单元格区域；参数criteria表示用于确定对哪些单元格求和的条件；参数sum_range表示要求和的实际单元格。

● SUMIFS函数

SUMIFS函数是用来对一组给定条件指定的单元格求和。该函数的语法格式为：

```
SUMIFS(sum_range,criteria_range1, criteria1,[ criteria_range2,
criteria2],…)
```

参数sum_range表示对一个或多个单元格求和，包括数字或数字的名称、引用或数组；参数criteria_range1表示在其中计算关联条件的第一个区域；参数criteria1表示条件的形式为数字、表达式、单元格引用或文本，可用来定义将对criteria_range1参数中的哪些单元格求和；参数criteria_range2, criteria2表示附加的区域及其关联条件。

2. 制作现金日记账

【例1-1】创建现金日记账（记录一周的现金收支情况，计算余额，汇总日记账）。

01 新建一个工作表，并在工作表中制作表格，输入基本数据，并为表格设置边框，如图1-1所示。

02 选择“F4”单元格，在单元格中输入公式，然后按“Enter”键确认输入，如图1-2所示。

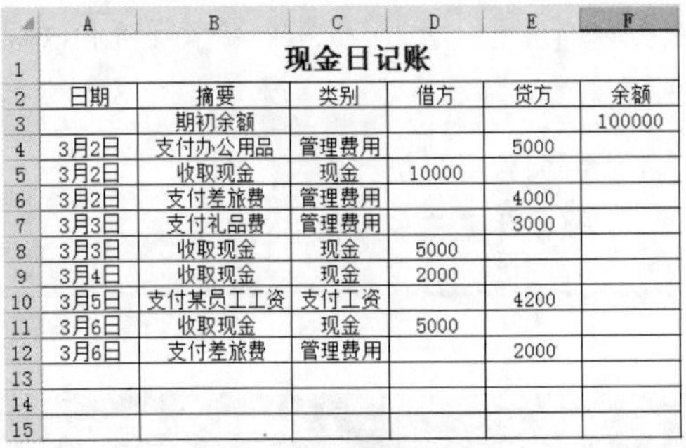

	A	B	C	D	E	F
1	现金日记账					
2	日期	摘要	类别	借方	贷方	余额
3		期初余额				100000
4	3月2日	支付办公用品	管理费用		5000	
5	3月2日	收取现金	现金	10000		
6	3月2日	支付差旅费	管理费用		4000	
7	3月3日	支付礼品费	管理费用		3000	
8	3月3日	收取现金	现金	5000		
9	3月4日	收取现金	现金	2000		
10	3月5日	支付某员工工资	支付工资		4200	
11	3月6日	收取现金	现金	5000		
12	3月6日	支付差旅费	管理费用		2000	
13						
14						
15						

图1-1　输入基本数据

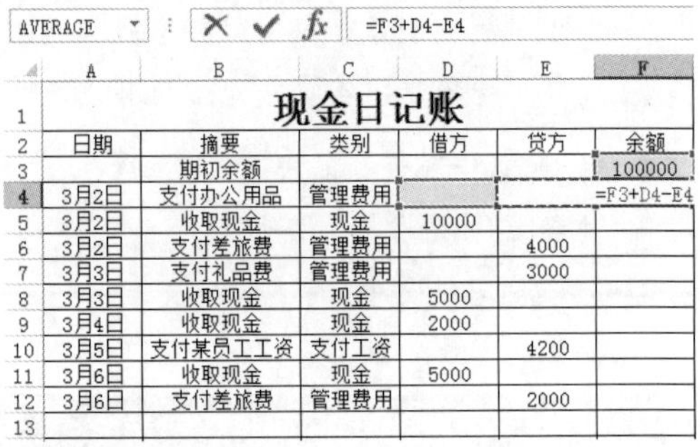

AVERAGE　=F3+D4-E4

	A	B	C	D	E	F
1	现金日记账					
2	日期	摘要	类别	借方	贷方	余额
3		期初余额				100000
4	3月2日	支付办公用品	管理费用			=F3+D4-E4
5	3月2日	收取现金	现金	10000		
6	3月2日	支付差旅费	管理费用		4000	
7	3月3日	支付礼品费	管理费用		3000	
8	3月3日	收取现金	现金	5000		
9	3月4日	收取现金	现金	2000		
10	3月5日	支付某员工工资	支付工资		4200	
11	3月6日	收取现金	现金	5000		
12	3月6日	支付差旅费	管理费用		2000	
13						

图1-2　输入公式

03 将鼠标放到“F4”单元格的右下角，当其变成“+”时，按住鼠标左键，向下拖动鼠标，填充公式，如图1-3所示。

04 选择“D13”单元格，在其中输入求和公式，然后按“Enter”键确认输入，如图1-4所示。

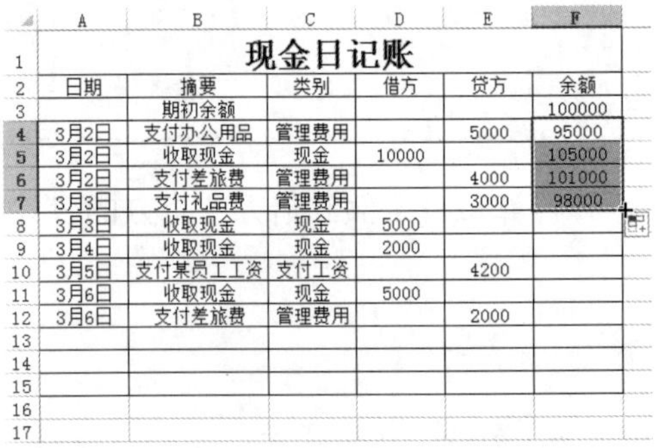

	A	B	C	D	E	F
1	现金日记账					
2	日期	摘要	类别	借方	贷方	余额
3		期初余额				100000
4	3月2日	支付办公用品	管理费用		5000	95000
5	3月2日	收取现金	现金	10000		105000
6	3月2日	支付差旅费	管理费用		4000	101000
7	3月3日	支付礼品费	管理费用		3000	98000
8	3月3日	收取现金	现金	5000		
9	3月4日	收取现金	现金	2000		
10	3月5日	支付某员工工资	支付工资		4200	
11	3月6日	收取现金	现金	5000		
12	3月6日	支付差旅费	管理费用		2000	
13						
14						
15						
16						
17						

图1-3　向下填充公式

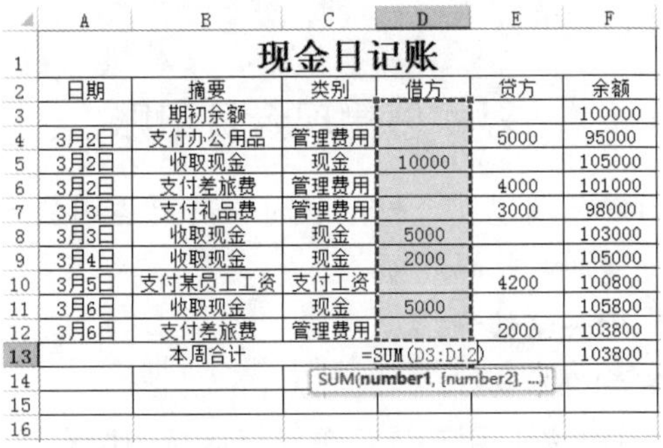

	A	B	C	D	E	F
1	现金日记账					
2	日期	摘要	类别	借方	贷方	余额
3		期初余额				100000
4	3月2日	支付办公用品	管理费用		5000	95000
5	3月2日	收取现金	现金	10000		105000
6	3月2日	支付差旅费	管理费用		4000	101000
7	3月3日	支付礼品费	管理费用		3000	98000
8	3月3日	收取现金	现金	5000		103000
9	3月4日	收取现金	现金	2000		105000
10	3月5日	支付某员工工资	支付工资		4200	100800
11	3月6日	收取现金	现金	5000		105800
12	3月6日	支付差旅费	管理费用		2000	103800
13	本周合计			=SUM(D3:D12)		103800
14				SUM(number1, [number2], ...)		
15						
16						

图1-4　输入求和公式

05 选择“E13”单元格，在其中输入求和公式，然后按“Enter”键确认输入，如图1-5所示。

06 选择“F13”单元格，在其中输入公式，然后按“Enter”键确认输入，如图1-6所示。

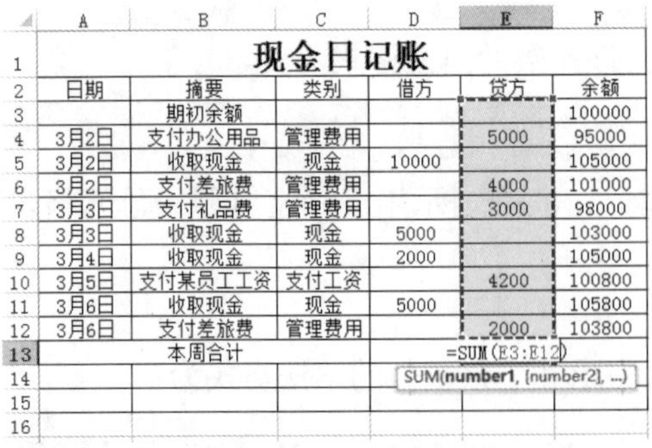

	A	B	C	D	E	F
1	现金日记账					
2	日期	摘要	类别	借方	贷方	余额
3		期初余额				100000
4	3月2日	支付办公用品	管理费用		5000	95000
5	3月2日	收取现金	现金	10000		105000
6	3月2日	支付差旅费	管理费用		4000	101000
7	3月3日	支付礼品费	管理费用		3000	98000
8	3月3日	收取现金	现金	5000		103000
9	3月4日	收取现金	现金	2000		105000
10	3月5日	支付某员工工资	支付工资		4200	100800
11	3月6日	收取现金	现金	5000		105800
12	3月6日	支付差旅费	管理费用		2000	103800
13	本周合计				=SUM(E3:E12)	
14					SUM(number1, [number2], ...)	
15						
16						

图1-5　输入求和公式

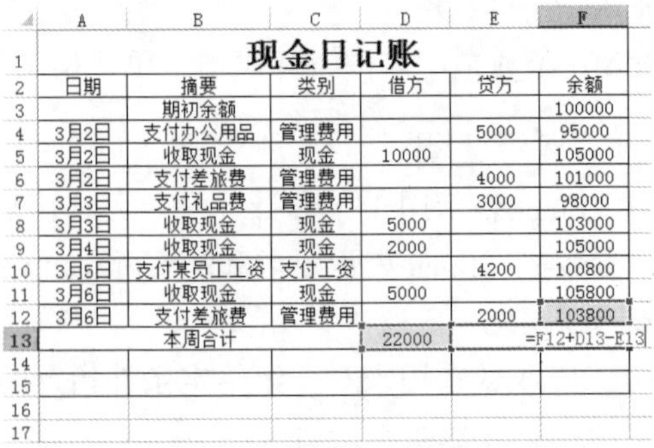

	A	B	C	D	E	F
1	现金日记账					
2	日期	摘要	类别	借方	贷方	余额
3		期初余额				100000
4	3月2日	支付办公用品	管理费用		5000	95000
5	3月2日	收取现金	现金	10000		105000
6	3月2日	支付差旅费	管理费用		4000	101000
7	3月3日	支付礼品费	管理费用		3000	98000
8	3月3日	收取现金	现金	5000		103000
9	3月4日	收取现金	现金	2000		105000
10	3月5日	支付某员工工资	支付工资		4200	100800
11	3月6日	收取现金	现金	5000		105800
12	3月6日	支付差旅费	管理费用		2000	103800
13	本周合计			22000		=F12+D13-E13
14						
15						
16						
17						

图1-6　输入公式

07 在"H1：I5"单元格区域内制作一个数据汇总的表格，此表格用来汇总现金日记账中的数据，如图1-7所示。

08 选择"H3"单元格，在其中输入计算公式，然后按"Enter"键确认输入，如图1-8所示。

图1-7　创建汇总表

图1-8　输入公式

09 选择"H4"单元格，在其中输入计算公式，然后按"Enter"键确认输入，如图1-9所示。

10 将"H3"单元格中的公式复制到"H5"单元格中，如图1-10所示。这样就将现金日记账中的三种类别的数据进行了汇总。

图1-9　输入公式

图1-10　汇总日记账

1.1.2　设置数据格式

用户在现金日记账中输入数据，并使用公式进行计算汇总后，还需要对其中的数据格式进行设置，使用会计专用格式。

1. 功能按钮法

【例1-2】通过功能区按钮设置数据格式（将数据格式设置为会计专用）。

01 打开需要设置数据格式的现金日记账，选中需要设置数据格式的单元格区域。

02 打开"开始"选项卡，单击"数字"命令组中的"数字格式"按钮，弹出下拉列表，从中选择"会计专用"选项，如图1-11所示。

03 此时，选中的单元格区域中的数字格式，就变成了"会计专用"格式，如图1-12所示。

图1-11　选择"会计专用"选项

图1-12　设置后的效果

2. "设置单元格格式"对话框

【例1-3】通过"设置单元格格式"对话框设置数据格式（将数据格式设置为会计专用）。

01 选中需要设置数据格式的单元格区域，打开"开始"选项卡，单击"数字"命令组中的对话框启动器，如图1-13所示。

02 弹出"设置单元格格式"对话框，在"分类"列表框中选择"会计专用"选项，将小数位数设置
为"2"，然后单击"确定"按钮即可，如图1-14所示。

图1-13 单击对话框启动器　　　　　　图1-14 "设置单元格格式"对话框

📝 知识点拨

　　用户选中数据后，在数据区域右击，弹出快捷菜单，从中选择"设置单元格格式"选项，也可
以打开"设置单元格格式"对话框，然后设置单元格格式。

1.1.3　设置表格格式

　　对现金日记账的数据格式进行设置后，用户还可以对现金日记账进行简单的美化，使现金
日记账更加美观。

1. 套用已有样式

　　【例1-4】为"现金日记账"表套用"表样式浅色11"。

01 打开现金日记账，选中除第一行之外的整个表格区域，打开"开始"选项卡，如图1-15所示。

02 单击"样式"命令组中的"套用表格格式"按钮，弹出下拉列表，从中选择"表样式浅色11"选
项，如图1-16所示。

图1-15 选中单元格区域　　　　　　图1-16 选择"表样式浅色11"选项

03 弹出"创建表"对话框，保持默认设置不变，单击"确定"按钮，如图1-17所示。返回现金日记
账，可以看到设置后的效果，如图1-18所示。

图1-17 "创建表"对话框

图1-18 最终效果

2. 自定义样式

【例1-5】自定义表格样式，并应用于"现金日记账"表。

01 打开"开始"选项卡，单击"样式"命令组中的"套用表格格式"按钮，弹出下拉列表，从中选择"新建表格样式"选项，如图1-19所示。

02 弹出"新建表样式"对话框，设置名称，然后在"表元素"列表框中选择"整个表"选项，单击"格式"按钮，如图1-20所示。

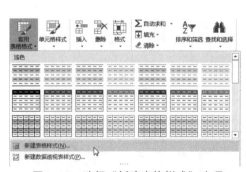

图1-19 选择"新建表格样式"选项

图1-20 单击"格式"按钮

03 弹出"设置单元格格式"对话框，从中打开"边框"选项卡，将边框颜色设置为"蓝色"，单击"确定"按钮，如图1-21所示。

04 返回"新建表样式"对话框，在"表元素"列表框中选择"第一行条纹"选项，单击"格式"按钮，如图1-22所示。

图1-21 设置边框

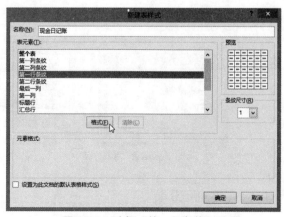

图1-22 选择"第一行条纹"选项

05 弹出"设置单元格格式"对话框,打开"填充"选项卡,从中选择合适的填充色,然后单击"确定"按钮,如图1-23所示。

06 返回"新建表样式"对话框,单击"确定"按钮,如图1-24所示。

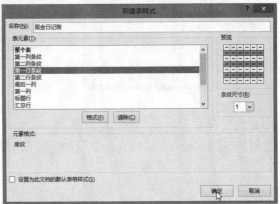

图1-23 设置条纹颜色　　　　　　　　　　图1-24 单击"确定"按钮

07 返回工作表编辑区后,选择除第一行外的所有表格区域,如图1-25所示。

08 单击"样式"命令组中的"套用表格样式"按钮,弹出下拉列表,选择"现金日记账"选项,如图1-26所示。

图1-25 选中表格区域　　　　　　　　　图1-26 选择"现金日记账"选项

09 弹出"套用表格式"对话框,保持默认设置不变,单击"确定"按钮,如图1-27所示。

10 返回工作表编辑区后,可以看到设置好的现金日记账,如图1-28所示。

图1-27 "套用表格式"对话框　　　　　　图1-28 最终效果

1.1.4　打印设置

用户创建好现金日记账后,如果需要将其打印出来,那么首先需要进行打印设置,如设置页面边距、设置纸张方向、打印份数和打印方向等。

【例1-6】打印现金日记账（设置现金日记账的边距、纸张、打印方向、打印份数）。

01 打开"页面布局"选项卡，单击"页面设置"命令组中的"页边距"按钮，弹出下拉列表，选择"上次的自定义设置"选项，如图1-29所示。

02 单击"页面设置"命令组中的"纸张大小"按钮，弹出下拉列表，选择"A4"选项，如图1-30所示。

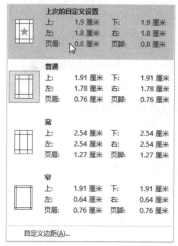

图1-29　设置页面边距

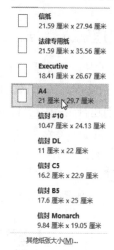

图1-30　设置纸张大小

03 单击"页面设置"命令组中的"纸张方向"按钮，选择"纵向"选项，如图1-31所示。

04 选中需要打印的区域，单击"打印区域"按钮，弹出下拉列表，选择"设置打印区域"选项，如图1-32所示。

图1-31　设置纸张方向

图1-32　设置打印区域

05 执行"文件—打印"命令，在"份数"增量框中输入"10"，如图1-33所示。

06 选择合适的打印机，单击"打印"按钮，进行打印即可，如图1-34所示。

图1-33　设置打印份数

图1-34　打印现金日记账

1.2 第一次操作费用统计表

费用统计表是用于记录企业日常费用支出的明细表，是依据支出凭证建立的。费用统计表将日常费用综合起来，通过对数据的分析，可以查看各种费用的消耗情况，以此来控制各种费用的使用额度。

1.2.1 快速输入数据

创建费用统计表，首先需要在表格中输入数据，由于不同的数据需要设置不同的格式，所以，用户可以事先设置好单元格的格式，再输入数据。

【例1-7】创建日常费用统计表，统计各部门的日常费用情况。

01 创建新的工作表，输入一些基本信息，合并第一行的单元格，为表格添加边框，选中"A3:A16"单元格区域，如图1-35所示。

02 打开"开始"选项卡，单击"数字"命令组中的"数字格式"下拉按钮，弹出下拉列表，从中选择"文本"选项，如图1-36所示。

图1-35　新工作表

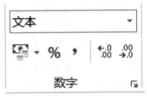

图1-36　选择"文本"选项

03 设置完成后，选择"F3:F16"单元格区域，如图1-37所示。

04 单击"数字"命令组中的"数字格式"下拉按钮，弹出下拉列表，从中选择"会计专用"选项，如图1-38所示。

图1-37　选择单元格区域

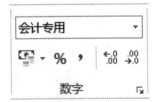

图1-38　选择"会计专用"选项

05 在单元格中输入数据，然后依次在"D3""D4""D6""D7""D8"中输入"财务部"、"人事部"、"销售部"、"采购部"和"客服部"。

06 选中"D5"单元格，单击鼠标右键，弹出快捷菜单，从中选择"从下拉列表中选择"选项，如图1-39所示。

07 此时，在"D5"单元格的下方弹出一个下拉列表，接着在下拉列表中选择员工对应的部门，此处选择"客服部"选项，如图1-40所示。

08 同样的方法，完成其他员工"所属部门"的输入。接着输入其他的信息，然后选中"F17"单元格，在其中输入求和公式，如图1-41所示。

09 输入公式后，按"Enter"键确认输入，此时，在单元格中就显示了求和的结果，如图1-42所示。

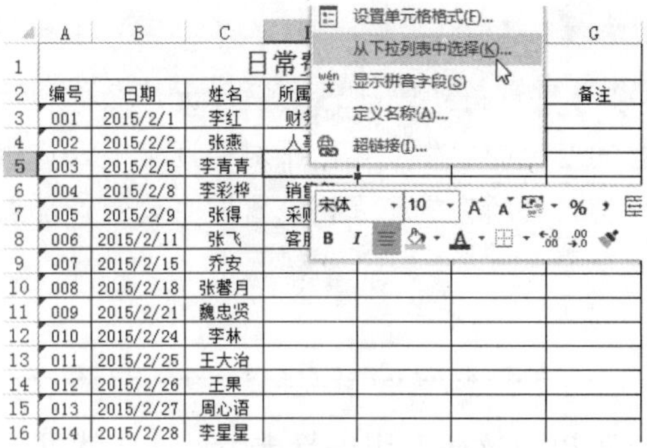

图1-39 选择"从下拉列表中选择"选项

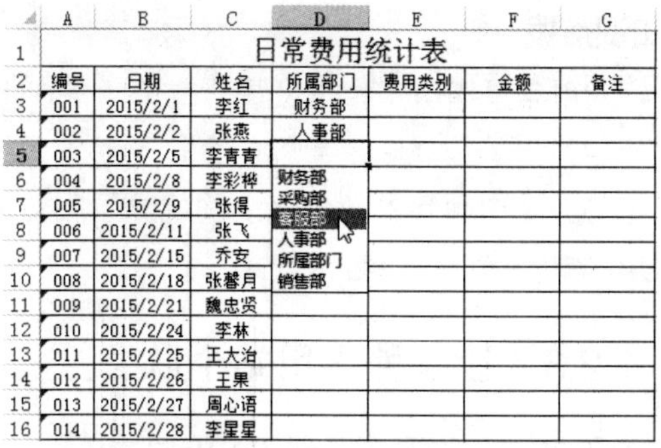

图1-40 选择"客服部"选项

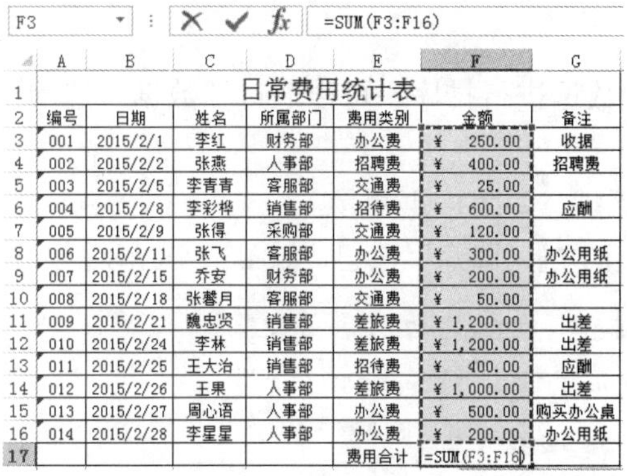

图1-41 输入求和公式

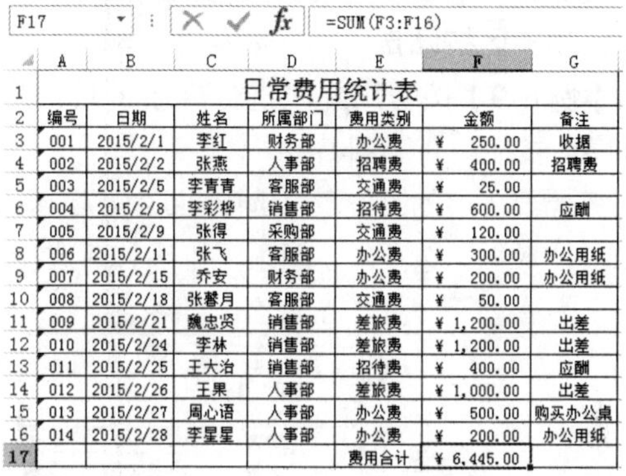

图1-42 显示计算结果

1.2.2 利用公式进行统计

由于日常费用统计表属于明细表，如果用户想要知道各种费用的汇总值，那么就需要通过公式将各类费用进行汇总。

【例1-8】分类汇总日常费用统计表中的费用。

01 在"I1：J7"单元格区域中，创建"费用分类汇总"表格，如图1-43所示。

02 选中"J3"单元格，在其中输入公式"=SUMIF($E$3:$E$16,I3,$F$3:$F$16)"，如图1-44所示。

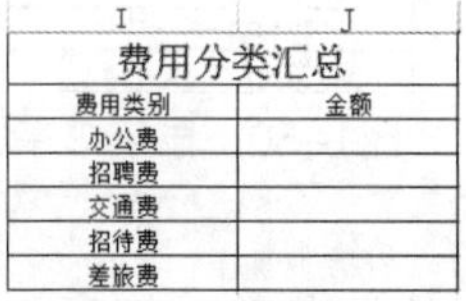

图1-43 创建汇总表

图1-44 输入公式

03 按"Enter"键确认输入，在选定单元格中就会显示计算的结果，将鼠标移动到"J3"单元格的右下角，当鼠标变成"+"时，按住鼠标左键，向下拖动，如图1-45所示。

04 将公式复制到下面的单元格中，最终效果如图1-46所示。这样就统计了各类费用的汇总值。

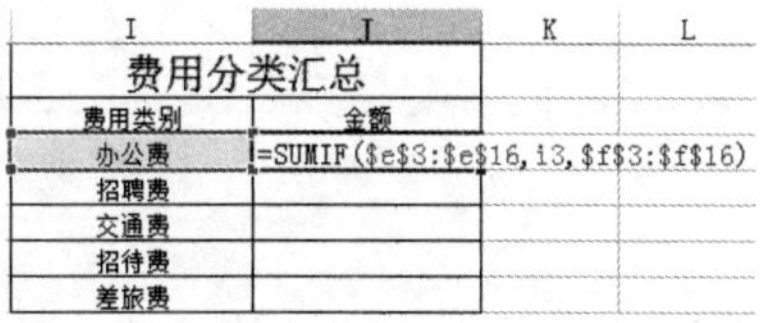

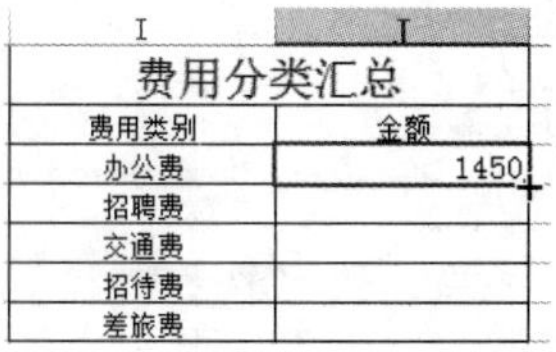

图1-45 向下填充公式

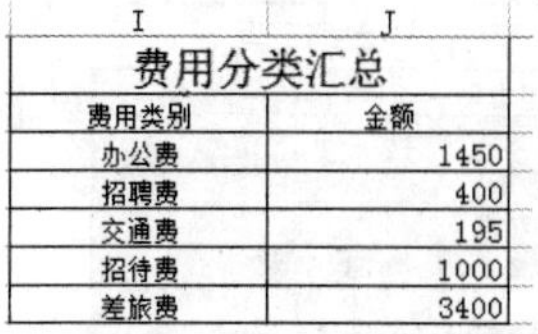

图1-46 显示统计结果

> **知识点拨**
>
> 绝对引用是指引用特定位置处的单元格，用绝对引用标识符"$"加上行列单元格名称表示。绝对引用中引用的公式和引用的内容，不随单元格位置的变化而发生变化。相对引用是指公式所在的单元格与公式中引用的单元格之间建立了相对关系，若公式所在的单元格位置发生改变，那么公式中引用的单元格位置也会随之发生变化。

1.2.3 让各种费用站个队

为了更清楚地看到各类费用的大小情况，用户可以对这些费用进行排序，这样就可以清晰地看到哪类费用是最多的，哪类费用是最少的。

1. 功能区按钮法

【例1-9】按费用降序进行排序（对表格中的数据进行排序，可以通过"数据"选项卡中的"排序"按钮，进行排序）。

01 打开需要排序的工作表，选中"J3：J7"单元格区域，如图1-47所示。

02 打开"数据"选项卡，单击"排序和筛选"命令组中的"降序"按钮，如图1-48所示。

图1-47 选择排序区域　　　图1-48 单击"降序"按钮

03 弹出"排序提醒"对话框，选择"扩展选定区域"单选项，单击"排序"按钮，如图1-49所示。

04 返回工作表编辑区后，可以看到表中数据按照金额大小降序排列，如图1-50所示。

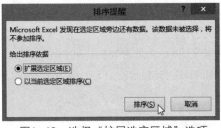

图1-49 选择"扩展选定区域"选项　　　图1-50 显示排序的结果

2. 快捷菜单法

【例1-10】按费用升序进行排序（用户也可以通过快捷菜单，打开"排序"对话框，从而对数据进行排序）。

01 打开需要进行排序的表格，选中"I1：J7"单元格区域，如图1-51所示。

02 在该区域上单击鼠标右键，弹出快捷菜单，从中选择"排序—自定义排序"选项，如图1-52所示。

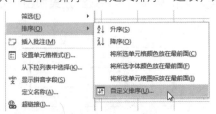

图1-51 选中单元格区域　　　图1-52 选择"自定义排序"选项

⑬ 弹出"排序"对话框，将主关键字设置为"金额"，将次序选择为"升序"，然后单击"确定"按钮，如图1-53所示。

⑭ 返回工作表编辑区后，可以看到数据按照金额的升序进行了排序，如图1-54所示。

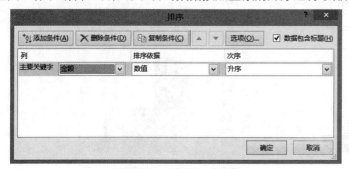

图1-53 "排序"对话框

图1-54 显示排序的结果

1.2.4 巧用图表进行分析

图表是以图形的形式表示数据，它可以使数据看起来更加直观，进行数据之间的比较也更加方便。为了更加直观地查看各种费用，用户还可以通过创建图表来进行辅助分析。

【例1-11】创建日常费用统计图（柱形图）。

① 打开工作表，选中"I2:J7"单元格区域，如图1-55所示。

② 打开"插入"选项卡，单击"图表"命令组中的对话框启动器，如图1-56所示。

图1-55 选中单元格区域

图1-56 单击对话框启动器

③ 弹出"插入图表"对话框，打开"所有图表"选项卡，选择"柱形图—三维簇状柱形图"选项，如图1-57所示。

④ 单击"确定"按钮后，在工作表中就创建了一张图表，如图1-58所示。

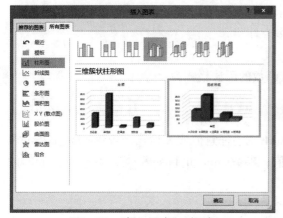

图1-57 "插入图表"对话框

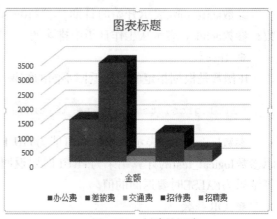

图1-58 创建的图表

05 选中"图表标题",将其修改为"日常费用统计",如图1-59所示。

06 将"日常费用统计"表按金额降序进行排序,此时,图表中也将按金额降序进行排序,最终效果,如图1-60所示。此时,各类费用的多少一目了然。

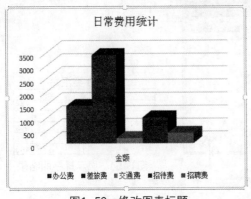

图1-59 修改图表标题

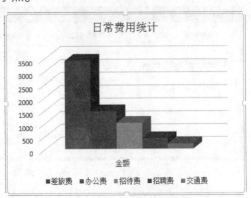

图1-60 最终效果

1.3 随处可见的应收账款统计表

应收账款是指企业在日常经营活动中由于销售商品、材料和提供劳务而应向购货方或接受劳务方收取的款项。应收账款属于流动资产。

1.3.1 创建应收账款统计表

为了统计企业的赊销信息,用户可以创建应收账款统计表,通过它可以进行良好的应收账款管理,也可以保持企业资产的流动性。

1. 相关函数介绍

● WORKDAY函数

WORKDAY函数是用来返回某日期之前或之后,相隔指定工作日的某一日期的日期值。该函数的语法格式为:

```
WORKDAY(start_date,days,[holidays])
```

参数start_date表示开始的日期;参数days表示start_date之前或之后不含周末及节假日的天数;参数holidays表示从工作日历中排除的一个或多个日期。

● IF函数

IF函数是根据指定的条件返回不同的结果。该函数的语法格式为:

```
IF(logical_test,[value_if_true],[ value_if_false])
```

参数logical_test表示计算结果可能为TRUE或FALSE的任意值或表达式;参数value_if_true表示参数logical_test的计算结果为TRUE时要返回的值;参数value_if_false表示参数logical_test的计算结果为FALSE时要返回的值。

● OR函数

OR函数是用来判定指定的任一条件为真,即返回真。该函数的语法格式为:

```
OR(logical1,[ logical2],…)
```

参数logical1是必须的；参数logical2是可选的，都是指定的条件。

2. 制作应收账款统计表

【例1-12】客户应收账款统计表（用来统计客户的赊销信息）。

01 新建一个工作表，在工作表标签上右击，弹出快捷菜单，从中选择"重命名"选项，输入"应收账款统计表"，如图1-61所示。

02 创建统计表的基本框架，并输入基本信息，设置表格的边框，将字体居中显示，如图1-62所示。

图1-61　重命名工作表　　　　　　　　图1-62　创建表格

03 选中"C3：E12"和"H3：H12"单元格区域，如图1-63所示。

04 打开"开始"选项卡，单击"数字"命令组中的"数字格式"按钮，弹出下拉列表，从中选择"会计专用"选项，如图1-64所示。

图1-63　选择单元格区域　　　　　　　图1-64　选择"会计专用"选项

05 在表格中输入"交易日期"、"客户名称"、"应收账款"等基本信息，如图1-65所示。

06 选中"E3"单元格，输入公式"=C3-D3"，然后按"Enter"键确认输入，如图1-66所示。

图1-65　输入基本信息　　　　　　　　图1-66　输入公式

07 将鼠标移动到"E3"单元格的右下角，当鼠标箭头变成"+"时，按住鼠标左键，向下拖动，向下填充公式，如图1-67所示。

08 选中"F3"单元格，在其中输入"=WORKDAY(A4,30)"，然后按"Enter"键确认输入，如图1-68所示。

图1-67　向下填充公式　　　　　　　图1-68　输入公式

⑨ 此时，在"F3"单元格中，出现的日期，并非是以日期形式显示的，需要更改其格式，选中"F3:F12"单元格，如图1-69所示。

⑩ 打开"开始"选项卡，单击"数字"命令组中的对话框启动器，如图1-70所示。

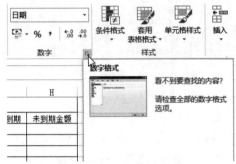

图1-69　选择单元格区域　　　　　　图1-70　单击对话框启动器

⑪ 弹出"设置单元格格式"对话框，打开"数字"选项卡，在"分类"列表框中选择"日期"选项，接着在"类型"列表框中选择"*2012/3/14"选项，如图1-71所示。

⑫ 单击"确定"按钮后，将"F3"单元格中的公式复制到其下方的单元格中，根据实际情况，更改公式中的天数。然后选中第二行，单击鼠标右键，弹出下拉列表，从中选择"插入"选项，如图1-72所示。

图1-71　"设置单元格格式"对话框

图1-72　选择"插入"选项

⑬ 插入一行后，在"F2"单元格中输入"当前日期"，在"G2"单元格中输入"=TODAY()"，如图1-73所示。

⑭ 按“Enter”键确认后，在“G2”单元格中就显示了当前日期，在“G4”单元格中输入“=IF(F4<$G$2,"是","否")”，如图1-74所示。

D	E	F	G	H
应收账款统计表				
		当前日期	=TODAY()	
已收账款	未收账款	到期日期	是否到期	未到期金额
	¥ 33,300.00	2014/12/12		
¥20,000.00	¥ 36,000.00	2014/12/12		
	¥ 47,000.00	2014/12/15		
	¥ 15,600.00	2015/2/3		
	¥ 21,000.00	2015/2/3		
	¥ 60,000.00	2015/2/3		
	¥ 72,000.00	2015/2/4		
	¥ 43,000.00	2015/2/4		

图1-73 输入公式

D	E	F	G	H
应收账款统计表				
		当前日期	2015/3/5	
已收账款	未收账款	到期日期	是否到期	未到期金额
	¥ 33,300.00	=IF(f4<g2,"是","否")		
¥20,000.00	¥ 36,000.00	2014/12/12		
	¥ 47,000.00	2014/12/15		
	¥ 15,600.00	2015/2/3		
	¥ 21,000.00	2015/2/3		
	¥ 60,000.00	2015/2/3		
	¥ 72,000.00	2015/2/4		
	¥ 43,000.00	2015/2/4		

图1-74 输入公式

⑮ 按“Enter”键确认后，将鼠标移动到“G4”单元格右下角，当鼠标变成“+”时，按住鼠标左键，向下移动鼠标，如图1-75所示。

⑯ 选中“H4”单元格，在其中输入“=IF($G$2-F4<0,E4,0)”，如图1-76所示。

D	E	F	G	H
应收账款统计表				
		当前日期	2015/3/5	
已收账款	未收账款	到期日期	是否到期	未到期金额
	¥ 33,300.00	2014/12/12	是	
¥20,000.00	¥ 36,000.00	2014/12/12	是	
	¥ 47,000.00	2014/12/15		
	¥ 15,600.00	2015/2/3		
	¥ 21,000.00	2015/2/3		
	¥ 60,000.00	2015/2/3		
	¥ 72,000.00	2015/2/4		
	¥ 43,000.00	2015/2/4		

图1-75 向下填充公式

D	E	F	G	H
应收账款统计表				
		当前日期	2015/3/5	
已收账款	未收账款	到期日期	是否到期	未到期金额
	¥ 33,300.00	2014/12/12	=IF(g2-F4<0,E4,0)	
¥20,000.00	¥ 36,000.00	2014/12/12	是	
	¥ 47,000.00	2014/12/15	是	
	¥ 15,600.00	2015/2/3	是	
	¥ 21,000.00	2015/2/3	是	
	¥ 60,000.00	2015/2/3	是	
	¥ 72,000.00	2015/2/4	是	
	¥ 43,000.00	2015/2/4	是	

图1-76 输入公式

⑰ 按“Enter”键确认后，选中“C12”单元格,在其中输入“=SUM(C4:C11)”，如图1-77所示。

⑱ 按“Enter”键确认后，将公式复制到其他求和的单元格中，最终效果如图1-78所示。

B	C	D	E	F
	应收账款统计表			
				当前日期
客户名称	应收账款	已收账款	未收账款	到期日期
大大实业	¥ 33,300.00		¥ 33,300.00	2014/12/12
清风实业	¥ 56,000.00	¥20,000.00	¥ 36,000.00	2014/12/12
拉瑟实业	¥ 47,000.00		¥ 47,000.00	2014/12/15
大大箱包	¥ 15,600.00		¥ 15,600.00	2015/2/3
我是歌手KTV	¥ 21,000.00		¥ 21,000.00	2015/2/3
大大实业	¥ 60,000.00		¥ 60,000.00	2015/2/3
清风实业	¥ 72,000.00		¥ 72,000.00	2015/2/4
拉瑟实业	¥ 43,000.00		¥ 43,000.00	2015/2/4
合计	=SUM(C4:C11)			

图1-77 输入求和公式

B	C	D	E	F
	应收账款统计表			
				当前日期
客户名称	应收账款	已收账款	未收账款	到期日期
大大实业	¥ 33,300.00		¥ 33,300.00	2014/12/12
清风实业	¥ 56,000.00	¥20,000.00	¥ 36,000.00	2014/12/12
拉瑟实业	¥ 47,000.00		¥ 47,000.00	2014/12/15
大大箱包	¥ 15,600.00		¥ 15,600.00	2015/2/3
我是歌手KTV	¥ 21,000.00		¥ 21,000.00	2015/2/3
大大实业	¥ 60,000.00		¥ 60,000.00	2015/2/3
清风实业	¥ 72,000.00		¥ 72,000.00	2015/2/4
拉瑟实业	¥ 43,000.00		¥ 43,000.00	2015/2/4
合计	¥ 347,900.00	¥20,000.00	¥327,900.00	

图1-78 最终效果

1.3.2 巧妙设置到期提示

在日常的应收账款管理工作中，财务人员会根据应收账款的到期日期，推算催款日期，这样，将需要进行催款的客户通知销售人员，提醒他们及时收款，减少财务坏账情况的发生。为了方便催款，财务人员可以设置到期提示，突出显示快到期的账款。

【例1-13】将距到期日小于15天的款项标记为“红色”（以醒目的红色提示工作人员需要收款）。

01 打开应收账款统计表，选中“H4: H11”单元格区域，如图1-79所示。

⑩ 打开"开始"选项卡，单击"样式"命令组中的"条件格式"按钮，弹出下拉列表，从中选择"新建规则"选项，如图1-80所示。

E	F	G	H
未收账款	到期日期	是否到期	未到期金额
¥ –	2015/1/23	是	¥ –
¥ –	2015/1/23	是	¥ –
¥ –	2015/1/26	是	¥ –
¥15,600.00	2015/3/17	否	¥ 15,600.00
¥21,000.00	2015/3/17	否	¥ 21,000.00
¥60,000.00	2015/3/17	否	¥ 60,000.00
¥72,000.00	2015/3/18	否	¥ 72,000.00
¥43,000.00	2015/3/18	否	¥ 43,000.00
			¥ 211,600.00

图1-79 选择单元格区域

图1-80 选择"新建规则"选项

⑩ 弹出"新建格式规则"对话框，在"选择规则类型"列表框中选择"使用公式确定要设置格式的单元格"选项，在"为符合此公式的值设置格式"文本框中输入公式，如图1-81所示。

⑩ 单击"格式"按钮，弹出"设置单元格格式"对话框，打开"填充"选项卡，选择"红色"选项，单击"确定"按钮，如图1-82所示。

图1-81 "新建格式规则"对话框

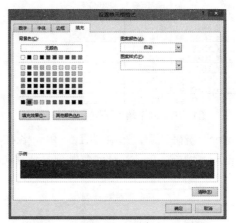

图1-82 "设置单元格格式"对话框

⑩ 返回"新建格式规则"对话框，单击"确定"按钮，如图1-83所示。

⑩ 返回到工作表编辑区后，可以看到，据到期日天数小于15天的款项，被标记成了红色，如图1-84所示。

图1-83 单击"确定"按钮

F	G	H
当前日期	2015/3/5	
到期日期	是否到期	未到期金额
2015/1/23	是	¥ –
2015/1/23	是	¥ –
2015/1/26	是	¥ –
2015/3/17	否	¥ 15,600.00
2015/3/17	否	¥ 21,000.00
2015/3/17	否	¥ 60,000.00
2015/3/18	否	¥ 72,000.00
2015/3/18	否	¥ 43,000.00
		¥ 211,600.00

图1-84 最终效果

1.3.3 记录单的使用

通常情况下，企业的应收账款是不断发生变化的，每发生一笔赊销业务，就增加一条记录，随着时间的推移，有些应收账款到期，会经常收到账款，这时就需要修改原始数据，如果表中数据非常多，那么进行操作就非常麻烦，此时记录单就可以帮到你的忙。

【例1-14】使用记录单修改、删除数据（将客户"我是歌手KTV"的已收账款修改为"15000"，将2014年11月2日，清风实业的记录删除）。

01 选中应收账款统计表，打开"数据"选项卡，单击"记录单"命令组中的"记录单"按钮，如图1-85所示。

02 弹出相应的对话框，在对话框中列出了第一条记录的详细信息，如果用户想要查看下一条记录，可以单击"下一条"按钮，如图1-86所示。

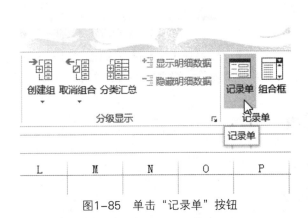

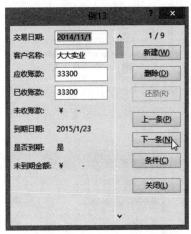

图1-85 单击"记录单"按钮　　　　　图1-86 单击"下一条"按钮

03 此时，对话框中就会显示下一条记录，如果记录较多，可以单击"条件"按钮进行查找，如图1-87所示。

04 此时，会弹出一条空白记录，在其右上角有"Criteria"字样，如图1-88所示。

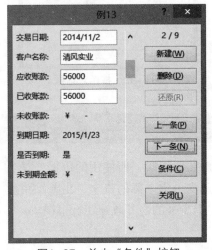

图1-87 单击"条件"按钮　　　　　图1-88 空白记录

05 在"交易日期"文本框中输入"2014/11/12"，在"客户名称"文本框中输入"清风实业"，如图1-89所示。

⑥ 按 "Enter" 键确认输入，此时，就会显示查找到的记录，在 "已收账款" 文本框中输入 "30000" 如图1-90所示。

图1-89　输入查询条件

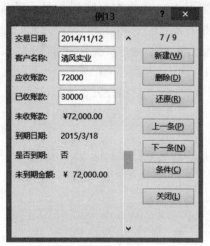

图1-90　查询结果

⑦ 同样的方法，查找2014年11月2日，清风实业的记录，然后单击 "删除" 按钮，如图1-91所示。

⑧ 此时，会弹出提示对话框，提示 "显示的记录将被删除"，单击 "确定" 按钮，即可将该记录删除。

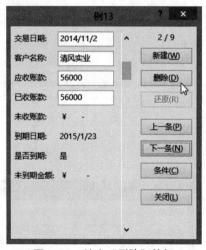

图1-91　单击 "删除" 按钮

图1-92　提示对话框

1.4　非常重要的差旅费报销单

差旅费报销单是企业办公人员因公出差后报销出差费用时，所使用的单据，是员工报销费用的凭证。一般情况下，员工在出差前会从财务部预支一定金额的资金，出差结束后，出差人员需完整的填写差旅费报销单，然后财务人员根据多退少补的财务政策实行报销。

1.4.1　制作漂亮的报销单

差旅费报销单一般包括员工基本信息、出差事由、出差地点、出差补贴和报销金额等内容。

【例1-15】制作初步的差旅费报销单（构建差旅费报销单的基本框架）。

01 创建一个新的工作表，在其标签上单击鼠标右键，弹出快捷菜单，从中选择"重命名"选项，如图1-93所示。

02 此时，工作表标签处于可编辑状态，输入工作表名称为"差旅费报销单"，接着在工作表中输入基本信息，如图1-94所示。

图1-93 选择"重命名"选项

图1-94 输入基本信息

03 选中"A1：I1"单元格区域，打开"开始"选项卡，单击"对齐方式"命令组中的"合并后居中"按钮，如图1-95所示。

04 同样的方法，将其他需要合并的单元格进行合并，然后将鼠标移动到A列和B列的分隔线上，当鼠标变成╬时，按住鼠标左键不放，拖动鼠标调整列宽，如图1-96所示。

图1-95 单击"合并后居中"按钮

图1-96 调整列宽

05 将鼠标移动到第一行和第二行的分隔线上，当鼠标变成╬时，按住鼠标左键不放，上下拖动鼠标，调整行高，如图1-97所示。

06 调整好行高后，一个基本的差旅费报销单就制作完成了，如图1-98所示。

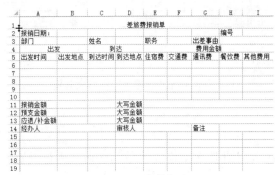

图1-97 调整行高

图1-98 最终效果

1.4.2 为报销单添加个性边框

为了使差旅费报销单中的各项内容泾渭分明，用户可以为报销单添加边框，漂亮的边框，不仅可以使表格中的内容更加清晰，还可以使表格更加美观。

【例1-16】为差旅费报销单添加边框（外边框使用粗线条，内部框线使用细线条）。

01 选择"A3：I14"单元格区域，在其上单击鼠标右键，弹出快捷菜单，从中选择"设置单元格格式"选项，如图1-99所示。

02 弹出"设置单元格格式"对话框，打开"边框"选项卡，在"样式"列表框中选择合适的样式，然后单击"外边框"按钮，如图1-100所示。

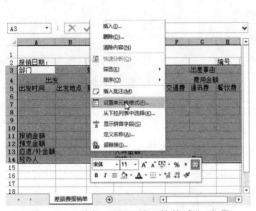

图1-99 选择"设置单元格格式"选项

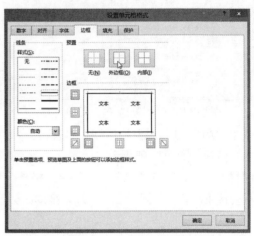

图1-100 设置外边框

03 在"样式"列表框中选择合适的样式，单击"内部"按钮，然后单击"确定"按钮，如图1-101所示。

04 返回工作表编辑区，可以看到差旅费报销单已经添加了合适的边框，如图1-102所示。

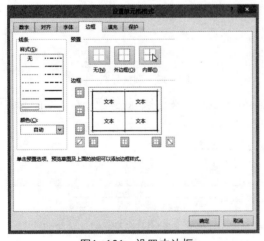

图1-101 设置内边框

图1-102 设置边框后的效果

1.4.3 设置报销单中字体格式

为了使"差旅费报销单"更加完美，用户还可以对其文字格式、单元格格式进行设置。比如，为标题添加下划线等。

【例1-17】设置差旅费报销单中的字体格式。

01 选中报销单的标题，打开"开始"选项卡，单击"字体"命令组中的"字体"按钮，弹出下拉列表，从中选择"微软雅黑"选项，如图1-103所示。

02 单击"字体"命令组中的"字号"按钮，弹出下拉列表，从中选择"14"选项，如图1-104所示。

图1-103　选择"微软雅黑"选项

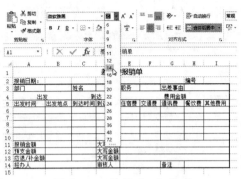
图1-104　选择"14"选项

03 单击"字体"命令组中的对话框启动器，如图1-105所示，弹出"设置单元格格式"对话框。

04 从中单击"下划线"下拉按钮，弹出下拉列表，从中选择"会计用双下划线"选项，在"字形"列表框中选择"加粗"选项，单击"确定"按钮，如图1-106所示。

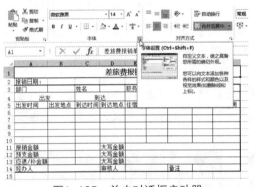
图1-105　单击对话框启动器

图1-106　设置标题下划线

05 选中"A2：I14"单元格区域，打开"设置单元格格式"对话框，从中设置字体、字形和字号，如图1-107所示。

06 打开"对齐"选项卡，将文字的对齐方式设置为"居中"，单击"确定"按钮，如图1-108所示。

图1-107　设置字体

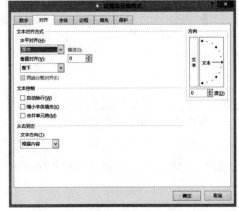
图1-108　设置对齐方式

07 选中 "B2" 单元格, 打开 "设置单元格格式" 对话框, 打开 "数字" 选项卡, 在 "分类" 列表框中选择 "日期" 选项, 在 "类型" 列表框中选择 "*2012/3/14" 选项, 单击 "确定" 按钮, 如图1-109所示。

08 选中 "I2" 单元格, 打开 "设置单元格格式" 对话框, 打开 "数字" 选项卡, 在 "分类" 列表框中选择 "文本" 选项, 单击 "确定" 按钮, 如图1-110所示。

图1-109 设置日期格式　　　　　　图1-110 设置文本格式

09 选中 "B11: C13" 单元格区域, 打开 "设置单元格格式" 对话框, 打开 "数字" 选项卡, 在 "分类" 列表框中选择 "会计专用" 选项, 将小数位数设置为 "2", 单击 "确定" 按钮, 如图1-111所示。

10 选中 "E11: I13" 单元格区域, 打开 "设置单元格格式" 对话框, 打开 "数字" 选项卡, 在 "分类" 列表框中选择 "特殊" 选项, 在 "类型" 列表框中选择 "中文大写数字" 选项, 单击 "确定" 按钮, 如图1-112所示。

图1-111 设置会计专用格式　　　　　　图1-112 设置中文大写数字格式

11 在 "J1" 单元格中输入 "附件　张", 选中 "J1: J14" 单元格区域, 将其合并居中显示, 打开 "设置单元格格式" 对话框, 从中将文字方向设置为竖排显示, 单击 "确定" 按钮, 如图1-113所示。

12 设置完成后, 适当调整行高和列宽, 最终的效果如图1-114所示。

图1-113 设置文字方向

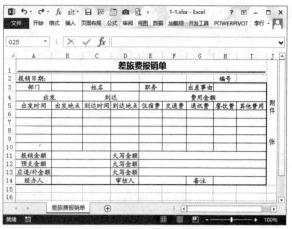

图1-114 最终效果

1.5 上机实训

通过对本章内容的学习，读者对Excel在会计报表的创建上有了更深的了解。下面再通过两个实训操作来温习和拓展前面所学的知识。

1.5.1 创建借款单

在日常工作中，员工或部门向企业借款时，也必须遵循公司的借款程序，首先填写借款单，然后交给有关负责人签字后，方可取得借款。这里的"借款单"是指企业员工或部门在向企业借款时所填写的单据。

01 创建一个名为"借款单"工作表，在其中输入基本信息，如图1-115所示。

02 选择"C1：F1"单元格区域，打开"开始"选项卡，单击"对齐方式"命令组中的对话框启动器，如图1-116所示。

图1-115 输入基本信息

图1-116 单击对话框启动器

03 弹出"设置单元格格式"对话框，打开"字体"选项卡，从中将文字设置为"华文楷体"、"加粗"、"16"、"浅蓝"和"会计用双下划线"，单击"确定"按钮，如图1-117所示。

04 打开"对齐"选项卡，将"水平对齐"设置为"分散对齐"，将"垂直对齐"设置为"居中"，勾选"合并单元格"复选框，然后单击"确定"按钮，如图1-118所示。

05 选中"C2：F2"单元格区域，将其合并为一个单元格，并在其中输入"年　　月　　日"，打开"插入"选项卡，单击"形状"按钮，从弹出的下拉列表中选择"直线"选项，如图1-119所示。

06 在表格的指定位置绘制直线，然后复制直线，将其粘贴到合适位置，接着选中"A2：H13"单元格区域,如图1-120所示。

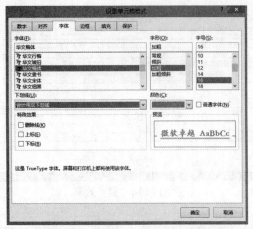

图1-117 "设置单元格格式"对话框

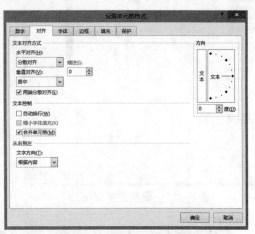

图1-118 设置对齐方式

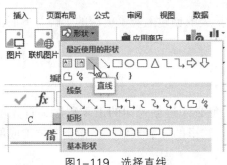

图1-119 选择直线

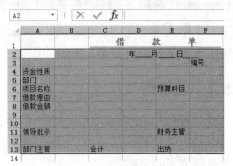

图1-120 选择单元格区域

07 打开"设置单元格格式"对话框，打开"字体"选项卡，将文字设置为"华文楷体"、"常规"、"10"和"浅蓝"，如图1-121所示。

08 打开"对齐"选项卡，将"水平对齐"设置为"居中"，将"垂直"设置为"居中"，然后单击"确定"按钮，如图1-122所示。

图1-121 设置字体格式

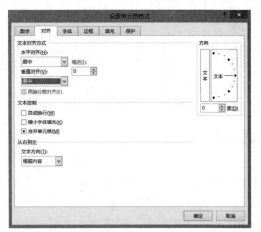

图1-122 设置对齐方式

09 选择"A5：H12"单元格区域，单击鼠标右键，弹出快捷菜单，从中选择"所有框线"选项，如图1-123所示。

⑩ 设置框线后，将表格中一些单元格进行合并，效果如图1-124所示。

图1-123 选择"所有框线"选项

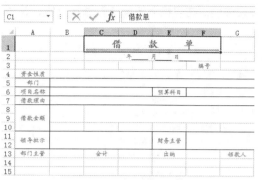

图1-124 设置后效果

⑪ 选中"B8：B9"单元格区域，在其中输入"人民币（大写）"，然后打开"开始"选项卡，单击"对齐方式"命令组中的"自动换行"按钮，如图1-125所示。

⑫ 选中"E10"单元格，打开"插入"选项卡，单击"符号"命令组中的"符号"按钮，如图1-126所示。

图1-125 单击"自动换行"按钮

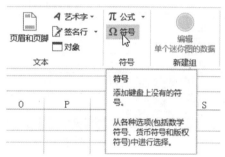

图1-126 单击"符号"按钮

⑬ 弹出"符号"对话框，从中选择"￥"选项，单击"插入"按钮，如图1-127所示。

⑭ 选择"A13：H13"单元格区域，打开"设置单元格格式"对话框，打开"填充"选项卡，从中选择合适的颜色，单击"确定"按钮，即可为该区域添加底纹，如图1-128所示。

图1-127 "符号"对话框

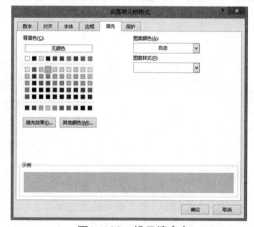

图1-128 设置填充色

⑮ 选中"I1：I13"单元格区域，将其合并居中，在其中输入文字，然后打开"开始"选项卡，单击"对齐方式"命令组中的"方向"按钮，从弹出的下拉列表中选择"竖排文字"选项，如图1-129所示。

⑯ 打开"插入"选项卡，单击"插入"命令组中的"形状"按钮，从弹出的下拉列表中选择"直线"选项，在表格需要的位置添加直线，设置后的效果如图1-130所示。

图1-129 选择""选项

图1-130 设置后的效果

⑰ 调整借款单付款凭证联中的行高和列宽，最终效果如图1-131所示。通过同样的方法，制作借款单的结算凭证联，最终效果如图1-132所示。

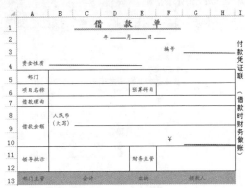

图1-131 最终效果1

图1-132 最终效果2

1.5.2 创建员工医疗费用统计表

员工医疗费用统计表是用来统计员工的医疗费用情况，从而对员工报销医疗费用进行管理。

① 新建一个名为"员工医疗费用统计表"的工作表，在其中输入基本信息，如图1-133所示。

② 选中"A1：G1"单元格区域，打开"开始"选项卡，单击"对齐方式"命令组中的"合并后居中"按钮，如图1-134所示。

图1-133 输入基本信息

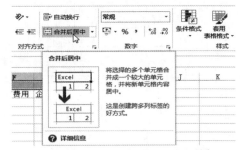

图1-134 单击"合并后居中"按钮

③ 单击"字体"命令组中的对话框启动器，弹出"设置单元格格式"对话框，从中设置标题字体为"华文隶书"、"常规"、"18"和"红色"，单击"确定"按钮，如图1-135所示。

④ 选中"C1：C30"单元格区域，单击鼠标右键，弹出快捷菜单，从中选择"设置单元格格式"选项，如图1-136所示。

图1-135　设置文字格式

图1-136　选择"设置单元格格式"选项

05 弹出"设置单元格格式"对话框，打开"数字"选项卡，在"分类"列表框中选择"文本"选
项，如图1-137所示。

06 选中"E3：E30"单元格区域，打开"数据"选项卡，单击"数据工具"命令组中的"数据验证"
按钮，弹出下拉列表，从中选择"数据验证"选项，如图1-138所示。

图1-137　设置文本格式

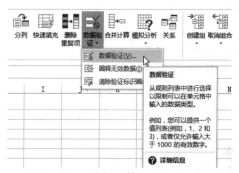

图1-138　选择"数据验证"选项

07 弹出"数据验证"对话框，打开"设置"选项卡，在"允许"下拉列表中选择"序列"选项，在
"来源"文本框中输入各种可以报销的费用名称，中间用英文形式的逗号隔开，如图1-139所示。

08 打开"输入信息"选项卡，在"标题"文本框中输入"请输入医疗报销种类！"，在"输入信
息"文本框中输入"单击下拉按钮，从下拉列表中选择！"，如图1-140所示。

图1-139　"数据验证"对话框

图1-140　设置输入信息

⑨ 打开"出错警告"选项卡，在"样式"下拉列表中选择"停止"选项，在"标题"文本框中输入"超出报销范围！"，在"错误信息"文本框中输入"请单击下拉按钮，从下拉列表中选择！"，单击"确定"按钮，如图1-141所示。

⑩ 选中"E3"单元格，在其右方出现下拉按钮，单击下拉按钮，弹出下拉列表，从中可以看到输入的医疗费用报销种类，如图1-142所示。

图1-141　设置出错警告

图1-142　单击下拉按钮

⑪ 选中"G3"单元格，在其中输入"=IF(F3=" "," ",F3*0.75)"，然后按"Enter"键确认输入，如图1-143所示。

⑫ 将鼠标移动到"G3"单元格的右下角，当鼠标变成"+"时，按住鼠标左键不放，向下拖动鼠标，填充公式，如图1-144所示。

图1-143　输入公式

图1-144　向下填充公式

⑬ 选中"F3：G30"单元格区域，打开"开始"选项卡，单击"数字"命令组中的"数字格式"按钮，弹出下拉列表，从中选择"会计专用"选项，如图1-145所示。

⑭ 设置好格式后，在表格中输入信息即可，最终效果如图1-146所示。

图1-145　选择"会计专用"选项

图1-146　最终效果

1.6 常见疑难解答 📖

下面将学习过程中常见的疑难问题进行汇总，以帮助读者更好地理解前面所讲的内容。

Q：如何在金额数据前添加"¥"符号？

A：选中金额数据，单击鼠标右键，弹出快捷菜单，从中选择"设置单元格格式"选项，弹出"设置单元格格式"对话框，打开"数字"选项卡，在"分类"列表框中选择"货币"选项，单击"确定"按钮即可，如图1-147所示。

Q：如何快速将小写金额转化为大写金额？

A：选中需要输入大写金额的单元格区域，单击鼠标右键，弹出快捷菜单，从中选择"设置单元格格式"选项，弹出"设置单元格格式"对话框，打开"数字"选项卡，在"分类"列表框中选择"特殊"选项，在"类型"列表框中选择"中文大写数字"选项，单击"确定"按钮即可，如图1-148所示。

图1-147 添加货币符号

图1-148 大小写金额转化

Q：如何在快速访问工具栏中添加命令？

A：单击快速访问工具栏右侧的"自定义快速访问工具栏"按钮，在弹出的下拉列表中，选择需要添加的选项即可。

Q：如何输入以"0"开头的编号？

A：选中需要输入编号的单元格区域，单击鼠标右键，弹出快捷菜单，从中选择"设置单元格格式"选项，弹出"设置单元格格式"对话框，打开"数字"选项卡，在"分类"列表框中选择"文本"选项，单击"确定"按钮，即可输入以"0"开头的编号。

Q：如何自动调整行高和列宽？

A：选中需要调整行高和列宽的单元格区域，打开"开始"选项卡，单击"单元格"命令组中的"格式"按钮，弹出下拉列表，从中选择"自动调整行高"选项，自动调整行高，选择"自动调整列宽"选项，自动调整列宽。

Q：如何在单元格中输入分数？

A：选中需要输入分数的单元格，打开"开始"选项卡，单击"数字"命令组中的"数字格式"按钮，弹出下拉列表，从中选择"分数"选项即可。

Q：如何同时删除多张工作表？

A：按住"Ctrl"键，选中需要删除的多张工作表，单击鼠标右键，弹出下拉列表，从中选择"删除"选项即可。

1.7 拓展应用练习

为了让用户能够更好地掌握使用Excel软件创建财务表格，并使用图表进行分析，用户可以做做下面的练习。

◎ 创建部门借款单

本练习将在Excel电子表格中创建部门借款单，帮助用户练习合并单元格、设置文字格式、文字对齐方式、强制换行等操作。最终效果如图1-149所示。

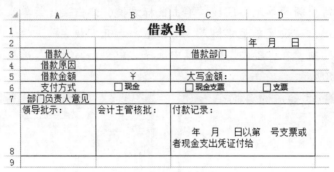

图1-149　最终效果

操作提示

01 输入基本信息；

02 合并需要合并的单元格；

03 设置文字格式和对齐方式；

04 插入复选框控件；

05 为表格添加边框。

◎ 创建员工医疗费用统计表

本练习将通过员工医疗费用统计表，来创建柱形图，并修改图表标题、修改图表样式、对图表进行排序等。最终效果如图1-150所示。

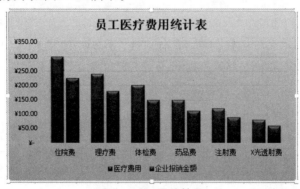

图1-150　最终效果

操作提示

01 创建柱形图并修改标题；

02 修改图表样式；

03 美化图表的图表区；

04 对图表进行降序排序。

第 2 章

轻松搞定会计记账

📽**本章概述**　　会计记账是会计人员最主要的工作，会计记账必须符合"有借必有贷，借贷必相等"的记账原则。在记账时，会计人员首先根据具体的经济业务填制原始凭证和记账凭证，然后根据审核无误的凭证登记凭证汇总表，最后根据凭证汇总表登记相关的账簿。本章介绍会计记账的相关知识。

📖**知识要点**
- 制作会计科目表
- 制作记账凭证
- 制作记账凭证汇总表
- 制作总分类账

▌2.1　丰富多彩的会计科目

会计科目是指对会计要素的具体内容进行分类核算的项目。会计要素是对会计对象的基本分类，主要包括资产、负债、所有者权益、收入、费用和利润。所以，设置会计科目，是对每一个会计要素所反映的具体内容进一步进行分门别类的划分。

2.1.1　初识会计科目

为了全面地、系统地、连续地、综合地核算和监督各会计要素的增减变化情况，满足经济管理及各方面对会计信息的质量要求，必须对会计要素进行细化，设置会计科目。

1. 设置会计科目的意义

会计科目是进行各项会计记录和提供各项会计信息的基础，在会计核算中具有重要的意义，具体表现在以下几个方面。

- 会计科目是复式记账的基础。
- 会计科目是编制记账凭证的基础。
- 会计科目为成本计算和财产清查提供了前提条件。
- 会计科目为编制会计报表提供了方便。

2. 会计科目的分类

- 按经济内容分类：资产类、负债类、共同类、所有者权益类、成本类和损益类。
- 按其提供的信息的详细程度及其统驭关系不同分类：总分类科目和明细分类科目。

3. 会计科目的设置原则

会计科目将反映会计要素的构成和变化，是为投资者、债权人、企业经营管理者等提供会计信息的重要手段，所以在其设置过程中，应遵循以下原则。

- 合法性原则。企业应当按照国家财政部门制定的会计制度法规中规定的会计科目，设置本企业适用的会计科目。

● 相关性原则。设置会计科目应为提供各方所需的会计信息服务，满足企业有关方面对其财务报告的要求。

● 实用性原则。企业应在合法性的基础上，根据自身的特点，设置符合企业实际情况的会计科目。

4. 账户

账户是用于分类反映会计要素增减变动情况及其结果的载体。账户是根据会计科目设置的，是会计科目的具体运用。

2.1.2　制作会计科目表

在日常的会计核算中，为了避免在记账和整理时发生混乱，通常以"科目代码"取代"科目名称"作为输入会计科目的依据，在制作会计科目表时，每个会计科目名称对应唯一的科目代码。

【例2-1】创建会计科目表（使每个会计科目对应唯一的科目代码）。

01 创建一个新的工作表，在其标签上单击鼠标右键，弹出快捷菜单，从中选择"重命名"选项，如图2-1所示。

02 将名称命名为"会计科目表"，然后在表格中输入基本的信息，如图2-2所示。

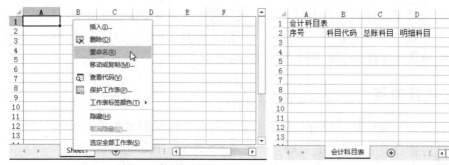

图2-1　选择"重命名"选项　　　　　　　图2-2　输入基本信息

03 选择"A1：E1"单元格区域，打开"开始"选项卡，单击"对齐方式"命令组中的"合并后居中"按钮，如图2-3所示。

04 设置标题的字体格式，单击"对齐方式"命令组中的对话框启动器，如图2-4所示。

图2-3　单击"合并后居中"按钮　　　　　图2-4　设置标题字体格式

05 弹出"设置单元格格式"对话框，打开"字体"选项卡，从中将标题设置为"华文行楷"、"加粗"、"16"和"会计用双下划线"，单击"确定"按钮，如图2-5所示。

06 在"A3"单元格中输入"1"，然后选中"A3：A94"单元格区域，如图2-6所示。

图2-5 "设置单元格格式"对话框

图2-6 选中单元格区域

07 打开"开始"选项卡，单击"编辑"命令组中的"填充"按钮，弹出下拉列表，从中选择"序列"选项，如图2-7所示。

08 弹出"序列"对话框，在"序列产生在"栏中选择"列"单选项，在"类型"栏中选择"等差序列"单选项，将步长值设置为"1"，单击"确定"按钮，如图2-8所示。

图2-7 选择"序列"选项

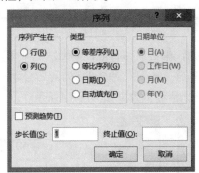

图2-8 "序列"对话框

09 此时在选定的单元格区域中就填充了步长值为1的等差数列，选中"C3：C94"单元格区域，打开"设置单元格格式"对话框，在"数字"选项卡的"分类"列表中选择"文本"选项，如图2-9所示。

10 单击"确定"按钮后，选中"A2：E94"单元格区域，打开"边框"选项卡，在"样式"列表框中选择合适的样式，单击"外边框"按钮，如图2-10所示。

图2-9 设置文本格式

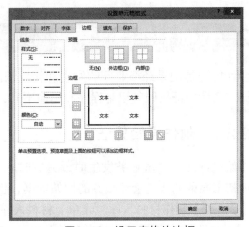

图2-10 设置表格外边框

⑪ 在"样式"列表框中选择合适的样式，单击"内部"按钮，设置内边框，然后单击"确定"按钮，如图2-11所示。

⑫ 在表格中输入科目代码和科目名称，然后选择第5行，单击鼠标右键，弹出快捷菜单，从中选择"插入"选项，在第5行上方插入一个空白行，如图2-12所示。

⑬ 使用同样的方法，继续插入一个空白行，并在插入的行中输入明细科目的代码和名称。

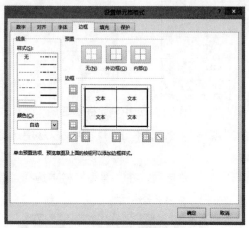

图2-11 设置表格内边框

图2-12 选择"插入"选项

⑭ 选中B列，单击鼠标右键，弹出快捷菜单，从中选择"插入"选项，如图2-13所示。

⑮ 在B列前插入一列，原先的B列向后移动一列，变成C列，在新的B列中输入科目性质，合并必要的单元格，最终的效果如图2-14所示。

图2-13 选择"插入"选项

图2-14 最终效果

2.2 教你制作会计凭证

会计凭证是记录经济业务的发生和完成情况、明确经济责任的书面证明，是登记账簿的重要依据。会计凭证按照其填制程序和用途不同，分为原始凭证和记账凭证。

2.2.1 制作原始凭证

原始凭证是在经济业务发生时或完成时取得或填制的，用以证明经济业务的发生或完成情况的最初书面证明，是会计核算的原始依据，也叫原始单据。

【例2-2】制作材料入库验收单（材料入库单是常见的原始凭证之一）。

① 新建一个名为"材料入库验收单"的工作表，在表格中输入基本的数据，如图2-15所示。

02 选中"A1：K1"单元格区域，打开"开始"选项卡，单击"对齐方式"命令组中的"合并后居中"按钮，如图2-16所示。

图2-15 创建新工作表

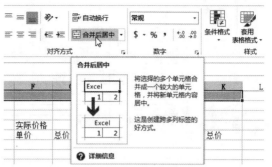

图2-16 单击"合并后居中"按钮

03 单击"对齐方式"命令组中的对话框启动器，弹出"设置单元格格式"对话框，从中将标题设置为"微软雅黑"、"常规"、"14"和"单下划线"，单击"确定"按钮，如图2-17所示。

04 选中"A4：K11"单元格区域，打开"设置单元格格式"对话框，打开"边框"选项卡，在"样式"列表框中选择合适的样式，单击"外边框"按钮，再在"样式"列表框中选择合适的样式，单击"内部"按钮，如图2-18所示。

图2-17 设置文字格式

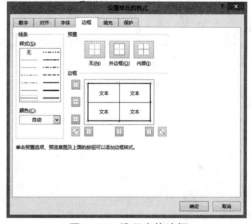

图2-18 设置表格边框

05 单击"确定"按钮后，合并表格中的某些单元格，并设置对齐方式，选中"L1：L12"单元格区域，如图2-19所示。

06 打开"开始"选项卡，单击"对齐方式"命令组中的"方向"按钮，弹出下拉列表，从中选择"竖排文字"选项，如图2-20所示。

图2-19 选中单元格区域

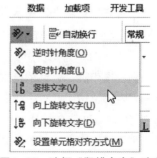

图2-20 选择"竖排文字"选项

07 对表格的列宽作适当调整，并在表格中输入数据，设置其数字格式，最终效果如图2-21所示。

	材 料 入 库 验 收 单										
类别：								验收编号		2015001	第
发票编号：	*********			2015年 1月1日		来源：			甲厂		三
品名	规格	单位	数 量		实 际 价 格				计划价		联
			来料数	实际数	单价	总价	运杂费	合计	单价	总价	：
甲材料	1*0.5	米	1000	1000	¥0.50	¥500.00	¥100.00	¥600.00	¥0.48	¥580.00	会
											计
											记
											账
合计											联
供销主管：章*	验收保管：	李**	采购		王**		制单：		吴**		

图2-21 最终效果

2.2.2 制作记账凭证

记账凭证，又称分录凭证或记账凭单，是指会计人员根据审核无误后的原始凭证或汇总原始凭证填制的，用来确定经济业务应借、应贷的会计科目及金额的会计分录，并据以登记账簿的会计凭证。

1. 制作收款凭证

收款凭证是用来反映货币资金增加业务的凭证，一般情况下，是由出纳人员根据审核无误的原始凭证填制的。

【例2-3】创建收款凭证（构建收款凭证基本框架，添加边框和底纹）。

01 新建一个名为"收款凭证"工作表，在表格中输入基本信息，如图2-22所示。

02 选中"A1：O1"单元格区域，单击鼠标右键，弹出快捷菜单，从中选择"设置单元格格式"选项，如图2-23所示。

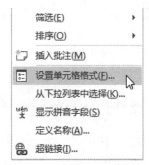

图2-22 新建工作表 　　图2-23 选择"设置单元格格式"选项

03 弹出"设置单元格格式"对话框，打开"字体"选项卡，从中将标题设置为"隶书"、"常规"、"16"和"单下划线"，如图2-24所示。

04 打开"对齐"选项卡，将水平对齐设置为"居中"，将垂直对齐设置为"居中"，勾选"合并单元格"复选框，然后单击"确定"按钮，如图2-25所示。

05 选中"A3：O10"单元格区域，打开"设置单元格格式"对话框，打开"边框"选项卡，在"样式"列表框中选择合适的样式，单击"外边框"按钮，再在"样式"列表框中选择合适的样式，单击"内部"按钮，然后单击"确定"按钮，如图2-26所示。

06 选中"D3：N10"单元格区域，打开"设置单元格格式"对话框，打开"边框"选项卡，在"样式"列表框中选择合适的样式，单击预览草图上的左右边框，然后单击"确定"按钮，如图2-27所示。

图2-24 设置标题字体格式

图2-25 设置标题对齐方式

图2-26 设置边框

图2-27 设置边框

07 为表格添加边框后，合并必要的单元格，调整列宽，设置数字格式和文字对齐方式，打开"视图"选项卡，在"显示"命令组中，取消对"网格线"复选框的勾选，如图2-28所示。

08 选中"A1：P11"单元格区域，打开"开始"选项卡，单击"字体"命令组中的"填充颜色"按钮，弹出下拉列表，从中选择合适的颜色，如图2-29所示，这样就为表格添加了背景色。

图2-28 取消显示网格线

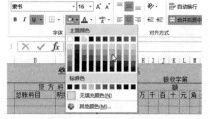

图2-29 设置背景色

09 对收款凭证作适当的调整，这样，一张空白的收款凭证就制作完成了，最终效果如图2-30所示。

图2-30 最终效果

知识点拨

记账凭证按其所反映的经济业务是否与货币有关，可分为收款凭证、付款凭证和转账凭证等几种。付款凭证的制作方法和收款凭证相类似，只是借贷方向不同。

2. 创建通用记账凭证

通用记账凭证是指以一种格式的凭证记录全部经济业务的凭证。主要适用于经济业务比较简单的单位，所有业务都采用一种格式的凭证加以登记，可以简化凭证。

【例2-4】制作通用记账凭证。

01 新建一个名为"通用记账凭证"的工作表，在工作表标签上单击鼠标右键，弹出快捷菜单，从中选择"工作表标签颜色—黄色"选项，如图2-31所示。

02 在工作表中输入文字，设置标题的格式和对齐方式，并调整列宽，然后选中"A1：Z9"单元格区域，如图2-32所示。

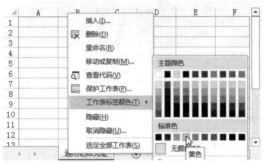

图2-31 设置工作表标签颜色

图2-32 选择单元格区域

03 按"Ctrl+1"组合键，弹出"设置单元格格式"对话框，打开"边框"选项卡，在"样式"列表框中选择粗一点的样式，单击"外边框"按钮，设置外边框，如图2-33所示。

04 在"样式"列表框中选择细一点的样式，单击"内部"按钮，设置内边框，然后单击"确定"按钮，如图2-34所示。

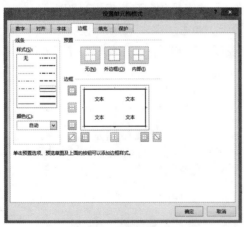

图2-33 设置外边框

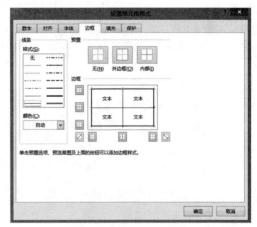

图2-34 设置内部框线

05 选中"D3：N9"单元格区域，按"Ctrl+1"组合键，弹出"设置单元格格式"对话框，打开"边框"选项卡，在"样式"列表框中选择虚线，然后单击"预览草图"中间的垂直直线，单击"确定"按钮，如图2-35所示。

06 使用同样的方法，将"O3：Y9"单元格区域中的竖线也设置成虚线。选中"AA1：AA9"单元格区域，按"Ctrl+1"组合键，弹出"设置单元格格式"对话框，打开"对齐"选项卡，就将文本方向设置为"竖排文字"，单击"确定"按钮，如图2-36所示。

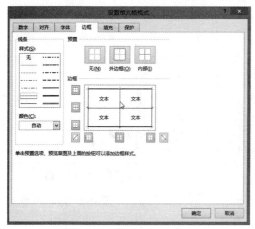

图2-35 修改内部框线样式   图2-36 设置文字方向

07 将"AA1：AA9"单元格区域进行合并，并输入"附件   张"。选中"A1：AA10"单元格区域，打开"开始"选项卡，单击"填充颜色"下拉按钮，从下拉列表中选择合适的颜色，如图2-37所示。

08 打开"视图"选项卡，在"显示"命令组中，取消对"网格线"复选框的勾选，取消显示网格线，如图2-38所示。

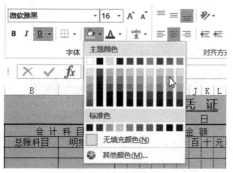   

图2-37 设置背景颜色   图2-38 取消显示网格线

09 对表格进行适当的调整，这样，一张空白的通用记账凭证就创建好了，最终效果如图2-39所示。

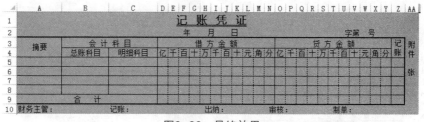

图2-39 最终效果

2.2.3 填制记账凭证

填制记账凭证，就是以审核无误的原始凭证作为依据，由会计人员将各项记账凭证要素按照规定的方法填制齐全，以备相关账簿的登记。

【例2-5】填制通用记账凭证（通过新建名称、设置数据验证填制通用记账凭证）。

01 打开"通用记账凭证"表，在记账凭证中输入日期、附件张数等，如图2-40所示。

02 切换到"会计科目表"，选中"总账科目"列中所有科目名称，单击鼠标右键，弹出快捷菜单，从中选择"定义名称"选项，如图2-41所示。

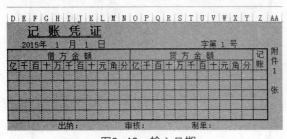

图2-40 输入日期

图2-41 选择"定义名称"选项

03 弹出"新建名称"对话框，在"名称"文本框中输入"总账科目"，其他保持默认设置，单击"确定"按钮，如图2-42所示。

04 选中"明细科目"列中所有科目名称，打开"新建名称"对话框，在"名称"文本框中输入"明细科目"，其他保持默认设置，单击"确定"按钮，如图2-43所示。

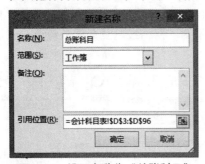

图2-42 设置名称为"总账科目"

图2-43 设置名称为"明细科目"

05 切换到"通用记账凭证"表，选中"B5：B8"单元格区域，如图2-44所示。

06 打开"数据"选项卡，单击"数据工具"命令组中的"数据验证"按钮，弹出下拉列表，从中选择"数据验证"选项，如图2-45所示。

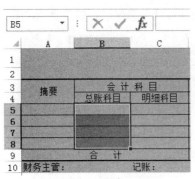

图2-44 选择单元格区域

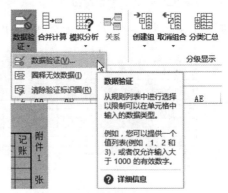

图2-45 选择"数据验证"选项

07 弹出"数据验证"对话框，在"允许"下拉列表中选择"序列"选项，在"来源"文本框中输入"=总账科目"，单击"确定"按钮，如图2-46所示。

08 选中"B5"单元格，其右方会出现下拉按钮，单击该按钮，弹出下拉列表，从中选择合适的总账科目即可，如图2-47所示。

图2-46 "数据验证"对话框

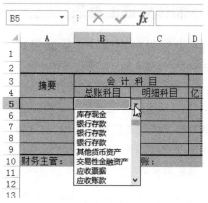

图2-47 单击下拉按钮

⑨ 选中"C5：C8"单元格区域，打开"数据验证"对话框，在"允许"下拉列表中选择"序列"选项，在"来源"文本框中输入"=明细科目"，单击"确定"按钮，如图2-48所示。

⑩ 选中"C5"单元格，其右方会出现下拉按钮，单击该按钮，弹出下拉列表，从中选择合适的明细科目即可，如图2-49所示。

图2-48 "数据验证"对话框

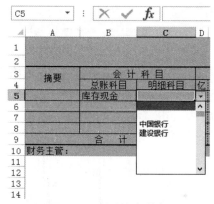

图2-49 单击下拉按钮

⑪ 在记账凭证中输入摘要、借方金额、贷方金额、合计等，就完成了通用记账凭证的填制，如图2-50所示。

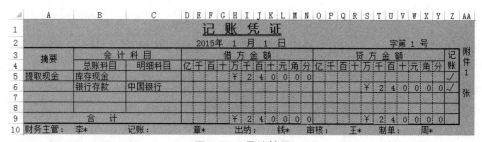

图2-50 最终效果

2.3 编制凭证汇总表其实很简单

记账凭证审核无误后，将所有审核无误的记账凭证汇总到一个表中，这个表就是凭证汇总表。编制凭证汇总表，可以方便会计人员进行相关账簿的登记。

2.3.1 制作凭证汇总表

凭证汇总表中包含凭证号、凭证类别、摘要、科目代码、总账科目、明细科目、借方金额、贷方金额等。

【例2-6】创建空白的凭证汇总表。

01 新建一个名为"记账凭证汇总表"的工作表，在该工作表的标签上单击鼠标右键，弹出快捷菜单，从中选择"移动或复制"选项，如图2-51所示。

02 弹出"移动或复制工作表"对话框，在"下列选定工作表之前"列表框中选择"（移至最后）"选项，然后单击"确定"按钮，如图2-52所示。

图2-51　选择"移动或复制"选项　　　　图2-52　"移动或复制工作表"对话框

03 将记账凭证汇总表移动到最后，然后在表格中输入表格标题和列表题，并对标题格式进行设置，如图2-53所示。

04 选中"B2"、"I2"和"K2"单元格区域，打开"开始"选项卡，单击"对齐方式"命令组中的"自动换行"按钮，如图2-54所示。

图2-53　输入文字并设置　　　　　　图2-54　单击"自动换行"按钮

05 选中"A2：K2"单元格区域，单击"对齐方式"命令组中的"居中"按钮，将选中单元格中的文字水平居中显示，如图2-55所示。

06 单击"对齐方式"命令组中的"垂直居中"按钮，将选中单元格中的文字垂直居中显示，如图2-56所示。

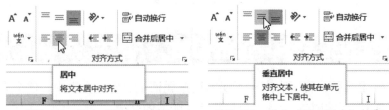

图2-55　单击"居中"按钮　　　　　图2-56　单击"垂直居中"按钮

07 选中"A2:K20"单元格区域,打开"设置单元格格式"对话框,打开"边框"选项卡,从中设置选中区域的外边框和内边框,单击"确定"按钮,如图2-57所示。

08 设置好边框后,选中"A3:A20"单元格区域,打开"设置单元格格式"对话框,打开"数字"选项卡,在"分类"列表框中选择"自定义"选项,然后在"类型"文本框中输入"00#",单击"确定"按钮,如图2-58所示。

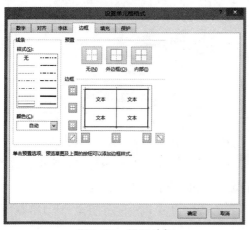
图2-57 设置边框

图2-58 自定义数字格式

09 设置好数字格式后,调整表格的列宽,这样,空白的凭证汇总表就制作完成了,如图2-59所示。

图2-59 空白的记账汇总表

2.3.2 填制记账凭证汇总表

将所有审核无误的记账凭证汇总登记到记账凭证汇总表中,方便用户登记相关的各种账簿。

【例2-7】填制凭证汇总表(通过新建名称、设置数据验证等填制记账凭证汇总表)。

01 打开会计科目表,选中"C1:C96"单元格区域,如图2-60所示。

02 打开"公式"选项卡,单击"定义的名称"命令组中的"定义名称"按钮,如图2-61所示。

图2-60 选中单元格区域

图2-61 单击"定义名称"按钮

03 弹出"新建名称"对话框，在"名称"文本框中输入"科目代码"，其他的保持默认设置，单击"确定"按钮，如图2-62所示。

04 切换到记账凭证汇总表，选中"D3：D20"单元格区域，打开"数据"选项卡，单击"数据验证"命令组中的"数据验证"按钮，弹出下拉列表，从中选择"数据验证"选项，如图2-63所示。

图2-62 "新建名称"对话框

图2-63 选择"数据验证"选项

05 弹出"数据验证"对话框，打开"设置"选项卡，在"允许"下拉列表中选择"序列"选项，在"来源"文本框中输入"=科目代码"，单击"确定"按钮，如图2-64所示。

06 此时单击选定区域的任意单元格，在单元格右方，会出现一个下拉按钮，单击下拉按钮，弹出下拉列表，从中选择合适的科目代码，如图2-65所示。

图2-64 "数据验证"对话框

图2-65 选择科目代码

07 选中"E3：E20"单元格区域，打开"数据验证"对话框，打开"设置"选项卡，在"允许"下拉列表中选择"序列"选项，在"来源"文本框中输入"=总账科目"，单击"确定"按钮，如图2-66所示。

08 此时单击选定区域的任意单元格，在单元格右方，会出现一个下拉按钮，单击下拉按钮，弹出下拉列表，从中选择合适的总账科目，如图2-67所示。

图2-66 "数据验证"对话框

图2-67 选择总账科目

⑨ 选中"F3: F20"单元格区域,打开"数据验证"对话框,打开"设置"选项卡,在"允许"下拉列表中选择"序列"选项,在"来源"文本框中输入"=明细科目",单击"确定"按钮,如图2-68所示。

⑩ 此时单击选定区域的任意单元格,在单元格右方,会出现一个下拉按钮,单击下拉按钮,弹出下拉列表,从中选择合适的明细科目,如图2-69所示。

图2-68 "数据验证"对话框

图2-69 选择明细科目

⑪ 选中"A3: A20"单元格区域,打开"数据验证"对话框,打开"设置"选项卡,在"允许"下拉列表中选择"序列"选项,在"来源"文本框中输入"现收、银收、现付、银付、转账",如图2-70所示。

⑫ 打开"输入信息"选项卡,在"标题"文本框中输入"凭证类别",在"输入信息"文本框中输入"请单击下拉按钮,选择凭证类别!",然后单击"确定"按钮,如图2-71所示。

图2-70 打开"设置"选项卡

图2-71 打开"输入信息"选项卡

⑬ 选中"I3"单元格,打开"开发工具"选项卡,单击"控件"命令组中的"插入"按钮,弹出下拉列表,从中选择"复选框"选项,如图2-72所示。

⑭ 选中"G3: H20"单元格区域,打开"开始"选项卡,单击"数字"命令组中的"数字格式"按钮,弹出下拉列表,从中选择"会计专用"选项,如图2-73所示。

图2-72 选择"复选框"选项

图2-73 选择"会计专用"选项

⑮ 按照记账凭证内容，在记账汇总表中录入数据，最终的效果如图2-74所示。

凭证号	凭证类别	摘要	科目代码	总账科目	明细科目	借方金额	贷方金额	记账	制单	附件张数
					记 账 汇 总 表					
001	现付	报销差旅费	6601	销售费用		￥ 1,200.00		☑	王*	2
001	现付	报销差旅费	1001	库存现金			￥ 1,200.00	☑	王*	2
002	银付	提取现金	1001	库存现金		￥ 30,000.00		☑	李**	3
002	银付	提取现金	100201	银行存款	中国银行		￥ 30,000.00	☑	李**	3
003	银付	发工资	2211	应付职工薪酬		￥ 21,000.00		☑	王**	2
003	银付	发工资	100202	银行存款	建设银行		￥ 21,000.00	☑	王**	2
								☐		

图2-74 最终效果

2.4 掌握总分类账

总分类账是指按照总分类科目设置，公允货币计量单位进行登记，简称总账。是根据总分类科目开设的账户，用来登记全部经济业务，进行总分类核算，提供总括核算资料的分类账簿。

2.4.1 编制期初余额统计表

期初余额统计表是用来统计财务期初账务的表格，其中记录科目代码、科目名称和各科目期初余额。它是制作总分类账的基础。

【例2-8】创建期初余额统计表。

① 新建一个名为"期初余额统计表"的工作表，在其中输入标题和列表题，如图2-75所示。

② 选中"A1：D1"单元格区域，打开"开始"选项卡，单击"字体"命令组中的对话框启动器，如图2-76所示。

图2-75 新建工作表

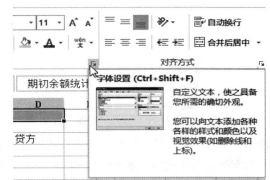

图2-76 单击对话框启动器

③ 弹出"设置单元格格式"对话框，打开"字体"选项卡，将标题设置为"微软雅黑"、"常规"和"16"，如图2-77所示。

④ 打开"对齐"选项卡，将"水平对齐"和"垂直对齐"都设置为"居中"，勾选"合并单元格"复选框，如图2-78所示。

⑤ 选中"A4：D24"单元格区域，打开"设置单元格格式"对话框，打开"边框"选项卡，在"样式"列表框中选择粗一点的样式，单击"外边框"按钮，如图2-79所示。

⑥ 在"样式"列表框中选择细一点的样式，单击"内部"按钮，如图2-80所示。

图2-77　设置标题字体　　　　　　　　　图2-78　设置标题对齐方式

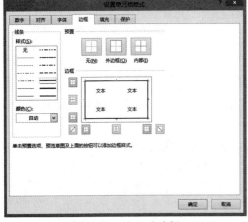

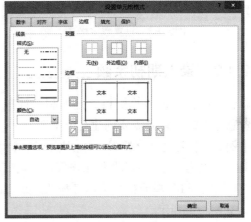

图2-79　设置外边框　　　　　　　　　　图2-80　设置内边框

07 引用科目代码。选中"A4"单元格，在其中输入引用科目代码的公式"=会计科目表!C3"，按"Enter"键确认输入，如图2-81所示。

08 引用科目名称。选中"B4"单元格，在其中输入引用科目名称的公式"=会计科目表!D3"，按"Enter"键确认输入，如图2-82所示。

图2-81　引用科目代码　　　　　　　　　图2-82　引用科目名称

09 选中"C4：D24"单元格区域，打开"设置单元格格式"对话框，打开"数字"选项卡，在"分类"列表框中选择"会计专用"选项，将小数位数设置为"2"，单击"确定"按钮，如图2-83所示。

⑩ 使用同样的方法，引用其他的科目代码和科目名称，并录入各科目的期初余额，最终效果如图 2-84所示。

图2-83　设置数字格式

科目代码	科目名称	期初余额	
		借方	贷方
1001	库存现金	¥　18,000.00	
1002	银行存款	¥　1,800,000.00	
1012	其他货币资金	¥　20,000.00	
1101	交易性金融资产		
1121	应收票据	¥　40,000.00	
1122	应收账款	¥　60,000.00	
1221	其他应收款	¥　2,000.00	
1403	原材料	¥　60,000.00	
1405	库存商品	¥　20,000.00	
1601	固定资产	¥　2,000,000.00	
2001	短期借款		¥　50,000.00
2101	交易性金融负债		¥　10,000.00
2201	应付票据		¥　5,000.00
2202	应付账款		¥　12,000.00
2203	预收账款		¥　8,000.00
2211	应付职工薪酬		¥　170,000.00
2221	应交税费		¥　3,200.00
2232	应付股利		

图2-84　最终效果

2.4.2　录入期初余额

总分类账提供的核算资料，是编制会计报表的主要依据，任何单位都必须设置总分类账。要设置总分类账，首先需要创建总分类账。

【例2-9】创建总分类账，并依据期初余额统计表，录入期初余额。

① 新建一个名为"总分类账"的工作表，在其中输入标题和列表题，如图2-85所示。

② 选中"A1：F1"单元格区域，打开"开始"选项卡，单击"对齐方式"命令组中的对话框启动器，如图2-86所示。

图2-85　新建工作表

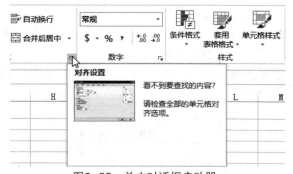

图2-86　单击对话框启动器

③ 弹出"设置单元格格式"对话框，打开"字体"选项卡，从中将标题设置为"华文行楷"、"常规"和"16"，如图2-87所示。

④ 打开"对齐"选项卡，将"水平对齐"和"垂直对齐"都设置为"居中"，勾选"合并单元格"复选框，单击"确定"按钮，如图2-88所示。

⑤ 选中"A2：F20"单元格区域，单击"对齐方式"命令组中的对话框启动器，如图2-89所示。

⑥ 弹出"设置单元格格式"对话框，打开"边框"选项卡，在"样式"列表框中选择合适的线条，然后单击"外边框"按钮，在"样式"列表框中选择合适的线条，单击"内部"按钮，然后单击"确定"按钮，如图2-90所示。

图2-87 设置标题字体格式

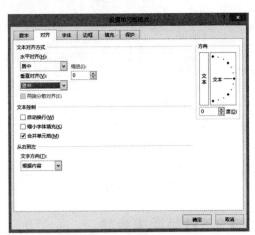

图2-88 设置标题对齐方式

图2-89 选择单元格区域

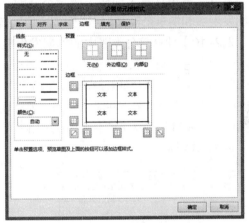

图2-90 设置边框

07 添加边框后，合并需要合并的单元格，然后选中"C4：F20"单元格区域，单击"数字"命令组中的"数字格式"下拉按钮，从中选择"会计专用"选项，如图2-91所示。

08 选中"A4"单元格，输入引用科目代码的公式"=期初余额统计表!A4"，按"Enter"键确认输入，如图2-92所示。

图2-91 设置选定区域的数字格式

图2-92 输入公式

09 选中"B4"单元格，输入引用科目名称的公式"=期初余额统计表!B4"，按"Enter"键确认输入，如图2-93所示。

10 选中"C4"单元格，输入引用期初余额的公式"=期初余额统计表!C4-期初余额统计表!D4"，按"Enter"键确认输入，如图2-94所示。

图2-93　输入公式

图2-94　显示期初余额

2.4.3　计算期末余额

在总分类账中计算了期初余额是不够的，用户还需要将本期发生额和期末余额计算出来。而本期发生额和期末余额是根据记账凭证汇总表录入的。

【例2-10】计算总分类账中的本期发生额和期末余额。

01 选中"D4"单元格，在其中输入引用"库存现金"本期借方发生额的公式"=SUMIF(记账凭证汇总表!$E$3:$E$8,B4,记账凭证汇总表!$G$3:$G$8)"，按"Enter"键确认输入，如图2-95所示。

02 选中"E4"单元格，在其中输入引用"库存现金"本期贷方发生额的公式"=SUMIF(记账凭证汇总表!$E$3:$E$8,B4,记账凭证汇总表!$H$3:$H$8)"，按"Enter"键确认输入，如图2-96所示。

图2-95　计算本期借方发生额

图2-96　计算本期贷方发生额

03 选中"F4"单元格，在其中输入计算"库存现金"期末余额的公式"=C4+D4-E4"，按"Enter"键确认输入，如图2-97所示。

04 为了计算所有科目的期末余额，需要将引用的公式向下填充，选中"A4：F24"单元格区域，如图2-98所示。

图2-97　计算本期余额

图2-98　选中单元格区域

05 打开"开始"选项卡，单击"单元格"命令组中的"填充"按钮，弹出下拉列表，从中选择"向下"选项，如图2-99所示。

06 此时，选中的单元格中，就依次出现了各种科目的期初余额、本期发生额和期末余额，如图2-100所示。

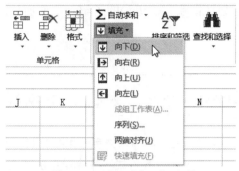

图2-99　选择"向下"选项

图2-100　最终效果

2.4.4　试算平衡表

试算平衡表用以检查借贷方是否平衡，即账户记录是否有错的一种表示。试算平衡表不仅可以验算总分类账本期发生额和期末余额是否平衡，还可以为编制会计报表提供依据。

【例2-11】制作试算平衡表，验证总分类账的借贷双方发生额是否平衡。

01 在总分类账右方"H1：I5"单元格区域中，创建一个简单的试算平衡表，用来试算本期借方发生额和本期贷方发生额是否平衡，如图2-101所示。

02 汇总本期借方发生额。选中"I2"单元格，在其中输入"=SUM(D4:D24)"，按"Enter"键确认输入，如图2-102所示。

03 汇总本期贷方发生额。选中"I3"单元格，在其中输入"=SUM(E4:E24)"，按"Enter"键确认输入，如图2-103所示。

图2-101　创建试算平衡表　　图2-102　汇总借方发生额　　图2-103　汇总贷方发生额

04 计算本期差额。选中"I4"单元格，在其中输入"=I2-I3"，按"Enter"键确认输入，如图2-104所示。

05 计算借贷方发生额是否平衡。选中"I5"单元格，在其中输入"=IF(I4=0,"平衡","不平衡")"，按"Enter"键确认输入，如图2-105所示。

06 此时，在试算平衡表中就显示了本期借方发生额、本期贷方发生额、本期差额和借贷平衡的情况，可以看到，通过试算，借贷方发生额是平衡的，如图2-106所示。

图2-104　统计差额　　　　图2-105　输入公式　　　　图2-106　最终效果

2.5 上机实训

通过对本章内容的学习，读者对使用Excel进行会计记账有了更深的了解。下面通过两个实训操作来温习和拓展前面所学的知识。

2.5.1 编制经费收支账表

在日常的会计工作中，经费收支账表也是经常遇到的原始凭证。例如，公司销售部员工集体旅游后，就会向财务部提交部门活动经费收支账表。

①① 创建一个名为"销售部员工活动经费收支账"的新工作表，在其中输入文字，如图2-107所示。

①② 选中"A1：F1"单元格区域，打开"开始"选项卡，单击"对齐方式"命令组中的"合并后居中"按钮，如图2-108所示。

图2-107 新建工作表　　　　　　　　　图2-108 单击"合并后居中"按钮

①③ 按"Ctrl+1"组合键，弹出"设置单元格格式"对话框，打开"字体"选项卡，从中将标题设置为"华文行楷"、"加粗"和"16"，单击"确定"按钮，如图2-109所示。

①④ 选中"A3：F14"单元格区域，按"Ctrl+1"组合键，弹出"设置单元格格式"对话框，打开"边框"选项卡，从中设置边框的样式，如图2-110所示。

 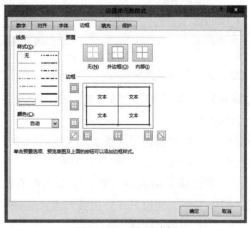

图2-109 设置标题文字格式　　　　　　　图2-110 设置边框

①⑤ 单击"确定"按钮后，选中"C4：E14"单元格区域，如图2-111所示。

①⑥ 单击"数字"命令组中的"数字格式"下拉按钮，弹出下拉列表，从中选择"会计专用"选项，如图2-112所示。

图2-111　选择单元格区域

图2-112　选择"会计专用"选项

07 在创建的"销售部员工活动经费收支账"表中，输入基本信息，选中"B8"单元格，如图2-113 所示。

08 打开"审阅"选项卡，单击"批注"命令组中的"新建批注"按钮，如图2-114所示。

图2-113　选中"B8"单元格

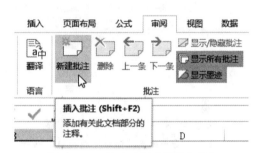

图2-114　单击"新建批注"按钮

09 此时，在选定单元格的右方出现一个批注框，由一根直线连接到"B8"单元格的右上角，如图 2-115所示。

10 在批注框中输入注释的内容，此处输入"此处的交通费是指坐缆车的费用"，如图2-116所示。

图2-115　插入了批注

图2-116　在批注中输入文字

11 在批注框的框线上单击鼠标右键，弹出快捷菜单，从中选择"设置批注格式"选项，如图2-117 所示。

12 弹出"设置批注格式"对话框，打开"字体"选项卡，从中将字体设置为"宋体"、字号设置为 "9号"、字体颜色设置为"红色"，单击"确定"按钮，如图2-118所示。

13 打开"视图"选项卡，单击"批注"命令组中的"显示所有批注"按钮，如图2-119所示。

14 此时，批注就隐藏起来了，只有将鼠标移动到"B8"单元格时，才会显示，如图2-120所示。

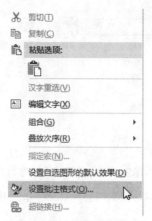

图2-117 选择"设置批注格式"选项

图2-118 "设置批注格式"对话框

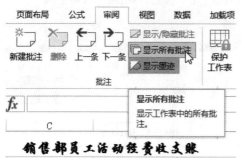

图2-119 单击"显示所有批注"按钮

图2-120 最终效果

2.5.2 巧用数据透视表

数据透视表是用来从Excel数据列表、关系数据库文件等数据源的特定字段中总结信息的分析工具，它是一种交互式报表，可以快速分类汇总信集量比较大的数据。下面介绍使用数据透视表统计"销售部员工活动经费收支账"中，每天支出费用的情况。

01 选中工作表中的"A3：E12"单元格区域，打开"插入"选项卡，单击"表格"命令组中的"数据透视表"按钮，如图2-121所示。

02 弹出"创建数据透视表"对话框，在"表/区域"文本框中确认区域选择正确，选择"新工作表"单选项，单击"确定"按钮，如图2-122所示。

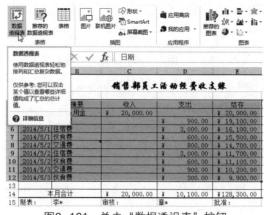

图2-121 单击"数据透视表"按钮

图2-122 "创建数据透视表"对话框

⑬ 此时，弹出一个新的工作表，在工作表中弹出空白的数据透视表和"数据透视表字段"窗格，如图2-123所示。

⑭ 在"数据透视表字段"窗格中，在"字段"列表中选择"日期"字段，按住鼠标左键不放，拖动该字段到"行"区域，松开鼠标，就将该字段移动到该区域中了，如图2-124所示。

图2-123　空白的数据透视表	图2-124　拖动字段至合适区域

⑮ 使用同样的方法，将其他的字段拖动到合适的区域中，然后打开"数据透视表工具分析"选项卡，单击"活动字段"命令组中的"字段设置"按钮，如图2-125所示。

⑯ 弹出"值字段设置"对话框，打开"值汇总方式"选项卡，在"计算类型"列表框中选择"求和"选项，如图2-126所示。

图2-125　单击"字段设置"按钮	图2-126　"值字段设置"对话框

⑰ 在"数据透视表字段"窗格的"字段"列表中，单击"摘要"字段的下拉按钮，弹出下拉列表，从中取消对"领取备用金"复选框的勾选，如图2-127所示。

⑱ 修改数据透视表的列标签和行标签的名称，并调整数据透视表的列宽和行高，最终效果如图2-128所示。

图2-127　进行筛选	图2-128　最终效果

2.6 常见疑难解答 💡

下面将对学习过程中常见的疑难问题进行汇总，以帮助读者更好的理解前面所讲的内容。

Q：如何使用快捷键输入货币符号？

A：输入人民币符号（¥），按"Alt+00165"组合键；输入英镑符号（£），按"Alt+00163"组合键；输入欧元符号（€），按"Alt+00128"组合键；输入分币符号（¢），按"Alt+00162"组合键。

Q：如何隐藏工作表中的网格线？

A：打开"视图"选项卡，在"显示"命令组中，取消对"网格线"复选框的勾选，此时，在工作表中将不再显示网格线。

Q：如何设置竖排文字？

A：打开"开始"选项卡，单击"对齐方式"命令组中的"方向"按钮，弹出下拉列表，从中选择"竖排文字"选项即可。

Q：如何使单元格中的字符间距变大？

A：将鼠标光标插入字符之间，按空格键，就可以增大字符间距了。

Q：如何隐藏公式计算后得到的"0"？

A：有时在通过引用公式应用其他单元格中的数据，由于有些单元格是空白的，引用过来后变成0显示，此时要使0不显示，可以执行"文件—选项"命令，打开"Excel选项"对话框，选择"高级"选项，然后取消对"在具有零值的单元格中显示0"复选框的勾选即可，如图2-129所示。

Q：如何更改数据透视表中值字段汇总方式？

A：单价数据透视表任意单元格，打开"数据透视表工具—分析"选项，单击"活动字段"命令组中的"字段设置"按钮，弹出"值字段设置"对话框，打开"值汇总方式"选项卡，在"计算类型"列表框中选择合适的选项即可，如图2-130所示。

图2-129 "Excel选项"对话框

图2-130 "值字段设置"对话框

Q：如何在单元格中显示当前日期？

A：选中单元格，在单元格中输入"=TODAY()"，然后按"Enter"键确认输入，此时，在单元格中就会显示当前的日期。

2.7 拓展应用练习

为了让用户能够更好的掌握使用Excel软件创建原始凭证和记账，用户可以做做下面的练习。

◎ 制作产品出库单

本练习将在Excel中创建产品出库单，帮助用户练习设置文字格式和对齐方式、设置边框、添加下划线等操作，最终效果如图2-131所示。

图2-131 最终效果

操作提示

01 输入标题和列标题等文字；

02 设置文字的格式和对齐方式；

03 合并必要的单元格；

04 调整列宽和字符间距。

◎ 制作付款凭证

本练习将在Excel中创建付款凭证，帮助用户练习文字方向的设置、特殊符号的插入、会计用双下滑线的使用等操作，最终效果如图2-132所示。

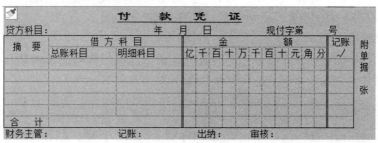

图2-132 最终效果

操作提示

01 创建付款凭证的框架；

02 合并必要的单元格；

03 为标题添加会计用双下划线；

04 设置文字的方向；

05 修改边框样式；

06 调整列宽和字符间距。

第 **3** 章

进、销、存的巧妙管理

本章概述　进、销、存管理是对企业日常经营中的采购、销售和库存等业务流程的管理。采购是企业运作的开始，采购成本的大小直接影响企业的利润；销售是企业运作的第二步，只有将生产的商品销售出去，企业才会获取利润；存货管理对采购和销售至关重要。所以，进、销、存管理是对企业生产经营过程中的原材料、资金流进行全程跟踪管理。

知识要点　● 采购管理　　　　　　　　　　● 库存管理
　　　　　　　● 销售管理

3.1　学会采购管理

　　企业通过不断采购相关的原材料来保障企业运营的持续性，通常，在采购材料之前，各部门需要提供采购申请，经相关领导和财务审核批准后，由采购部门统一进行预算与采购，然后对采购的商品进行登记。同时在采购过程中发生的一些经济业务，会计人员需编制相应的会计凭证，并登记相关账簿。

3.1.1　相关函数介绍

　　在采购过程中，必然需要填写相关的表单，财务对这些表单进行登记和统计时，会涉及以下几个函数的应用。下面介绍这几个函数的语法和功能。

1. DAY函数

　　DAY函数是用来返回一个月中第几天的数值，即返回以序列号表示的某日期的天数，用整数1~31表示。该函数的语法格式为：

```
DAY ( serial_number )
```

　　参数serial_number表示指定的日期，应使用标准函数输入日期，或者使用日期多对应的序列号。日期不能以文本形式输入。

2. TODAY函数

　　TODAY函数是用来返回当前时间的序列号。该函数的语法格式为：

```
TODAY ( )
```

　　TODAY函数没有参数，该函数中返回的序列号是Excel日期和时间计算使用的日期，即时间代码，如果在输入函数前，单元格的格式为"常规"，Excel会将单元格格式更改为"日期"格式；如果要查看序列号，则必须将单元格格式更改为"常规"或"数值"。

3. MONTH函数

　　MONTH函数是用来返回某日期对应的月份。该函数的语法格式为：

```
MONTH ( serial_number )
```

参数serial_number表示要查找的那一月的日期。应使用标准函数输入日期，或者使用日期所对应的序列号，不可以以文本的形式输入日期。

4. YEAR函数

YEAR函数是用来返回某日期对应的年份。该函数的语法格式为：

```
YEAR ( serial_number )
```

参数serial_number表示要查找的那一年的日期，应使用标准函数（如DATE）输入日期，或者使用日期对应的序列号。

5. AND函数

AND函数是一个逻辑函数，它是用来判断多个条件是否全部成立。该函数的语法格式为：

```
AND ( logical1, logical2, … )
```

参数logical1表示要测试的第一个条件，其计算结果可以为TRUE或FALSE，参数logical2，…表示要测试的其他条件，其计算结果可以为TRUE或FALSE，当所有的条件都成立时，计算结果为TRUE，否则为FALSE。

6. FALSE函数

FALSE函数是用来返回逻辑值FALSE。该函数的语法格式为：

```
FALSE()
```

FALSE函数没有参数，并且可以在其他函数中被当作参数来使用。

7. NOT函数

NOT函数是用来对其参数的逻辑求反。该函数的语法格式为：

```
NOT(logical)
```

参数logical为可以计算出TRUE和FALSE的值或表达式。

8. TRUE函数

TRUE函数是用来返回逻辑值TRUE。该函数的语法格式为：

```
TRUE()
```

TRUE函数没有参数，并且可以在其他函数中被当作参数来使用。

3.1.2 采购申请单

采购申请单是采购过程的开始，每个部门根据需要填写采购单，然后提交有关部门审批后，移送采购部门进行统一采购。

【例3-1】创建并填写采购申请单。

01 新建一个名为"采购申请单"的工作表，在工作表中创建空白的采购申请单，并对其中标题和列标题进行设置，为表格添加边框，效果如图3-1所示。

02 选中"B2"单元格，在其上单击鼠标右键，弹出快捷菜单，从中选择"设置单元格格式"选项，如图3-2所示。

03 弹出"设置单元格格式"对话框，打开"数字"选项卡，在"分类"列表框中选择"自定义"选项，在"类型"文本框中输入"00#"，单击"确定"按钮，如图3-3所示。

04 选中"D2"单元格，打开"数据"选项卡，单击"数据工具"命令组中的"数据验证"按钮，弹出下拉列表，从中选择"数据验证"选项，如图3-4所示。

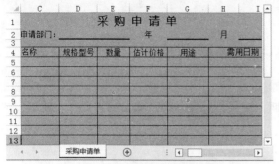

图3-1 创建空白的采购申请单

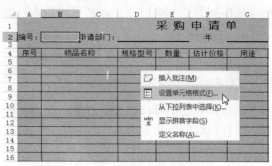

图3-2 选择"设置单元格格式"选项

图3-3 "设置单元格格式"对话框

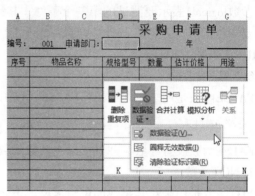

图3-4 选择"数据验证"选项

05 弹出"数据验证"对话框，打开"设置"选项卡，在"允许"下拉列表中选择"序列"选项，在"来源"文本框中输入"人力资源部,财务部"，单击"确定"按钮，如图3-5所示。

06 单击"D2"单元格，在其右方出现下拉按钮，单击该按钮，从弹出的下拉列表中选择合适的选项，选中"E2"单元格，在其中输入"=YEAR(TODAY())"，如图3-6所示。

图3-5 "数据验证"对话框

图3-6 输入公式

07 按"Enter"键确认输入，在该单元格中就显示了当前的年份。选中"G2"单元格，在其中输入"=MONTH(TODAY())"，如图3-7所示。

08 按"Enter"键确认输入，在该单元格中就显示了当前的月份。选中"I2"单元格，在其中输入"=DAY(TODAY())"，如图3-8所示。

图3-7 输入公式

图3-8 输入公式

09 按 "Enter" 键确认输入,在该单元格中就显示了当前是哪一天。选中 "H5:I5" 单元格区域,在其中输入 "=TODAY()+15"(此处假设需要日期是采购日期后的15天),如图3-9所示。

10 按 "Enter" 键确认输入,在该单元格中就显示了需用日期。继续输入其他的信息,最终效果如图3-10所示。到此,采购申请单就填制完成了。

图3-9 计算需用日期

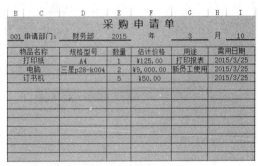

图3-10 最终效果

3.1.3 采购统计表

采购部门在采购结束后,需要对一段时间内采购的材料、物品进行登记汇总,这就形成了采购统计表。采购统计表是用来分析采购数据,对进、销、存实施管理的基础表格。

【例3-2】填制采购统计表。

01 创建一个名为 "采购统计表" 工作表,在表中创建空白的采购统计表,设置标题和列标题,并为表格添加边框,效果如图3-11所示。

02 选中 "B2" 单元格,在其中输入 "=MONTH(TODAY())",然后按 "Enter" 键确认输入,如图3-12所示。

图3-11 创建空白的采购统计表

图3-12 输入公式

03 选中 "A4：A19" 单元格区域，打开 "数据" 选项卡，单击 "数据工具" 命令组中的 "数据验证" 按钮，弹出下拉列表，从中选择 "数据验证" 选项，如图3-13所示。

04 弹出 "数据验证" 对话框，打开 "设置" 选项卡，在 "允许" 下拉列表中选择 "序列" 选项，在 "来源" 文本框中输入 "白云电子城,格力文具"，如图3-14所示。

图3-13 选择 "数据验证" 选项

图3-14 "数据验证" 对话框

05 打开 "输入信息" 选项卡，在 "标题" 文本框中输入 "供货商"，在 "输入信息" 文本框中输入 "单击下拉按钮，选择供货商！"，单击 "确定" 按钮，如图3-15所示。

06 选中 "E4：E19" 单元格区域，单击 "数据工具" 命令组中的 "数据验证" 按钮，弹出下拉列表，从中选择 "数据验证" 选项，如图3-16所示。

图3-15 设置输入信息

图3-16 选择 "数据验证" 选项

07 弹出 "数据验证" 对话框，打开 "设置" 选项卡，在 "允许" 下拉列表中选择 "整数" 选项，在 "数据" 下拉列表中选择 "大于" 选项，在 "最小值" 文本框中输入 "0"，如图3-17所示。

08 打开 "输入信息" 选项卡，在 "标题" 文本框中输入 "注意"，在 "输入信息" 文本框中输入 "请输入整数！"，如图3-18所示。

图3-17 设置验证条件

图3-18 设置输入信息

09 打开"出错警告"选项卡，在"样式"下拉列表中选择"停止"选项，在"标题"文本框中输入"错误"，在"错误信息"文本框中输入"请输入整数！"，然后单击"确定"按钮，如图3-19所示。

10 设置"金额"列公式，选中"G4"单元格，在其中输入"=IF(AND(B4<>"",E4<>"",F4<>""),E4*F4,"")"，然后按"Enter"键确认输入，如图3-20所示。

图3-19 设置出错警告

图3-20 输入公式

11 选中"F4：G19"单元格区域，打开"开始"选项卡，单击"数字"命令组中的"数字格式"按钮，弹出下拉列表，从中选择"会计专用"选项，如图3-21所示。

12 用户输入第一条记录后，可以选择通过记录单输入信息，选中采购统计表，打开"数据"选项卡，单击"记录单"命令组中的"记录单"按钮，如图3-22所示。

图3-21 设置数字格式

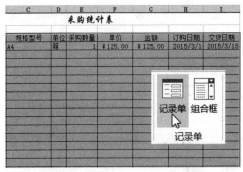
图3-22 选择"记录单"选项

13 弹出"采购统计表"对话框，显示了记录清单中的第一条记录，单击"新建"按钮，创建新的记录，如图3-23所示。

14 出现一个空白的记录单，在相应位置输入信息，如图3-24所示。

图3-23 单击"新建"按钮

图3-24 输入信息

15 当所有信息都录入后，单击"关闭"按钮，关闭该对话框，此时，系统会自动在表格中添加刚输入的信息，最终效果如图3-25所示。

	A	B	C	D	E	F	G	H	I
1	采购统计表								
2	月份：	3							
3	供货商	商品名称	规格型号	单位	采购数量	单价	金额	订购日期	交货日期
4	格力文具	打印纸	A4	箱	1	¥ 125.00	¥ 125.00	2015/3/1	2015/3/15
5	白云电子城	电脑	三星p28-k004	台	2	¥ 4,500.00	¥ 9,000.00	2015/3/2	2015/3/16
6	格力文具	订书机		个	5	¥ 10.00	¥ 50.00	2015/3/2	2015/3/16
7									
8									
9									

采购申请单　采购统计表

图3-25　最终效果

3.1.4　采购物资的账务处理

企业在采购过程中，由于结算方式和采购地点不同、货款的支付时间不同，货品入库时间不同，造成了账务处理不同。

1. 款未付，货已到

某公司采购2台三星的电脑，单价是每台4500元，贷款没有支付，但电脑已经验收入库。该业务的账务处理如下。

【例3-3】收到电脑时的账务处理。

01 打开“记账凭证”工作表，删除原先录入的信息，在其中输入该业务的信息，如图3-26所示。

02 打开“记账凭证汇总表”工作表，将审核无误的记账凭证登记到记账凭证汇总表中，如图3-27所示。

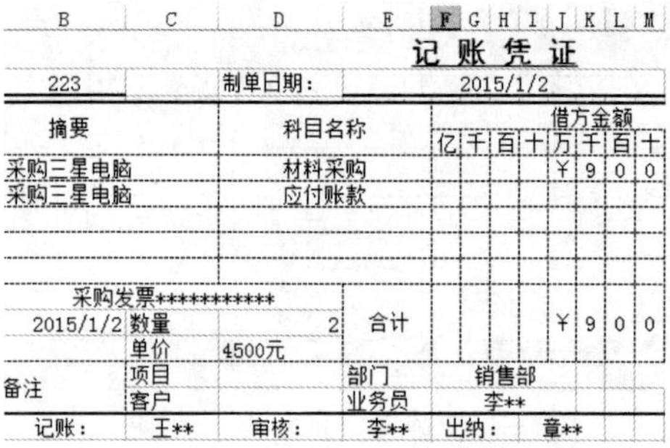
记账凭证
223　制单日期：　2015/1/2
摘要　科目名称　借方金额
亿 千 百 十 万 千 百 十
采购三星电脑　材料采购　¥ 9 0 0
采购三星电脑　应付账款
采购发票***********
2015/1/2 数量 2　合计　¥ 9 0 0
单价 4500元
备注　项目　部门　销售部
客户　业务员　李**
记账：　王**　审核：　李**　出纳：　章**

图3-26　登记记账凭证

记账凭证汇总表

科目代码	总账科目	明细科目	借方金额	贷方金额
6601	销售费用		¥ 1,200.00	
1001	库存现金			¥ 1,200.00
1001	库存现金		¥ 30,000.00	
100201	银行存款	中国银行		¥ 30,000.00
2211	应付职工薪酬		¥ 21,000.00	
100202	银行存款	建设银行		¥ 21,000.00
1401	材料采购		¥ 9,000.00	
2202	应付账款			¥ 9,000.00

图3-27　登记记账凭证汇总表

【例3-4】电脑验收入库时的账务处理。

01 打开“记账凭证”工作表，删除原先录入的信息，在其中输入该业务的信息，如图3-27所示。

02 打开“记账凭证汇总表”工作表，将审核无误的记账凭证登记到记账凭证汇总表中，如图3-28所示。

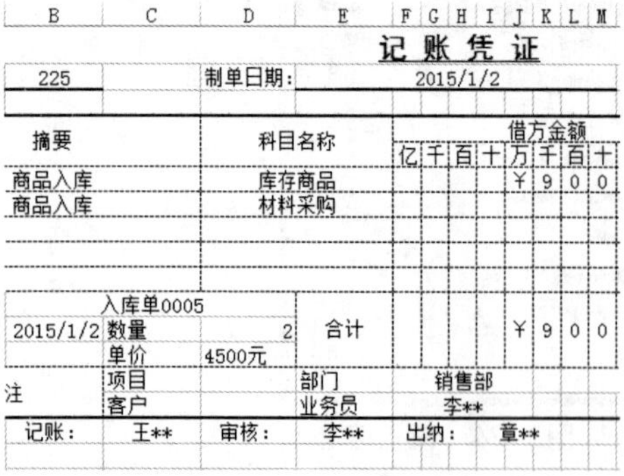
记账凭证
225　制单日期：　2015/1/2
摘要　科目名称　借方金额
亿 千 百 十 万 千 百 十
商品入库　库存商品　¥ 9 0 0
商品入库　材料采购
入库单0005
2015/1/2 数量 2　合计　¥ 9 0 0
单价 4500元
注　项目　部门　销售部
客户　业务员　李**
记账：　王**　审核：　李**　出纳：　章**

图3-28　登记记账凭证

记账凭证汇总表

科目代码	总账科目	明细科目	借方金额	贷方金额
6601	销售费用		¥ 1,200.00	
1001	库存现金			¥ 1,200.00
1001	库存现金		¥ 30,000.00	
100201	银行存款	中国银行		¥ 30,000.00
2211	应付职工薪酬		¥ 21,000.00	
100202	银行存款	建设银行		¥ 21,000.00
1401	材料采购		¥ 9,000.00	
2202	应付账款			¥ 9,000.00
1406	库存商品		¥ 9,000.00	
1401	材料采购			¥ 9,000.00

图3-29　登记记账凭证汇总表

2. 款已付，货已到

某公司采购2台三星的电脑，每台4500元，取得了增值税率为17%的专用发票，货款是用库存现金支付的，电脑已经验收入库，该项业务的账务处理如下。

【例3-5】支付货款时的账务处理。

① 打开记账凭证，在其中录入该业务的信息，如图3-30所示。

② 打开记账凭证汇总表，将审核无误的记账凭证登记到记账凭证汇总表中，如图3-31所示。

图3-30 登记记账凭证

科目代码	总账科目	明细科目	借方金额	贷方金额
6601	销售费用		¥ 1,200.00	
1001	库存现金			¥ 1,200.00
1001	库存现金		¥ 30,000.00	
100201	银行存款	中国银行		¥ 30,000.00
2211	应付职工薪酬		¥ 21,000.00	
100202	银行存款	建设银行		¥ 21,000.00
1401	材料采购		¥ 9,000.00	
2202	应付账款			¥ 9,000.00
1406	库存商品		¥ 9,000.00	
1401	材料采购			¥ 9,000.00
1401	材料采购		¥ 9,000.00	
222101	应交税费	应交增值税	¥ 1,530.00	
1001	库存现金			¥ 10,530.00

图3-31 登记记账凭证汇总表

③ 由于采购过程中，使用的是库存现金，所以需要登记现金日记账，按照审核无误的记账凭证登记现金日记账，如图3-32所示。

图3-32 登记现金日记账

【例3-6】电脑验收入库时的账务处理。

① 打开记账凭证，在其中录入该业务的信息，如图3-33所示。

② 打开记账凭证汇总表，将审核无误的记账凭证的内容登记到记账凭证汇总表中，如图3-34所示。

图3-33 登记记账凭证

摘要	科目代码	总账科目	明细科目	借方金额	贷方金额
报销差旅费	6601	销售费用		¥ 1,200.00	
报销差旅费	1001	库存现金			¥ 1,200.00
提取现金	1001	库存现金		¥ 30,000.00	
提取现金	100201	银行存款	中国银行		¥ 30,000.00
发工资	2211	应付职工薪酬		¥ 21,000.00	
发工资	100202	银行存款	建设银行		¥ 21,000.00
采购三星电脑	1401	材料采购		¥ 9,000.00	
采购三星电脑	2202	应付账款			¥ 9,000.00
商品入库	1406	库存商品		¥ 9,000.00	
商品入库	1401	材料采购			¥ 9,000.00
采购三星电脑	1401	材料采购		¥ 9,000.00	
采购三星电脑	222101	应交税费	应交增值税	¥ 1,530.00	
采购三星电脑	1001	库存现金			¥ 10,530.00
商品入库	1406	库存商品		¥ 10,530.00	
商品入库	1401	材料采购			¥ 10,530.00

图3-34 登记记账凭证汇总表

3.2 掌握销售管理

销售管理是对一定期间内的销售数据进行统计和分析，从而为管理者制定销售策略提供依据。同时在销售过程中发生的一些经济业务，会计人员需要编制会计凭证并登记相关账簿。

3.2.1 编制销售统计表

销售统计表是用来记录企业的销售数据的。一般情况下销售统计表是以流水账的形式，逐笔登记记录所有的经济业务。

【例3-7】创建销售统计表并进行登记。

01 在采购统计表的标签上单击鼠标右键，弹出快捷菜单，从中选择"移动或复制"选项，如图3-35所示。

02 弹出"移动或复制工作表"对话框，在"下列选定工作表之前"列表框中选择"移至最后"选项，勾选"建立副本"复选框，单击"确定"按钮，如图3-36所示。

图3-35 选择"移动或复制"选项

图3-36 "移动或复制工作表"对话框

03 此时，在工作簿中出现一个名为"采购统计表（2）"工作表，在其标签上单击鼠标右键，弹出快捷菜单，从中选择"重命名"选项，如图3-37所示。

04 修改名称为"销售统计表"，选中该表中的第2行，单击鼠标右键，弹出快捷菜单，从中选择"删除"选项，删除该行，如图3-38所示。

图3-37 选择"重命名"选项

图3-38 选择"删除"选项

05 选中"A2：I9"单元格区域，按"Delete"键，将选中区域中的内容删除，如图3-39所示。

06 修改标题为"销售统计表"，然后将鼠标放到两列之间的分隔线上，当鼠标变成"✛"时，按住鼠标左键，移动鼠标，调整列宽，如图3-40所示。

图3-39 删除选中单元格区域　　　　　　图3-40 调整列宽

07 选中标题，打开"开始"选项卡，单击"对齐方式"命令组中"合并后居中"的下拉按钮，弹出下拉列表，从中选择"取消单元格合并"选项，如图3-41所示。

08 选择B列和C列，单击鼠标右键，弹出快捷菜单，从中选择"剪切"选项，如图3-42所示。

图3-41 选择"取消单元格合并"选项　　　　图3-42 选择"剪切"选项

09 选中J列，单击鼠标右键，弹出快捷菜单，从中选择"插入剪切的单元格"选项，如图3-43所示。

10 此时，原来的列依次左移，原来的B列和C列变成了现在的H列和I列。接着选择"E3：E18"单元格区域，如图3-44所示。

图3-43 选择"插入剪切的单元格"选项　　　图3-44 选择单元格区域

11 打开"数据"选项卡，单击"数据工具"命令组中的"数据验证"按钮，弹出下拉列表，从中选择"数据验证"选项，如图3-45所示。

12 弹出"数据验证"对话框，打开"设置"选项卡，在"允许"下拉列表中选择"整数"选项，在"数据"下拉列表中选择"大于"选项，在"最小值"文本框中输入"0"，如图3-46所示。

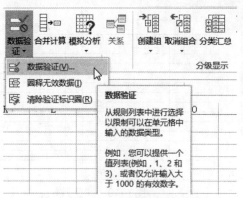

图3-45 选择"数据验证"选项   图3-46 "数据验证"对话框

⑬ 打开"输入信息"选项卡，勾选"选定单元格时显示下列输入信息"复选框，在"输入信息"文本框中输入"请输入整数！"，如图3-47所示。

⑭ 打开"出错警告"选项卡，在"样式"下拉列表中选择"停止"选项，在"标题"文本框中输入"错误"，在"错误信息"文本框中输入"请输入整数！"，单击"确定"按钮，如图3-48所示。

图3-47 设置输入信息

图3-48 设置出错警告

⑮ 选中"F3：G18"单元格，打开"开始"选项卡，单击"数字格式"下拉按钮，从下拉列表中选择"会计专用"选项，如图3-49所示。

⑯ 选中"G3"单元格，在该单元格中输入"=E3*F3"，按"Enter"键确认输入，如图3-50所示。

图3-49 设置数字格式   图3-50 输入公式

⑰ 将鼠标移动到"G3"单元格的右下角，当鼠标变成"+"时，按住鼠标左键，向下移动鼠标，将公式填充到下面的单元格中，如图3-51所示。

⑱ 在销售统计表中输入销售信息，最终效果如图3-52所示。

C	D	E	F	G	H	I
销售统计表						
规格型号	单位	销售数量	销售单价	销售金额	客户名称	销售员
				¥ -		
				¥ -		
				¥ -		
				¥ -		

图3-51　向下填充公式

A	B	C	D	E	F	G
销售统计表						
日期	商品名称	规格型号	单位	销售数量	销售单价	销售金额
2015/1/1	无框画	50*75	幅	2	¥ 90.00	¥ 180.00
2015/1/1	无框画	45*45	幅	1	¥ 65.00	¥ 65.00
2015/1/1	无框画	50*60	幅	2	¥ 75.00	¥ 150.00
2015/1/1	无框画	60*90	幅	3	¥ 120.00	¥ 360.00
2015/1/1	无框画	50*75	幅	4	¥ 90.00	¥ 360.00
2015/1/1	无框画	60*90	幅	2	¥ 120.00	¥ 240.00
						¥ -
						¥ -
						¥ -
						¥ -
						¥ -
						¥ -
						¥ -

图3-52　最终效果

3.2.2　销售商品的账务处理

企业销售商品后，会计人员需要及时确认收入，并结转相关的销售成本。下面介绍相关账务的处理方法。

1. 收入实现时

企业销售10台冰箱，价值40000元，增值税率为17%，企业确认收入实现时的账务处理。

【**例3-8**】确认收入实现的账务处理。

01 打开空白的记账凭证，按照该笔经济业务，输入记账凭证，输入"应收账款"科目，在借方金额栏输入"40000"，输入"应交税费—应交增值税"科目，在贷方金额栏输入"5811.97"，输入"主营业务收入"科目，在贷方金额栏输入"34188.03"。其他按照实际情况输入，如图3-53所示。

02 打开记账凭证汇总表，按照审核无误的记账凭证登录凭证汇总表，分别输入科目代码、总账科目、明细科目，"应收账款"科目的金额在借方，"主营业务收入"科目和"应交税费-应交增值税"科目金额在贷方，如图3-54所示。

记 账 凭 证

2015年 1 月 1 日

总账科目	明细科目	亿	千	百	十	万	千	百	十	元	角	分
会计科目		借方金额										
应收账款					¥	4	0	0	0	0	0	0
应交税费	应交增值税											
主营业务收入												
合　计					¥	4	0	0	0	0	0	0

张*　记账：　王*　出纳：　周*　审

图3-53　编写记账凭证

记 账 凭 证 汇 总 表

科目代码	总账科目	明细科目	借方金额	贷方金额
1401	材料采购			¥ 9,000.00
1401	材料采购		¥ 9,000.00	
222101	应交税费	应交增值税	¥ 1,530.00	
1001	库存现金			¥ 10,530.00
1406	库存商品		¥ 10,530.00	
1401	材料采购			¥ 10,530.00
1122	应收账款		¥ 40,000.00	
6001	主营业务收入			¥ 34,188.03
222101	应交税费	应交增值税		¥ 5,811.97

图3-54　编写记账凭证汇总表

2. 结转成本

企业销售10台冰箱，价值40000元，成本为20000元，结转成本的操作如下。

【**例3-9**】结转销售成本时的账务处理。

01 打开空白的记账凭证，输入"主营业务成本"科目，借方金额栏输入"20000"，输入"库存商品"科目，在贷方金额栏输入"20000"，其他按实际情况输入，如图3-55所示。

02 打开记账凭证汇总表，将"主营业务成本"科目的金额录入借方金额，将"库存商品"科目的金额录入贷方金额，如图3-56所示。

图3-55　编写记账凭证

图3-56　编写记账凭证汇总表

3.2.3　销售数据分析

统计销售数据，是为了通过这些数据分析企业的销售情况、分析产品的销售前景、比较销售员的业绩等。用户可以通过排序、筛选和分类汇总等方法，分析销售数据。

1. 使用排序分析销售数据

【例3-10】对销售统计表进行排序（使销售统计表中的数据按照销售金额和销售数量降序排序）。

🈁 打开销售统计表，单击表格中任意单元格，如图3-57所示。

🈁 打开"数据"选项卡，单击"排序和筛选"命令组中的"排序"按钮，如图3-58所示。

图3-57　打开销售统计表

图3-58　单击"排序"按钮

🈁 弹出"排序"对话框，设置主要关键字为"销售金额"，其排序依据为"数值"，次序为"降序"，然后单击"添加条件"按钮，如图3-59所示。

🈁 添加次要关键字，将次要关键字设置为"销售数量"，其排序依据为"数值"，次序为"降序"，如图3-60所示。

图3-59　单击"添加条件"按钮

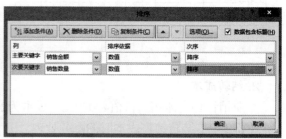

图3-60　设置次要关键字

🈁 单击"确定"按钮，返回工作表编辑区，可以看到，表中数据按照销售金额降序排列，销售金额相同的，按照销售数量降序排列，如图3-61所示。

日期	商品名称	规格型号	单位	销售数量	销售单价	销售金额
						销售统计表
2015/1/1	有框画	60*90	幅	5	¥140.00	¥ 700.00
2015/1/2	无框画	60*90	幅	4	¥120.00	¥ 480.00
2015/1/1	无框画	50*75	幅	4	¥ 90.00	¥ 360.00
2015/1/1	无框画	60*90	幅	3	¥120.00	¥ 360.00
2015/1/2	有框画	50*75	幅	3	¥108.00	¥ 324.00
2015/1/1	有框画	45*45	幅	4	¥ 80.00	¥ 320.00
2015/1/1	无框画	60*90	幅	2	¥120.00	¥ 240.00
2015/1/2	有框画	60*90	幅	2	¥120.00	¥ 240.00
2015/1/1	有框画	50*75	幅	2	¥108.00	¥ 216.00
2015/1/1	无框画	50*75	幅	2	¥ 90.00	¥ 180.00
2015/1/1	无框画	50*60	幅	2	¥ 75.00	¥ 150.00
2015/1/2	无框画	50*75	幅	2	¥ 75.00	¥ 150.00
2015/1/2	无框画	45*45	幅	2	¥ 65.00	¥ 130.00
2015/1/1	有框画	50*60	幅	1	¥ 90.00	¥ 90.00
2015/1/1	无框画	50*75	幅	1	¥ 90.00	¥ 90.00
2015/1/1	无框画	45*45	幅	1	¥ 65.00	¥ 65.00

图3-61 排序后的效果

2. 使用筛选分析销售数据

【例3-11】对销售统计表进行筛选（筛选出销售金额大于等于200的数据）。

01 打开销售统计表，单击销售统计表上任意单元格，打开"数据"选项卡，单击"排序和筛选"命令组中的"筛选"按钮，如图3-62所示。

02 此时，销售统计表的列标题都添加的筛选按钮，单击"商品名称"的筛选按钮，弹出下拉列表，从中取消对"有框画"复选框的勾选，单击"确定"按钮，如图3-63所示。

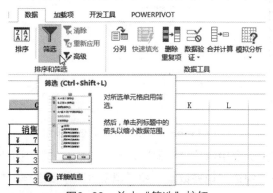

图3-62 单击"筛选"按钮

图3-63 取消勾选"有框画"复选框

03 单击"销售金额"的筛选按钮，弹出下拉列表，从中选择"数字筛选—大于或等于"选项，如图3-64所示。

04 弹出"自定义自动筛选方式"对话框，在"大于或等于"文本框中输入"200"，单击"确定"按钮，如图3-65所示。

图3-64 选择"大于或等于"选项

图3-65 "自定义自动筛选方式"对话框

05 此时，返回工作编辑区，可以看到筛选出无框画，销售金额大于等于200的销售记录，如图3-66所示。

日期	商品名称	规格型号	单位	销售数量	销售单价	销售金额	客户名	销售
2015/1/2	无框画	60*90	幅	4	¥120.00	¥ 480.00	李四	钱枫
2015/1/1	无框画	50*75	幅	4	¥ 90.00	¥ 360.00	王七	张兰
2015/1/1	无框画	60*90	幅	3	¥120.00	¥ 360.00	李四	李红
2015/1/1	无框画	60*90	幅	2	¥120.00	¥ 240.00	王七	蓝蓝

图3-66　筛选后的效果

3. 使用分类汇总分析销售数据

【例3-12】 在销售统计表中，按天统计销售数量和销售金额。

01 打开销售统计表，单击表格中任意单元格，如图3-67所示。

02 打开"数据"选项卡，单击"分级显示"命令组中的"分类汇总"按钮，如图3-68所示。

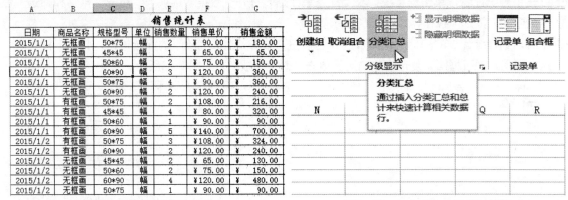

图3-67　打开销售统计表　　　　　　　图3-68　单击"分类汇总"按钮

03 弹出"分类汇总"对话框，在"分类字段"下拉列表中选择"日期"，在"汇总方式"下拉列表中选择"求和"，在"选定汇总项"列表框中，勾选"销售数量"和"销售金额"复选框，如图3-69所示。

04 单击"确定"按钮，返回销售统计表编辑区，即可看到工作表按天汇总了销售数量和销售金额，如图3-70所示。

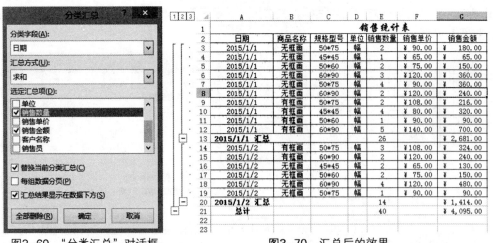

图3-69　"分类汇总"对话框　　　　　　图3-70　汇总后的效果

3.3 精通库存管理

库存管理是生产、计划和控制的基础。通过对仓库、货位等账务管理及出入库单据进行管理，可以及时反映各种物资的仓储、流向情况，为生产管理和成本核算提供依据。通过库存分析，可以为管理者及决策人员提供库存资金占用情况、物资积压情况、短缺、超储情况等不同的统计分析信息。

3.3.1 制作商品分类表

商品分类表在库存管理中占有非常重要的地位，它集中记录了每种商品的编码、名称、供应商等信息，方便用户对商品进行分类管理。

【例3-13】创建商品分类表。

① 新建一个名为"商品分类表"的工作表，在其中输入标题和列标题，然后选中"A1：G1"单元格区域，如图3-71所示。

② 打开"开始"选项卡，单击"字体"命令组中的对话框启动器，如图3-72所示。

图3-71 新建工作表　　　　　　图3-72　单击对话框启动器

③ 在"A1"单元格中输入"1"，选中"A1：A24"单元格区域，单击"编辑"命令组中的"填充"按钮，弹出下拉列表，从中选择"序列"选项，如图3-73所示。

④ 弹出"序列"对话框，在"序列产生在"栏中选择"列"单选项，在"类型"栏中选择"等差序列"单选项，在"步长值"文本框中输入"1"，单击"确定"按钮，如图3-74所示。

图3-73　选择"序列"选项

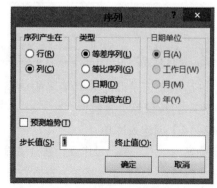

图3-74　"序列"对话框

⑤ 选中"B3：B24"单元格区域，按"Ctrl+1"组合键，弹出"设置单元格格式"对话框，打开"数字"选项卡，在"分类"列表框中选择"文本"选项，单击"确定"按钮，如图3-75所示。

⑥ 选中"G3：G24"单元格区域，按"Ctrl+1"组合键，弹出"设置单元格格式"对话框，打开

"数字"选项卡，在"分类"列表框中选择"会计专用"选项，将小数位数设置为"2"，单击"确定"按钮，如图3-76所示。

图3-75 设置文本格式

图3-76 设置会计专用格式

07 选中"A2：G24"单元格区域，按"Ctrl+1"组合键弹出"设置单元格格式"对话框，打开"边框"选项卡，从中设置外边框和内边框，如图3-77所示。

08 单击"确定"按钮，返回工作表编辑区，在表格中输入商品信息，最终效果如图3-78所示。

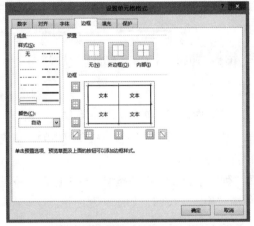

图3-77 设置边框

	A	B	C	D	E	F	G
1				商品分类表			
2	序号	商品编码	商品名称	规格型号	供应商	单位	成本单价
3	1	111	饮料类				
4	2	111001	可乐	500ml	可口可乐公司	瓶	¥ 1.50
5	3	111002	雪碧	500ml	可口可乐公司	瓶	¥ 1.50
6	4	111003	果粒橙	500ml	可口可乐公司	瓶	¥ 2.00
7	5	111004	冰糖雪梨	500ml	统一企业有限公司	瓶	¥ 1.50
8	6	111005	冰红茶	500ml	统一企业有限公司	瓶	¥ 1.50
9	8	111006	统一鲜橙多	500ml	统一企业有限公司	瓶	¥ 1.50
10	7	111007	蜂蜜柚子茶	500ml	天喔食品	瓶	¥ 1.50
11	9	111008	苏打水	500ml	水易方食品	瓶	¥ 2.00
12	10	111009	雀巢咖啡	180ml	雀巢公司	罐	¥ 2.00
13	11	111010	健力宝	330ml	健力宝集团	罐	¥ 1.50
14	12	111011	王老吉	310ml	大闽食品	罐	¥ 2.50
15	13						
16	14						
17	15						
18	16						
19	17						
20	18						

图3-78 最终效果

3.3.2 制作入库单

入库单是用来记录商品入库情况的单据，是重要的原始凭证，其中记录了商品的编码、商品名称、入库的数量等重要信息。

【例3-14】创建入库单。

01 新建一个名为"入库单"工作表，在其中输入表格的标题和列表题，如图3-79所示。

02 设置单元格格式，合并单元格，为表格添加边框，调整列宽等，最终设置好的表格如图3-80所示。

03 为了节省工作量，用户可以使用引用公式，导入商品分类表中的数据。选中"B6"单元格，在单元格中输入"=IF($A6="","",VLOOKUP($A6,商品分类表!$B$3:$G$13,2,0))"，如图3-81所示。

04 按"Enter"键确认输入，然后将鼠标放到"B6"单元格的右下角，当鼠标变成"+"时，按住鼠标左键，向右移动鼠标，如图3-82所示。向右填充公式。

图3-79 新建工作表

图3-80 空白入库单

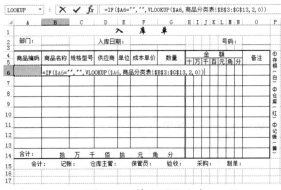

图3-81 输入引用公式

图3-82 向右填充公式

05 由于"规格型号"列在商品分类表中的位置与"商品名称"列所在的位置不同，规格型号在所选区域的第3列，所以，需要修改"C6"单元格中的公式为"=IF($A6="","",VLOOKUP($A6,商品分类表!$B$3:$G$13,3,0))"，如图3-83所示。

06 同样的修改"D6"单元格、"E6"单元格和"F6"单元格中的公式，然后选中"B6：F6"单元格区域，将鼠标移动到选中区域的右下角，当鼠标变成"+"时，按住鼠标左键，向下拖动鼠标，如图3-84所示。向下填充公式。

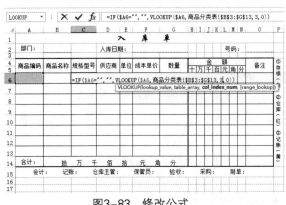

图3-83 修改公式

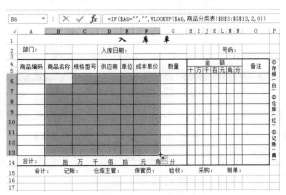

图3-84 向下填充公式

07 选中"A6：A13"单元格区域，打开"开始"选项卡，单击"数字"命令组中的"数字格式"按钮，弹出下拉列表，从中选择"文本"选项，如图3-85所示。

08 在"A6"单元格中输入"111001"，此时，会自动出现其对应的商品名称、规格型号、供应商和成本单价等信息，然后手动输入其他信息即可，最终效果如图3-86所示。

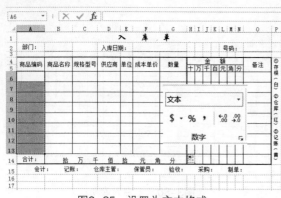

图3-85 设置为文本格式

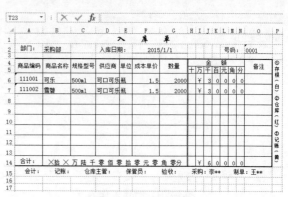

图3-86 最终效果

3.3.3 编制入库统计表

为了统计商品的入库情况，方便进行库存统计，用户需要编制入库统计表，将所有商品的入库情况进行登记。

【例3-15】创建入库统计表。

01 按住"Ctrl"键，将鼠标移动到"入库单"工作表的标签上，按住鼠标左键，移动鼠标，当鼠标变成"📄"时，将其移动到工作表的最后位置，松开鼠标，如图3-87所示。

02 这样就复制了一个"入库单"工作表，名为"入库单（2）"，打开"开始"选项卡，单击"单元格"命令组中的"格式"按钮，弹出下拉列表，从中选择"重命名工作表"选项，将名称修改为"入库统计表"，如图3-88所示。

图3-87 复制入库单

图3-88 重命名工作表

03 选中入库统计表中所有包含内容的列，单击"编辑"命令组中的"清除"按钮，弹出下拉列表，从中选择"全部清除"选项，如图3-89所示。

04 此时，被选定区域的内容和格式全部被清除了，如图3-90所示。这样，用户就可在工作表中重新输入内容，设置格式。

05 在工作表中输入标题和列标题，并设置其格式，然后为表格添加边框，如图3-91所示。

06 引用商品分类表中的数据，选中"D3"单元格，输入"=IF($C3="","",VLOOKUP($C3,商品分类表!$B$3:$G$13,2,0))"，按"Enter"键确认输入，如图3-92所示。

07 将鼠标移动到"D3"单元格右下角，当鼠标变成"+"时，按住鼠标左键，向右移动鼠标，填充公式，如图3-93所示。

08 选中"E3"单元格，将公式修改为"=IF($C3="","",VLOOKUP($C3,商品分类表!$B$3:$G$13,3,0))"，如图3-94所示。同样的也修改"F3：H3"单元格区域中的公式。

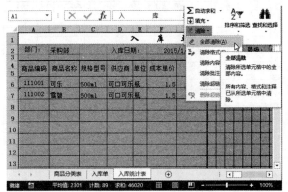

图3-89　清除全部内容和格式

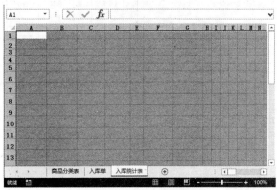

图3-90　清除后的效果

图3-91　创建空白的入库统计表

图3-92　输入引用公式

图3-93　向右填充公式

图3-94　修改公式

09 选中"D3：H3"单元格区域，将鼠标移动到"H3"单元格右下角，当鼠标变成"+"时，按住鼠标左键，向下移动鼠标，填充公式，如图3-95所示。

10 选中"C3：C20"单元格区域，单击"数字"命令组中的"数字格式"按钮，弹出下拉列表，从中选择"文本"选项，如图3-96所示。

11 选中"J3"单元格，在其中输入"=H3*I3"，按"Enter"键确认输入，如图3-97所示。

12 将鼠标移动到"J3"单元格右下角，当鼠标变成"+"时，按住鼠标左键，向下移动鼠标，填充公式，如图3-98所示。

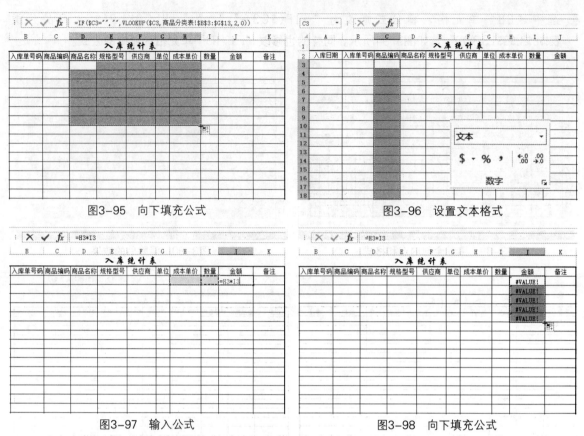

图3-95 向下填充公式

图3-96 设置文本格式

图3-97 输入公式

图3-98 向下填充公式

⑬ 在表格中输入商品编码，此时，在表格中自动显示该编码代表的商品的信息，如图3-99所示。接着按照入库单输入其他信息，最终效果，如图3-100所示。

图3-99 输入编号

图3-100 最终效果

3.3.4 编制出库统计表

销售人员将商品销售出去后，需要填写出库单，才能将商品从仓库中领走，而为了统计所有商品的出库情况，需要创建出库统计表，将审核无误的出库单上的数据登记到出库统计表中。

【例3-16】创建出库统计表。

① 将入库单复制到"出库单"工作表中，修改其中部分内容，形成出库单，填写出库单，如图3-101所示。

⑫ 新建一个名为"出库统计表"工作表，输入标题和列标题，并设置标题格式，形成空白的出库统计表，如图3-102所示。

图3-101　出库单

图3-102　创建出库统计表

⑬ 选中"A：N"列，打开"开始"选项卡，单击"样式"命令组中"条件格式"按钮，弹出下拉列表，从中选择"新建规则"选项，如图3-103所示。

⑭ 弹出"新建格式规则"对话框，在"选择规则类型"列表框中选择"使用公式确定要设置格式的单元格"选项，在"为符合此公式的值设置格式"文本框中输入"=$B2<>"""，单击"格式"按钮，如图3-104所示。

图3-103　选择"新建规则"选项

⑮ 弹出"设置单元格格式"对话框，打开"边框"选项卡，从中设置外边框，然后单击"确定"按钮，如图3-105所示。

⑯ 返回"新建格式规则"对话框，在"预览"组合框中可以看到设置后的效果，单击"确定"按钮，如图3-106所示。

图3-104　输入公式

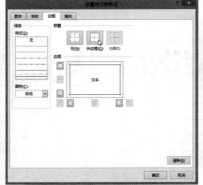

图3-105　设置外边框

图3-106　"新建格式规则"对话框

⑰ 此时，有数据的行会自动添加边框，随着记录的增加，记录行会自动添加边框。选中"D2"单元格，输入引用商品分类表的公式，按"Enter"键确认输入，如图3-107所示。

⑱ 在"E2"、"G2"和"H2"单元格中也同样输入引用的公式，接着选中"L2"单元格，输入"=I3*J3"，然后按"Enter"键确认输入，如图3-108所示。

图3-107　输入引用公式　　　　　　　　　　图3-108　输入公式

09 选中"M2"单元格，输入"=L3-K3"，按"Enter"键确认输入，如图3-109所示。接着按照审核无误的出库单录入其他数据，最终效果如图3-110所示。

图3-109　输入公式　　　　　　　　　　　　图3-110　最终效果

3.3.5　利用函数进行库存统计

用户创建入库统计表和出库统计表后，还需要创建库存统计表，通过引用出入库统计表中的数据、使用公式计算本期结存的数量和金额，用户能够随时掌握商品的库存情况。

【例3-17】创建库存统计表。

01 新建一个名为"库存统计表"工作表，在其中输入标题和列标题，并设置其格式，为表格添加边框，最终效果如图3-111所示。

02 选中"B4"单元格，在其中输入"=IF(ISNA(VLOOKUP($A4,商品分类表!$B:$G,COLUMN(),0)),"",VLOOKUP($A4,商品分类表!$B:$G,COLUMN(),0))"，按"Enter"键确认输入，如图3-112所示。引用商品分类表中的商品名称。

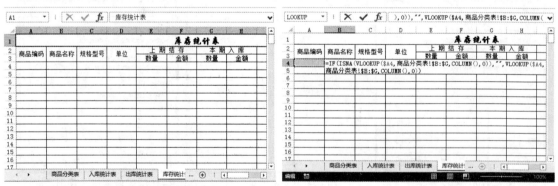

图3-111　创建空白的库存统计表　　　　　　图3-112　输入引用公式

03 将鼠标移动到"B4"单元格的右下角，当鼠标变成"+"时，按住鼠标左键，向右移动鼠标，如图3-113所示。向右填充公式。

04 选中"D4"单元格，修改公式为"=IF(ISNA(VLOOKUP($A4,商品分类表!$B:$G,COLUMN(),0)),"",VLOOKUP(

$A4,商品分类表!$B:$G,COLUMN()+1,0))"，按 "Enter" 键确认输入，如图3-114所示。

图3-113　向右填充公式

图3-114　修改公式

05 选中 "B4：D4" 单元格区域，将鼠标移动到 "D4" 单元格的右下角，当鼠标变成 "+" 时，按住鼠标左键，向下移动鼠标，如图3-115所示。

06 选中 "F4" 单元格，在其中输入 "=IF(ISNA(VLOOKUP($A4,商品分类表!$B:$G,6,0)),0,VLOOKUP($A4,商品分类表!$B:$G,6,0)*E4)"，按 "Enter" 键确认输入，如图3-116所示。计算上期结存的金额，然后将公式填充到下方的单元格中。

图3-115　向下填充公式

图3-116　计算上期结存金额

07 选中 "G4" 单元格，在其中输入 "=SUMIF(入库统计表!C:C,库存统计表!A4,入库统计表!I:I)"，按 "Enter" 键确认输入，如图3-117所示。计算本期入库的数量。

08 选中 "H4" 单元格，在其中输入 "=SUMIF(入库统计表!C:C,库存统计表!A4,入库统计表!J:J)"，按 "Enter" 键确认输入，如图3-118所示。计算本期入库的金额，然后将公式填充到下方的单元格中。

图3-117　计算本期入库数量

图3-118　计算本期入库金额

⑨ 选中 "I4" 单元格，在其中输入 "=SUMIF(出库统计表!C:C,库存统计表!A4,出库统计表!J:J)"，按 "Enter" 键确认输入，如图3-119所示。计算本期出库的数量。

⑩ 选中 "J4" 单元格，在其中输入 "=SUMIF(出库统计表!C:C,库存统计表!A4,出库统计表!K:K)"，按 "Enter" 键确认输入，如图3-120所示。计算本期出库的金额。

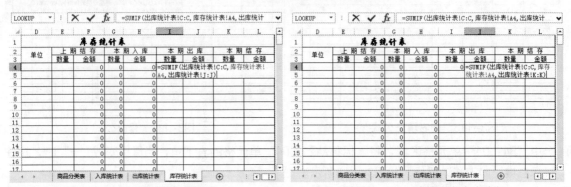

图3-119　计算本期出库数量　　　　　　　　　　图3-120　计算本期出库金额

⑪ 将公式复制到下方的单元格中，选中 "K4" 单元格，在其中输入 "=E4+G4-I4"，按 "Enter" 键确认输入，如图3-121所示。计算本期结存的数量。

⑫ 将公式复制到下方的单元格中，选中 "L4" 单元格，在其中输入 "=F4+H4-J4"，按 "Enter" 键确认输入，如图3-122所示。计算本期结存的金额。

图3-121　计算本期结存数量　　　　　　　　　　图3-122　计算本期结存金额

⑬ 将公式复制到下方的单元格中，接着输入商品编码和上期结存的数量，其余的信息都会自动显示出来，最终的效果如图3-123所示。

图3-123　最终效果

3.3.6　库存情况分析

用户创建好库存统计表后，需要对表格中的数据进行统计和分析，使用户随时掌握库存的具体情况，并以此为依据，对库存量进行控制。

【例3-18】统计上期和本期的结存总数量和总金额，将本期结存数量超过4500的突出显示。

01 在库存统计表右方的"N1：O5"单元格区域中，新建一个"库存总成本统计"表格，然后选中"O2"单元格，在其中输入"=SUM(F4:F13)"，如图3-124所示。

02 按"Enter"键确认输入后，选中"O3"单元格，在其中输入"=SUM(L4:L13)"，按"Enter"键确认输入，如图3-125所示。

图3-124 计算上期结存总成本

图3-125 计算本期结存总成本

03 选中"O4"单元格，在其中输入"=SUM(E4:E13)"，按"Enter"键确认输入，如图3-126所示。

04 选中"O5"单元格，在其中输入"=SUM(K4:K13)"，按"Enter"键确认输入，如图3-127所示。

图3-126 计算上期结存总数量

图3-127 计算本期结存总数量

05 选中"K4：K13"单元格区域，为该区域添加条件格式，如图3-128所示。

06 打开"开始"选项卡，单击"样式"命令组中的"条件格式"按钮，弹出下拉列表，从中选择"突出显示单元格规则—大于"选项，如图3-129所示。

图3-128 选中单元格区域

图3-129 设置条件格式

07 弹出"大于"对话框，在"为大于以下值的单元格设置格式"文本框中输入"4500"，在"设置
为"下拉列表中选择"浅红填充色深红色文本"选项，如图3-130所示。

08 单击"确定"按钮后，返回工作表编辑区，可以看到符合条件的单元格被突出显示了，如图
3-131所示。

图3-130 "大于"对话框　　　　　　　　　　　　图3-131 突出显示的效果

3.4 上机实训

通过对本章内容的学习，读者对使用Excel进行进、销、存管理有了更深的了解。下面通过
两个实训操作来温习和拓展前面所学的知识。

3.4.1 对采购数据进行筛选

用户创建采购统计表后，有时候需要查看表格中符合条件的数据，这就需要对数据进行筛
选。用户可以设定筛选的条件，然后使用高级筛选功能，对数据进行筛选。下面介绍使用高级
筛选按钮，筛选采购统计表中的数据。

01 打开采购统计表，如图3-132所示。在采购统计表的右方"K1：M3"单元格区域中，新建筛选的
条件，如图3-133所示。

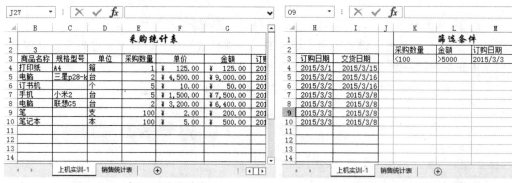

图3-132 打开采购统计表　　　　　　　　　　　　图3-133 设置筛选条件

02 打开"数据"选项卡，单击"排序和筛选"命令组中的"高级"按钮，如图3-134所示。

03 弹出"高级筛选"对话框，选择"在原有区域显示筛选结果"单选项，然后单击"列表区域"组
合框中的"折叠"按钮，如图3-135所示。

04 在采购统计表中选择"A3：I14"单元格区域，然后单击"折叠"按钮，如图3-136所示。

05 返回"高级筛选"对话框，单击"条件区域"组合框中的"折叠"按钮，如图3-137所示。

图3-134 单击"高级"按钮

图3-135 单击"折叠"按钮

图3-136 选择列表区域

图3-137 单击"折叠"按钮

06 选择"K2：M3"单元格区域，再次单击"折叠"按钮，如图3-138所示。

07 返回"高级筛选"对话框，单击"确定"按钮，如图3-139所示。

图3-138 选择条件区域

图3-139 单击"确定"按钮

08 返回采购统计表编辑区后，可以看到按照条件进行筛选的结果，如图3-140所示。

	B	C	D	E	F	G	H	I
1				采购统计表				
2	3							
3	商品名称	规格型号	单位	采购数量	单价	金额	订购日期	交货日期
7	手机	小米2	台	5	¥ 1,500.00	¥ 7,500.00	2015/3/3	2015/3/8
8	电脑	联想G5	台	2	¥ 3,200.00	¥ 6,400.00	2015/3/3	2015/3/8
15								
16								

图3-140 筛选后的效果

3.4.2　使用数据透视表汇总销售数据

数据透视表可以快速分类汇总数据，数据透视图可以辅助数据透视表进行数据分析。在销售管理中，经常使用数据透视表来分析销售数据。下面介绍使用数据透视表分析销售统计表中数据的具体操作。

01 打开销售统计表，打开"插入"选项卡，单击"表格"命令组中的"数据透视表"按钮，如图3-141所示。

02 弹出"创建数据透视表"对话框，从中确认所选区域是否正确，选择"新工作表"单选项，单击"确定"按钮，如图3-142所示。

图3-141　单击"数据透视表"按钮　　　　图3-142　"创建数据透视表"对话框

03 此时，弹出空白的数据透视表和"数据透视表字段"窗格，在"数据透视表字段"窗格中，将字段拖至合适的区域，如图3-143所示。

04 待将需要的字段都拖动到合适的区域后，就形成了初步的数据透视表，如图3-144所示。

图3-143　空白的数据透视表　　　　　　　图3-144　新建的数据透视表

05 在行标签上双击鼠标，删除单元格中的内容，输入"销售员"，如图3-145所示。

06 使用同样的方法，更改列标签的名称为"商品名称"，如图3-146所示。

07 单击数据透视表的任意单元格，打开"数据透视表工具—设计"选项卡，单击"布局"命令组中的"报表布局"按钮，弹出下拉列表，从中选择"以表格形式显示"选项，如图3-147所示。

08 单击"数据透视表样式"命令组中的"其他"按钮，弹出下拉列表，从中选择"数据透视表样式中等深浅26"选项，如图3-148所示。

09 此时，返回数据透视表编辑区，可以看到设置好的数据透视表，如图3-149所示。

10 为数据透视表创建数据透视图。打开"数据透视表工具—分析"选项卡，单击"工具"命令组中的"数据透视图"按钮，如图3-150所示。

图3-145　修改字段名称

图3-146　修改名称后的效果

图3-147　选择"以表格形式显示"选项

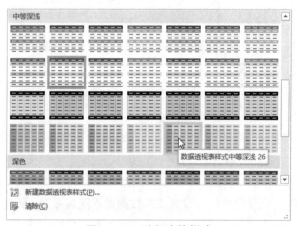

图3-148　选择表格样式

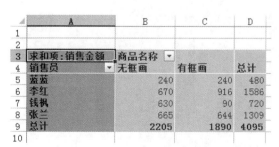

图3-149　设置后的数据透视表

图3-150　单击"数据透视图"按钮

⑪ 弹出"插入图表"对话框，从中选择"柱形图—堆积柱形图"选项，单击"确定"按钮，如图3-151所示。

⑫ 弹出数据透视图，在图中显示了销售员，销售无框画和有框画销售金额情况，如图3-152所示。

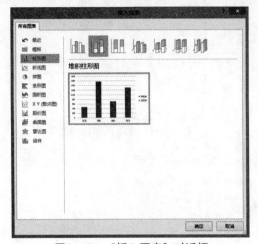

图3-151　"插入图表"对话框

图3-152　数据透视图

⑬ 更改数据透视图样式。单击数据透视图，打开"数据透视图工具—设计"选项卡，单击"快速样式"按钮，弹出下拉列表，从中选择"样式5"选项，如图3-153所示。

⑭ 单击"图表元素"按钮，弹出下拉列表，从中勾选"数据标签"复选框，如图3-154所示。

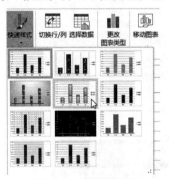

图3-153　选择样式

图3-154　勾选"数据标签"选项

⑮ 单击"添加图表元素"按钮，弹出下拉列表，从中选择"图表标题—图表上方"选项，如图3-155所示。

⑯ 修改图表标题为"销售员业绩分析"，设置后的数据透视图如图3-156所示。

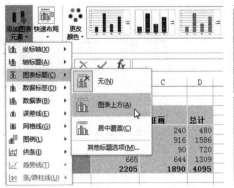

图3-155　选择"图表上方"选项

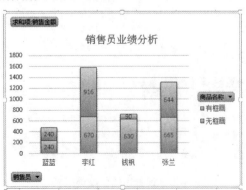

图3-156　最终效果

3.5 常见疑难解答

下面将对学习过程中常见的疑难问题进行汇总，以帮助读者更好的理解前面所讲的内容。

Q：如何对无标题的数据进行排序？

A：选中数据区域中的单元格，打开"数据"选项卡，单击"排序"按钮，弹出"排序"对话框，在对话框中设置排序的主要关键字、排序依据和次序即可，如图3-157所示。

Q：如何删除重复的数据？

A：选中重复数据所在的单元格，打开"数据"选项卡，单击"删除重复项"按钮，弹出"删除重复项"对话框，选择合适的列，单击"确定"按钮即可，如图3-158所示。

图3-157 "排序"对话框　　　　图3-158 "删除重复项"对话框

Q：如何在受保护的工作表中实现筛选操作？

A：在执行保护工作表的操作前，先单击工作表任意单元格，打开"数据"选项卡，单击"筛选"按钮，使工作表处于筛选状态，这样在进行工作表的保护操作后，可以对工作表进行筛选。

Q：如何对筛选出来的数据进行计算？

A：如果用户希望只对筛选出来的数据进行计算，那么用户可以使用SUBTOTAL函数，该函数的功能是返回列表或数据库中的分类汇总。

Q：当不能明确指定筛选的条件时，该如何进行筛选操作呢？

A：用户可以使用通配符代替，其中问号和半角代表一个字符，星号代表任意多个连续字符，用户可以根据需要，使用通配符进行相应的替代，来进行模糊筛选。

Q：如何对无标题的数据进行排序？

A：选中数据区域中的任意单元格，打开"数据"选项卡，单击"排序"按钮，弹出"排序"对话框，在对话框中设置排序的主要关键字、排序依据和次序即可。

Q：如何将筛选出来的结果复制到其他工作表中？

A：选中筛选结果，打开"数据"选项卡，单击"高级"按钮，弹出"高级筛选"对话框，从中选择"将筛选结果复制到其他位置"单选项，并在"复制到"文本框中输入单元格地址，然后单击"确定"按钮即可，如图3-159所示。

图3-159 "高级筛选"对话框

3.6 拓展应用练习

为了让用户能够更好的掌握使用Excel软件进行进、销、存的管理，用户可以做做下面的练习。

◉ 创建采购统计表

本练习将在Excel中创建采购统计表，帮助用户练习设置数字验证、添加底纹、套用表格样式等操作，最终效果如图3-160所示。

图3-160所示

操作提示

01 创建表格，设置表格格式；

02 为"供应商"列和"采购数量"列设置数字验证；

03 套用表格样式；

04 为标题添加底纹。

◉ 创建商品出库价格统计表

本练习将在Excel中创建采购统计表，帮助用户练习设置单元格样式，使用公式进行计算等操作，最终效果如图3-161所示。

图3-161　最终效果

操作提示

01 创建表格，设置表格格式；

02 套用表格样式；

03 设置字体样式和颜色；

04 为"采购金额"列和"加权平均价格"列设置公式。

第**4**章

往来账务的处理也不难

本章概述　　往来账是指应收应付账项，是用来记录个人之间的债权债务关系或企业之间的资金往来关系。往来账务是由商业信用产生的，随着竞争的加剧，企业为了扩大市场占有率，使用商业信用进行促销，从而产生大量的应收账款，为了避免坏账的产生，保证企业资金的流动性，财务人员需要对应收账款、应付账款进行统计、分析，对往来账进行有效的管理。

知识要点　● 应收账款账务处理　　　　　　● 应付账款
　　　　　　　● 应收账款分析

4.1　轻松统计应收账款

应收账款是由于商业信用产生的，为了扩大市场的占有率，很多企业都运用商业信用进行促销，这样就导致应收账款科目应运而生。

4.1.1　美化应收账款统计表

前面我们学习了如何创建应收账款统计表，为了使创建的应收账款统计表不仅实用，而且美观，用户可以对应收账款统计表进行适当美化。

【例4-1】美化应收账款统计表（套用表格样式、自定义单元格样式、套用单元格样式）

01 打开应收账款统计表，选中"A3：H15"单元格区域，如图4-1所示。

02 打开"开始"选项卡，单击"样式"命令组中的"套用表格样式"按钮，弹出下拉列表，从中选择"表样式中等深浅14"选项，如图4-2所示。

图4-1　选中单元格区域

图4-2　选择表格样式

03 弹出"套用表格式"对话框，从中勾选"表包含标题"复选框，其他保持默认设置，单击"确定"按钮，如图4-3所示。

04 返回应收账款统计表编辑区后，可以看到套用表格样式后的效果，然后选中"A1：H1"单元格区域，如图4-4所示。

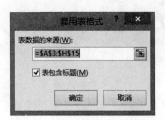

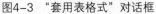

图4-3 "套用表格式"对话框　　　　图4-4 套用格式后的效果

05 单击"样式"命令组中的"单元格样式"按钮，弹出下拉列表，从中选择"新建单元格样式"选项，如图4-5所示。

06 弹出"样式"对话框，在"样式名"文本框中输入"样式-标题"，单击"格式"按钮，如图4-6所示。

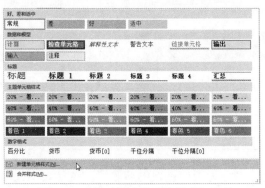

图4-5 选择"新建单元格样式"选项　　　　图4-6 单击"格式"按钮

07 弹出"设置单元格格式"对话框，打开"字体"选项卡，将字体设置为"创意简黑体"、"加粗"、"15"和"橙色，着色6，深色25%"，如图4-7所示。

08 打开"边框"选项卡，在"颜色"下拉列表中选择"橙色，着色6，深色25%"，在"样式"列表框中选择粗线条，单击"底部框线"按钮，如图4-8所示。

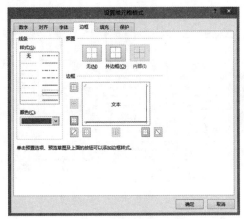

图4-7 设置字体　　　　图4-8 设置边框

09 单击"确定"按钮，返回"样式"对话框后，单击"确定"按钮，如图4-9所示。

10 返回工作表编辑区后，单击"样式"命令组中的"单元格样式"按钮，弹出下拉列表，从中选择

"样式-标题"选项,如图4-10所示。

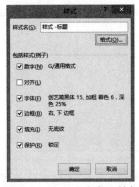

图4-9 单击"确定"按钮

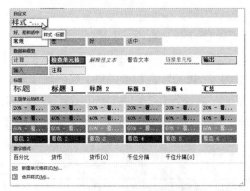

图4-10 应用自定义样式

⑪ 返回应收账款统计表,可以看到标题已经套用了自定义样式,接着选中"A2:H2"单元格区域,如图4-11所示。

⑫ 单击"样式"命令组中的"单元格样式"按钮,弹出下拉列表,从中选择"计算"选项,如图4-12所示。

图4-11 自定义样式的效果

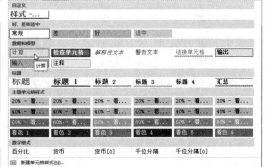

图4-12 选择单元格样式

⑬ 返回应收账款统计表,可以看到设置好的表格,最终效果如图4-13所示。

交易日期	客户名称	应收账款	已收账款	未收账款	到期日期	是否到期	未到期金额
应 收 账 款 统 计 表					当前日期	2015/3/16	
2014/11/1	大大实业	¥ 33,300.00	¥33,300.00	¥ –	2015/1/23	是	¥ –
2014/11/2	清风实业	¥ 56,000.00	¥56,000.00	¥ –	2015/1/23	是	¥ –
2014/11/3	拉瑟实业	¥ 47,000.00	¥47,000.00	¥ –	2015/1/26	是	¥ –
2014/11/11	大大箱包	¥ 15,600.00		¥ 15,600.00	2015/3/17	否	¥ 15,600.00
2014/11/11	我是歌手KTV	¥ 21,000.00	¥15,000.00	¥ 6,000.00	2015/3/17	否	¥ 6,000.00
2014/11/11	大大实业	¥ 60,000.00		¥ 60,000.00	2015/3/17	否	¥ 60,000.00
2014/11/12	清风实业	¥ 72,000.00		¥ 72,000.00	2015/3/18	否	¥ 72,000.00
2014/11/12	拉瑟实业	¥ 43,000.00		¥ 43,000.00	2015/3/18	否	¥ 43,000.00
	合计	¥347,900.00					¥ 196,600.00

图4-13 最终效果

4.1.2 应收账款的账务处理

在实际的销售过程中,卖家通常会给予买家一定的折扣,如商业折扣和现金折扣。所以,在进行应收账款处理时,需要考虑折扣后再进行计价,然后按照计价入账。

1.商业折扣

商业折扣是指企业为了促进销售而在商品标价上给予的扣除。此时,购销双方都按扣减后的实际金额计算并入账,商业折扣不在买卖双方任何一方的账上反映。

2015年1月1日，企业销售给大大实业A产品30件，每件标价2000元（不含税价格），增值税率为17%，由于是批量销售，企业给予大大实业10%的商业折扣，对方已提货，但是货款未收到。

【例4-2】存在商业折扣情况下的账务处理。

01 打开记账凭证，输入该项业务，由于给予了10%的商业折扣，所以扣除折扣后，贷记“主营业务收入”的金额为“54000”，需要缴纳17%的增值税，贷记“应交税费—应交增值税”的金额为“9180”，借记“应收账款”的金额为“63180”，如图4-14所示。

02 打开记账凭证汇总表，按照审核无误的记账凭证进行登记，如图4-15所示。

记账凭证

2015年 1 月 1 日

会计科目		借方金额										
总账科目	明细科目	亿	千	百	十	万	千	百	十	元	角	分
应收账款					¥	6	3	1	8	0	0	0
主营业务收入												
应交税费	应交增值税											
合　计					¥	6	3	1	8	0	0	0

李*　记账：　章*　出纳：　钱*　审

图4-14　登记记账凭证

记账凭证汇总表

摘要	科目代码	总账科目	明细科目	借方金额	贷方金额
报销差旅费	6601	销售费用		¥ 1,200.00	
报销差旅费	1001	库存现金			¥ 1,200.00
提取现金	1001	库存现金		¥ 30,000.00	
提取现金	100201	银行存款	中国银行		¥ 30,000.00
发工资	2211	应付职工薪酬		¥ 21,000.00	
发工资	100202	银行存款	建设银行		¥ 21,000.00
销售A产品	1122	应收账款		¥ 63,180.00	
销售A产品	6001	主营业务收入			¥ 54,000.00
销售A产品	2221	应交税费	应交增值税		¥ 9,180.00

图4-15　登记凭证汇总表

2. 现金折扣

现金折扣是指企业为了鼓励债务人在规定的期限内按条件付款，而向债务人提供的债务扣除，一般用 “折扣/付款期” 形式表示，如“2/10、1/20、n/30”，即10天内付款折扣为2%，20天内付款折扣为1%，30天内付款不给折扣，在存在现金折扣的情况下，应收账款的计价有两种方法。

● *总价法*

总价法是将扣除现金折扣前的金额视为销售额，作为应收账款的入账金额，企业所支付的现金折扣作为费用处理，计入财务费用。

● *净价法*

净价法是指将扣减最大现金折扣后的金额作为实际售价，并以此作为应收账款的入账金额。如果客户未取得该折扣，则将折扣作为收入处理，冲抵财务费用。

2015年1月1日，企业销售一批商品给甲公司，价款是100000元，增值税为17000元，企业给予的现金折扣条件为：2/10、1/20、n/30。该企业第10天付款，可以享受2%的折扣。

【例4-3】现金折扣情况下的账务处理。

01 打开记账凭证，输入该项业务，由于给予了2%的现金折扣借记“银行存款”，金额为“9700”，借记“财务费用”，金额为“2000”，贷记“应收账款”，金额为“11700”，如图4-16所示。

02 打开记账凭证汇总表，按照审核无误的记账凭证进行登记，如图4-17所示。然后，将该项业务登记到银行存款日记账中即可。

记账凭证

2015年 1 月 1 日

会计科目		借方金额										
总账科目	明细科目	亿	千	百	十	万	千	百	十	元	角	分
银行存款	中国银行					¥	9	7	0	0	0	0
财务费用						¥	2	0	0	0	0	0
应收账款												
合　计					¥	1	1	7	0	0	0	0

李*　记账：　章*　出纳：　钱*　审

图4-16　登记记账凭证

记账凭证汇总表

摘要	科目代码	总账科目	明细科目	借方金额	贷方金额
报销差旅费	6601	销售费用		¥ 1,200.00	
报销差旅费	1001	库存现金			¥ 1,200.00
提取现金	1001	库存现金		¥ 30,000.00	
提取现金	100201	银行存款	中国银行		¥ 30,000.00
发工资	2211	应付职工薪酬		¥ 21,000.00	
发工资	100202	银行存款	建设银行		¥ 21,000.00
销售A产品	1122	应收账款		¥ 63,180.00	
销售A产品	6001	主营业务收入			¥ 54,000.00
销售A产品	2221	应交税费	应交增值税		¥ 9,180.00
收到甲公司货款	100201	银行存款	中国银行	¥ 9,700.00	
收到甲公司货款	6603	财务费用		¥ 2,000.00	
收到甲公司货款	1122	应收账款			¥ 11,700.00

图4-17　登记凭证汇总表

4.2 分析应收账款其实很简单

应收账款关系到企业资金的回笼情况，如果不能及时收回应收账款，企业就无法投入资金继续生产，这样会导致企业无法正常运转，所以企业创建应收账款统计表，通过对该表格中的数据进行分析，制定相应的对策管理应收账款。

4.2.1 对逾期应收账款进行分析

在实际工作中，有些应收账款已经到期，但是并未收回，就变成了逾期账款。企业需要及时统计逾期账款的情况，逾期30天内的账款有哪些，逾期30天到60天的账款又有哪些，用户可以通过函数计算应收账款的逾期天数。

【例4-4】按天数统计逾期未收款金额（按照0—30天、30—60天、90天以上进行统计）。

01 打开应收账款统计表，选中整个表格，单击鼠标右键，弹出快捷菜单，从中选择"复制"选项，如图4-18所示。

02 新建一个空白的工作表，在工作表指定位置单击鼠标右键，弹出快捷菜单，从中选择"选择性粘贴—保留原列宽"选项，如图4-19所示。

图4-18 选择"复制"选项　　　　图4-19 选择"选择性粘贴"选项

03 将应收账款统计表复制到新的工作表中，并且保留原先的列宽，将"已收账款"列中数据清除，选中"I3"单元格，如图4-20所示。

04 在其中输入"0-30"，此时，表格就向右扩展一列，接着在"J3"、"K3"和"L3"单元格中分别输入"30-60"、"60-90"和"90天以上"，如图4-21所示。

图4-20 选择单元格　　　　　　图4-21 输入数据

05 重新设置标题和列标题格式，在其中选中"I3"单元格，输入"=IF(AND($G$2-$F4>0,$G$2-$F4<=30),$E4,0)"，按"Enter"键确认输入，如图4-22所示，计算逾期30天内未收账款的金额。

06 选中"J3"单元格，在其中输入"=IF(AND($G$2-$F4>30,$G$2-$F4<=60),$E4,0)"，按"Enter"键确认输入，如图4-23所示，计算逾期30天到60天未收账款的金额。

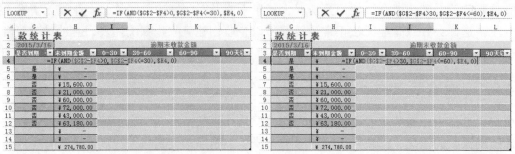

图4-22　计算逾期30天内的未收账款　　　　图4-23　计算逾期30天到60天内的未收账款

07 选中"K3"单元格，在其中输入"=IF(AND($G$2-$F4>60,$G$2-$F4<=90),$E4,0)"，按"Enter"键确认输入，如图4-24所示，计算逾期60天到90天未收账款的金额。

08 选中"L"单元格，在其中输入"=IF($G$2-$F4>90,$E4,0)"，按"Enter"键确认输入，如图4-25所示，计算逾期90天以上的未收账款的金额。

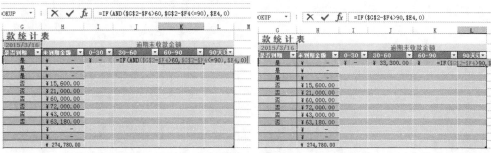

图4-24　计算逾期60天到90天内的未收账款　　　图4-25计算逾期90天以上的未收账款

09 选择"I3：L3"单元格区域，将鼠标移动到"L3"单元格的右下角，当鼠标变成"+"时，按住鼠标左键，向下移动鼠标，如图4-26所示，将公式填充到下方的单元格中。

10 为"I3：L15"单元格区域也添加边框，最终的效果如图4-27所示。

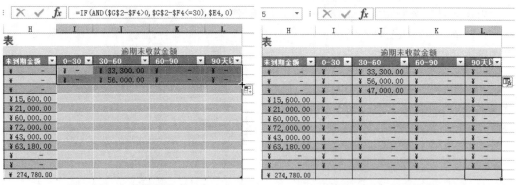

图4-26　向下填充公式　　　　　　　　　图4-27　最终效果

4.2.2　对应收账款的账龄进行分析

账龄是指企业尚未收回的应收账款的时间长度，通常按照各自企业合理的周转天数将其划分为5个级别。账龄分析是通过对应收账款进行合理的账龄分段，计算各应收账款所处的账龄段，将各个账龄段应收账款进行汇总，评判企业应收账款运行状况，然后寻找产生高龄账款的原因，为应收账款管理提供指导依据的一种方法。

【例4-5】创建应收账款账龄表。

01 单击状态栏上的"新工作表"按钮 ⊕，弹出新的工作表，将工作表命名为"应收账款账龄表"，如图4-28所示。

02 在工作表中输入标题、列标题和行标题，并设置其格式，为表格添加边框等，如图4-29所示。

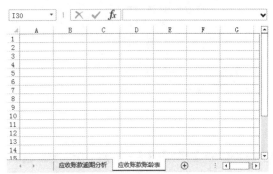

图4-28 新建工作表

图4-29 创建应收账款账龄表

03 选中"D2"单元格，在其中输入"=TODAY()"，如图4-30所示。计算当前日期。

04 按"Enter"键确认输入，此时，在该单元格中就显示了当前日期，如图4-31所示。

图4-30 输入公式

图4-31 显示结果

05 打开"应收账款逾期分析"表，将"H15"单元格中的求和公式填充到"I15：L15"单元格区域中，然后按"Ctrl+C"组合键，如图4-32所示，复制单元格区域中的内容。

06 打开应收账款账龄表，选择"C4"单元格，单击鼠标右键，弹出快捷菜单，从中选择"选择性粘贴—选择性粘贴"选项，如图4-33所示。

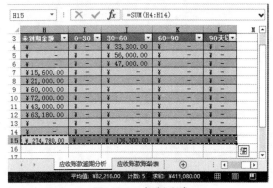

图4-32 复制公式

图4-33 选择"选择性粘贴"选项

07 弹出"选择性粘贴"对话框，在"粘贴"栏中选择"值和数字格式"单选项，并勾选"转置"复选框，如图4-34所示。

08 单击"确定"按钮，返回工作表编辑区后，可以看到复制后的效果，如图4-35所示。将复制的行区域转置为列区域粘贴到"C4：C8"单元格区域中，并保存数字格式不变。

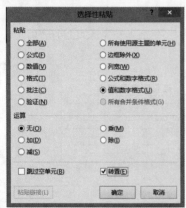

图4-34 "选择性粘贴"对话框

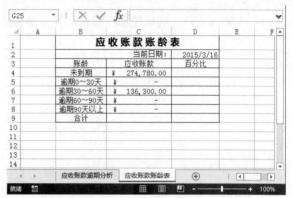

图4-35 粘贴后的效果

09 选中"C9"单元格，在其中输入"=SUM(C4:C8)"，按"Enter"键确认输入，如图4-36所示。

10 选中"D4"单元格，在其中输入"=C4/$C$9"，按"Enter"键确认输入，如图4-37所示。

图4-36 输入求和公式

图4-37 输入公式

11 将鼠标移动到"D4"单元格的右下角，单鼠标变成"+"时，按住鼠标左键，向下移动鼠标，如图4-38所示。向下填充公式。

12 选中"D4：D9"单元格区域，将其设置为"百分比"格式，并将小数位数设置为"2"，设置后的最终效果如图4-39所示。

图4-38 向下填充公式

图4-39 最终效果

4.2.3 添加图表辅助分析

图表泛指在屏幕中显示的，可直观展示统计信息属性（时间性、数量性等），对知识挖掘和信息直观生动感受起关键作用的图形结构，条形图、柱状图、折线图和饼图是图表中最常用的基本类型。为了更直观地分析应收账款的账龄情况，用户可以创建图表，进行辅助分析。

【例4-6】创建账龄分析图（使用组合图分析应收账款的账龄情况）。

01 选中"B3：D9"单元格区域，打开"插入"选项卡，单击"图表"命令组中的对话框启动器，如图4-40所示。

02 弹出"插入图表"对话框，打开"所有图表"选项卡，选择"组合"选项，设置"应收账款"系列为"簇状柱形图"，设置"百分比"系列为"带数据标记的折线图"，勾选"次坐标轴"复选框，如图4-41所示。

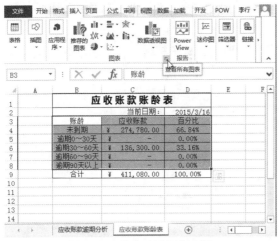

图4-40 单击对话框启动器

图4-41 "插入图表"对话框

03 单击"确定"按钮后，弹出新建的图表，在图表上，柱形图表示应收账款，折线图表示百分比，如图4-42所示。

04 选中图表标题，将其修改为"应收账款账龄分析图"，修改后的效果如图4-43所示。

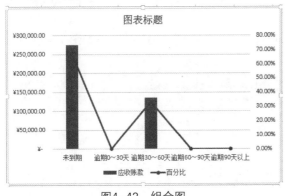

图4-42 组合图

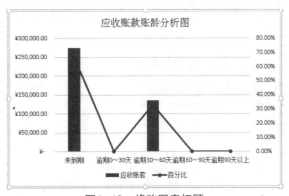

图4-43 修改图表标题

05 单击图表，打开"图表工具—设计"选项卡，单击"图表布局"命令组中的"快速布局"按钮，弹出下拉列表，从中选择"布局5"选项，如图4-44所示。

06 此时，就修改了图表的布局，为图表添加了一个数据表和坐标轴标题，选中坐标轴标题，按"Delete"键删除，如图4-45所示。

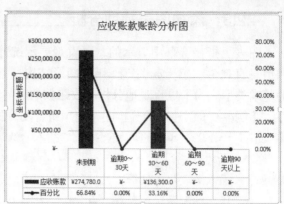

图4-44　修改图表布局

图4-45　删除坐标轴标题

07　在图表的垂直坐标轴上单击鼠标右键，弹出快捷菜单，从中选择"设置坐标轴格式"选项，如图
　　4-46所示。

08　弹出"设置坐标轴格式"窗格，打开"填充线条"选项卡，从中将线条设置为"实线"、"黑
　　色"和"1磅"，如图4-47所示。

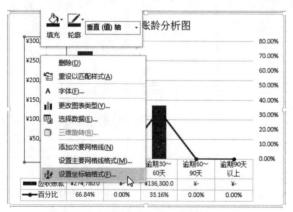

图4-46　选择"设置坐标轴格式"选项

图4-47　设置坐标轴线条

09　拖动窗格右侧的滚动条，单击"箭头末端类型"按钮，弹出下拉列表，选择"开放型箭头"选
　　项，如图4-48所示，设置垂直轴的末端箭头。

10　单击"坐标轴选项"按钮，弹出下拉列表，从中选择"水平（类别）轴"选项，如图4-49所示。
　　开始设置水平轴的格式。

图4-48　设置坐标轴箭头

图4-49　选择"水平轴"选项

⓫ 打开"填充线条"选项卡，将其线条设置为"实线"、"黑色"和"1.25磅"，如图4-50所示。

⓬ 拖动窗格右侧的滚动条，单击"箭头末端类型"按钮，弹出下拉列表，选择"开放型箭头"选项，如图4-51所示，设置水平轴的末端箭头。

图4-50 设置水平轴线条

图4-51 设置水平轴箭头

⓭ 设置完成后，关闭"设置坐标轴格式"窗格，设置后的图表如图4-52所示。

⓮ 单击图表，打开"图表工具—格式"选项卡，单击"形状样式"命令组中的"其他"按钮，弹出下拉列表，从中选择"强烈效果—水绿色，强调颜色5"选项，如图4-53所示。

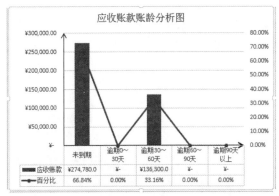

图4-52 设置后的效果

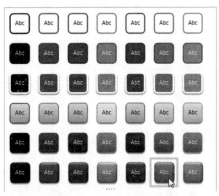

图4-53 选择形状样式

⓯ 设置"应收账款"系列的格式。在"应收账款"系列上单击鼠标右键，弹出快捷菜单，从中选择"设置数据系列格式"选项，如图4-54所示。

⓰ 弹出"设置数据系列格式"对话框，打开"填充线条"选项卡，单击"填充"按钮，选择"纯色填充"单选项，将颜色设置为"浅蓝"，如图4-55所示。

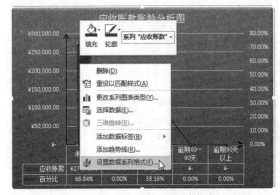

图4-54 选择"设置数据系列格式"选项

图4-55 设置填充颜色

⑰ 打开"效果"选项卡，单击"三维格式"按钮，将顶端棱台设置为"圆"，如图4-56所示。

⑱ 设置"百分比"系列格式。单击"系列选项"按钮，弹出下拉列表，从中选择"系列百分比"选项，如图4-57所示。

⑲ 打开"填充线条"选项卡，单击"线条"按钮，设置线条，选择"实线"单选项，将颜色设置为"红色"，如图4-58所示。

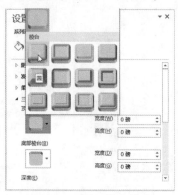
图4-56 设置棱台样式

图4-57 选择"系列百分比"选项

图4-58 设置线条颜色

⑳ 单击"标记"按钮，单击"填充"按钮，选择"纯色填充"单选项，将颜色设置为"红色"，如图4-59所示。

㉑ 单击"数据标记选项"按钮，在"大小"增量框中输入"6"，如图4-60所示，设置标记的大小。

㉒ 打开"效果"选项卡，单击"三维格式"按钮，将顶部棱台设置为"圆"，如图4-61所示。

图4-59 设置标记颜色

图4-60 设置标记大小

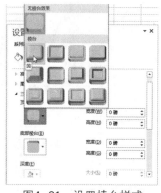
图4-61 设置棱台样式

㉓ 设置完成后，关闭"设置数据系列格式"窗格，设置后的最终效果如图4-62所示。在图中能够直观的看到账龄的分布情况。

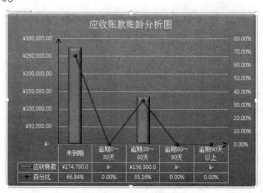
图4-62 最终效果

4.2.4 制作应收账款催款单 --

随着时间的推移，企业的应收账款会逐渐到期，在应收账款到期前，企业需要提示还款日期，如果企业没有收到款项，而应收账款又到期了，那么就需要催款，催款方式很多，在催款早期，企业一般选择发送电子传真和邮件进行催款，此时，就需要制作应收账款催款单了。

【例4-7】制作应收账款催款单。

01 单击状态栏上的"新工作表"按钮，新建一个工作表，将其命名为"应收账款催款单"，如图4-63所示。

02 在工作表中输入基本信息，并设置格式，为表格添加边框，如图4-64所示。

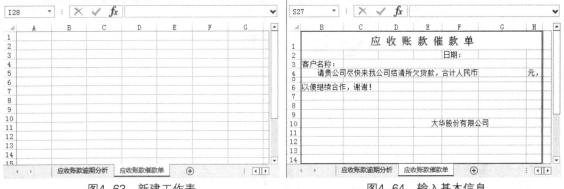

图4-63 新建工作表　　　　　　　　图4-64 输入基本信息

03 打开"视图"选项卡，在"显示"命令组中，取消对"网格线"复选框的勾选，如图4-65所示。

04 返回工作表编辑区，可以看到不显示网格线的效果，如图4-66所示。

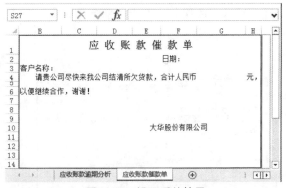

图4-65 取消勾选"网格线"复选框　　　　图4-66 设置后的效果

05 在表格中输入日期 "2015/1/23"，输入客户名称 "大大实业"，并将"大大实业"的字体加粗显示，如图4-67所示。

06 选中"G4"单元格，在其中输入 "=SUMIF(应收账款逾期分析!B4:B8,应收账款催款单!C3,应收账款逾期分析!E4:E8)"，按"Enter"键确认输入，如图4-68所示。

07 此时，在单元格中就显示了该公司的欠款，在"G4"单元格上单击鼠标右键，弹出快捷菜单，从中选择"设置单元格格式"选项，如图4-69所示。

08 弹出"设置单元格格式"对话框，打开"数字"选项卡，在"分类"列表框中选择"特殊"选项，在"类型"列表框中选择"中文大写数字"选项，如图4-70所示。

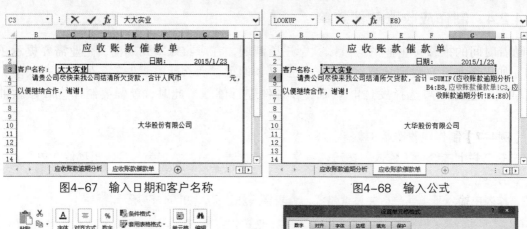

图4-67　输入日期和客户名称　　　　　图4-68　输入公式

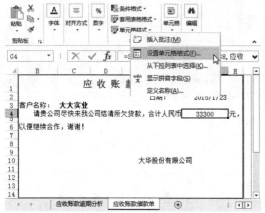

图4-69　选择"设置单元格格式"选项

图4-70　"设置单元格格式"对话框

09 单击"确定"按钮，返回工作表编辑区，可以看到设置后的效果，如图4-71所示。

10 打开"插入"选项卡，单击"插图"命令组中的"形状"按钮，弹出下拉列表，从中选择"椭圆"选项，如图4-72所示。

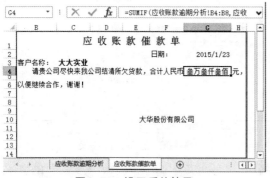

图4-71　设置后的效果

图4-72　选择"椭圆"选项

11 当鼠标变成"+"时，在合适的位置，按住鼠标左键，移动鼠标，绘制图形，如图4-73所示。

12 图形绘制好后，在其上单击鼠标右键，弹出快捷菜单，从中选择"设置形状格式"选项，如图4-74所示。

13 弹出"设置形状格式"窗格，打开"填充线条"选项卡，单击"填充"按钮，选择"无填充"单选项，如图4-75所示。

14 单击"线条"按钮，选择"实线"单选项，设置颜色为"红色"，宽度为"2.25磅"，如图4-76所示。

图4-73 绘制形状 图4-74 选择"设置形状格式"选项

图4-75 设置填充 图4-76 设置线条

⑮ 设置完成后，关闭"设置形状格式"窗格，可以看到设置后的效果，如图4-77所示。

⑯ 打开"插入"选项卡，单击"文本"命令组中的"艺术字"按钮，弹出下拉列表，从中选择合适的艺术字，如图4-78所示。

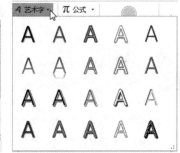

图4-77 设置后的效果 图4-78 选择艺术字

⑰ 此时，弹出"请在此放置您的文字"的文本框，如图4-79所示。

⑱ 选中该文字，将其修改为"大华股份有限公司"，如图4-80所示。

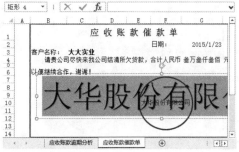

图4-79 插入艺术字 图4-80 修改艺术字

⑲ 打开"绘图工具—格式"选项卡，单击"艺术字样式"命令组中的"文本效果"按钮，弹出下拉列表，从中选择"abc转换—上弯弧"选项，如图4-81所示。

⑳ 单击"艺术字样式"命令组中的"文本填充"按钮，弹出下拉列表，从中选择"红色"选项，如图4-82所示。

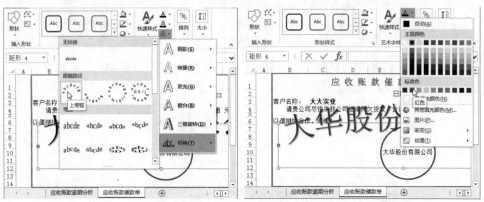

图4-81　选择"上弯弧"选项　　　　　　　图4-82　设置艺术字文本填充颜色

㉑ 单击"艺术字样式"命令组中的"文本轮廓"按钮，弹出下拉列表，从中选择"红色"选项，如图4-83所示。

㉒ 打开"开始"选项卡，单击"字体"命令组中的"字号"按钮，弹出下拉列表，从中选择"14"选项，如图4-84所示。

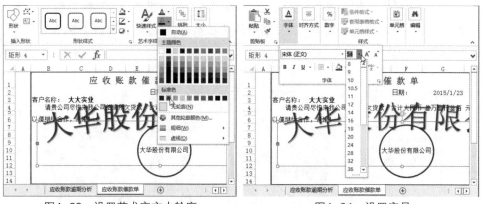

图4-83　设置艺术字文本轮廓　　　　　　　图4-84　设置字号

㉓ 对艺术进行适当的调整，将其移动到合适的位置，效果如图4-85所示。

㉔ 打开"插入"选项卡，单击"插图"命令组中的"形状"按钮，弹出下拉列表，从中选择"五角星"选项，如图4-86所示。

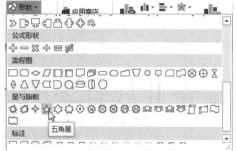

图4-85　设置后的效果　　　　　　　　　图4-86　选择"五角星"选项

㉕ 此时鼠标变成 "+" 字形,按住鼠标左键,移动鼠标,绘制五角星,如图4-87所示。

㉖ 调整五角星的大小和位置,选中五角星,如图4-88所示。

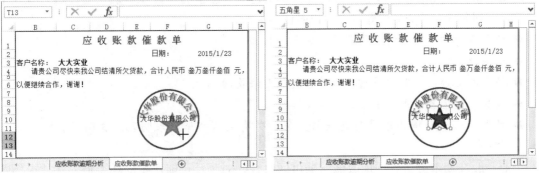

图4-87 绘制五角星　　　　　　　　　　图4-88 添加五角星的效果

㉗ 打开 "绘图工具—格式" 选项卡,单击 "形状样式" 命令组中的 "形状填充" 按钮,弹出下拉列表,从中选择 "红色" 选项,如图4-89所示。

㉘ 单击 "形状样式" 命令组中的 "形状轮廓" 按钮,弹出下拉列表,从中选择 "红色" 选项,如图4-90所示。

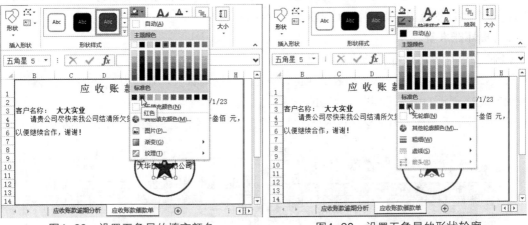

图4-89 设置五角星的填充颜色　　　　　图4-90 设置五角星的形状轮廓

㉙ 设置好五角星后,同时选中 "五角星"、"艺术字" 和 "椭圆",打开 "绘图工具—格式" 选项卡,单击 "排列" 命令组中的 "组合" 按钮,弹出下拉列表,从中选择 "组合" 选项,如图4-91所示。

㉚ 将图形组合后,调整其位置,这样,应收账款催款单就创建好了,最终效果如图4-92所示。

图4-91 选择 "组合" 选项　　　　　　　图4-92 最终效果

4.2.5 坏账准备的账务处理

坏账是指企业无法收回或收回可能性极小的应收账款。将应收账款确认为坏账，有几个条件，符合下列条件之一的应收账款，可以确认为坏账。

- 债务人死亡，以其遗产清偿后仍然无法收回。
- 债务单位撤消。
- 债务人破产，以其破产财产清偿后仍然无法收回。
- 债务人现金流量严重不足。
- 债务人较长时间内未履行其偿债义务，并有足够的证据表明无法收回或收回的可能性极小。

企业一般在期末分析各项应收账款的可回收性，对预计可能产生的坏账损失，计提坏账准备。核算坏账损失的方法有两种，分别是直接转销法和备抵法。坏账损失的估算方法有4种，分别是应收款项余额百分比法、账龄分析法、赊销百分比法和个别认定法。其中赊销百分比法是指根据企业赊销金额的一定百分比估计坏账损失的一种方法。

1. 使用赊销百分比法估计坏账损失

甲企业从2014年开始计提坏账准备，2014年年末，企业应收账款余额为300万元，提取比例为5‰，那么2014年应提坏账准备为15000元（3000000×5‰）。

2. 计提坏账准备

【例4-8】计提坏账准备的账务处理。

01 打开记账凭证，在其中输入该项经济业务，贷记“坏账准备”，金额为“15000”，借记“资产减值损失”，金额为“15000”，如图4-93所示。

02 打开记账凭证汇总表，将审核无误的记账凭证登记到记账凭证汇总表中，如图4-94所示。

记 账 凭 证

2014年 12 月 30 日

会计科目		借方金额										
总账科目	明细科目	亿	千	百	十	万	千	百	十	元	角	分
资产减值损失					¥	1	5	0	0	0	0	0
坏账准备												
合 计					¥	1	5	0	0	0	0	0

李* 记账： 章* 出纳： 钱* 审

图4-93 登记记账凭证

记 账 凭 证 汇 总 表

摘要	科目代码	总账科目	明细科目	借方金额	贷方金额
报销差旅费	6601	销售费用		¥ 1,200.00	
报销差旅费	1001	库存现金			¥ 1,200.00
提取现金	1001	库存现金		¥ 30,000.00	
提取现金	100201	银行存款	中国银行		¥ 30,000.00
发工资	2211	应付职工薪酬		¥ 21,000.00	
发工资	100202	银行存款	建设银行		¥ 21,000.00
销售A产品	1122	应收账款		¥ 63,180.00	
销售A产品	6001	主营业务收入			¥ 54,000.00
销售A产品	2221	应交税费	应交增值税		¥ 9,180.00
收到甲公司货款	100201	银行存款	中国银行	¥ 9,700.00	
收到甲公司货款	6603	财务费用		¥ 2,000.00	
收到甲公司货款	1122	应收账款			¥ 11,700.00
计提坏账准备	6701	资产减值损失		¥ 15,000.00	
计提坏账准备	1231	坏账准备			¥ 15,000.00

图4-94 登记记账凭证汇总表

4.3 这样进行应付账款的统计

应付账款是指企业在生产过程中购买材料、商品、物资或接受劳务供应等业务应支付给供应者的款项。应付账款属于流动负债。

4.3.1 利用表格统计应付账款

企业为了加强对应付账款的管理，通常会制作应付账款统计表，将应付账款汇总起来，实时分析，及时处理，避免发生财务危机，保证企业的正常运转。

【例4-9】制作应付账款统计表，统计企业应付账款的情况。

01 单击"新工作表"按钮，新建一个工作表，将其重命名为"应付账款统计表"，如图4-95所示。

02 在工作表中构建应付账款统计表的基本框架，设置文字格式，为表格添加边框等，效果如图4-96
所示。

图4-95 新建工作表　　　　　　　　　　图4-96 设置表格

03 选中"C2：D2"单元格区域，在其中输入"=TODAY()"，按"Enter"键确认输入，显示当前日
期，然后单击鼠标右键，弹出快捷菜单，从中选择"设置单元格格式"选项，如图4-97所示。

04 弹出"设置单元格格式"对话框，打开"数字"选项卡，在"分类"列表框中选择"日期"选
项，在"类型"列表框中选择"*2012年3月14日"选项，单击"确定"按钮，如图4-98所示。

图4-97 输入函数计算当前日期　　　　　图4-98 "设置单元格格式"对话框

05 此时，在该单元格中，就会按照设置的日期类型显示当前的时间，如图4-99所示。

06 选中"F4"单元格，在其中输入"=IF(C4+D4>$C$2,E4,0)"，按"Enter"键确认输入，如图4-100
所示。计算未到期的应付金额。

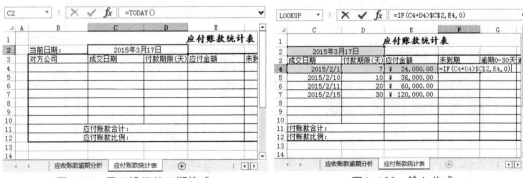

图4-99 显示设置的日期格式　　　　　　图4-100 输入公式

07 将鼠标移动到"F4"单元格的右下角,当鼠标变成"+"时,按住鼠标左键,向下移动鼠标,向下填充公式,如图4-101所示。

08 选中"G4"单元格,在其中输入"=IF(AND($C$2-($C4+$D4)>=0,$C$2-($C4+$D4)<=30),$E4," ")",按"Enter"键确认输入,如图4-102所示。计算逾期0~30天的应付金额。

图4-101　向下填充公式　　　　　　　　　图4-102　输入公式

09 选中"H4"单元格,在其中输入"=IF(AND($C$2-($C4+$D4)>30,$C$2-($C4+$D4)<=60),$E4," ")",按"Enter"键确认输入,如图4-103所示。计算逾期30~60天的应付金额。

10 选中"I4"单元格,在其中输入"=IF($C$2-($C4+$D4)>60,$E4," ")",按"Enter"键确认输入,如图4-104所示。计算逾期60天以上的应付金额。

图4-103　输入计算公式　　　　　　　　　图4-104　输入计算公式

11 选中"G4:H4"单元格区域,将鼠标移动到"H4"单元格的右下角,按住鼠标左键,向下移动鼠标,填充公式,如图4-105所示。

12 选中"E11"单元格,在其中输入求和公式"=SUM(E4:E10)",按"Enter"键确认输入,如图4-106所示。

图4-105　向下填充公式　　　　　　　　　图4-106　输入求和公式

⑬ 选中 "E12" 单元格，在其中输入 "=E11/$E$11"，按 "Enter" 键确认输入，如图4-107所示。计算每个时间段的应收账款所占的比例。

⑭ 选中 "E11：E12" 单元格区域，将鼠标移动到 "E12" 单元格的右下角，当鼠标变成 "+" 时，按住鼠标左键，向右移动鼠标，填充公式，如图4-108所示。

图4-107　输入计算公式

图4-108　向右填充公式

⑮ 公式填充完成后，对应付账款统计表做适当的调整，最终效果如图4-109所示。

图4-109　最终效果

4.3.2　添加图表辅助分析

图表可以使表格中的数据看起来更加直观，通过图表来辅助分析应付账款，可以更加清晰地表现应付账款的分布情况。

【例4-10】创建 "应付账款统计" 图（使用条形图分析应付账款，并设置条形图）。

① 打开应付账款统计表，选中 "F3：I3" 和 "F11：I11" 单元格区域，打开 "插入" 选项卡，单击 "图表" 命令组中的对话框启动器，如图4-110所示。

② 弹出 "插入图表" 对话框，打开 "推荐的图表" 选项卡，其中包含系统推荐的图表样式，此处选择 "饼图" 选项，单击 "确定" 按钮，如图4-111所示。

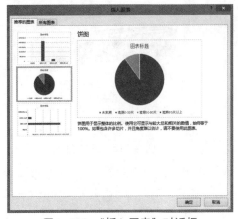

图4-110　单击对话框启动器　　　　图4-111　"插入图表" 对话框

03 弹出新建的图表，如图4-112所示。如果用户对创建的图表类型不满意，还可以更改图表类型。

04 单击图表，打开"图表工具-设计"选项卡，单击"类型"命令组中的"更改图表类型"按钮，如图4-113所示。

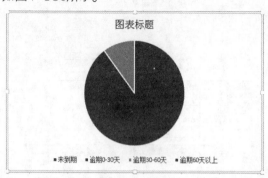

图4-112　饼图

图4-113　单击"更改图表类型"按钮

05 弹出"更改图表类型"对话框，打开"所有图表"选项卡，从中选择"条形图—三维百分比堆积条形图"选项，如图4-114所示。

06 单击"确定"按钮后，返回图表编辑区，可以看到更改类型后的图表，如图4-115所示。

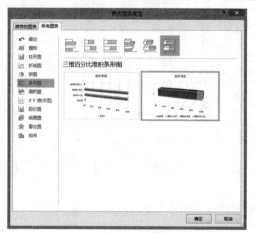

图4-114　"更改图表类型"对话框

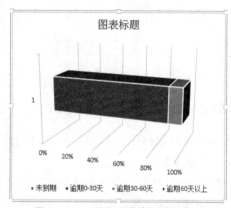

图4-115　更改图表类型后的效果

07 选中图例，如图4-116所示，然后按"Delete"键删除图例，删除后的效果如图4-117所示。

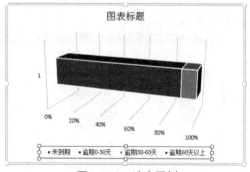

图4-116　选中图例

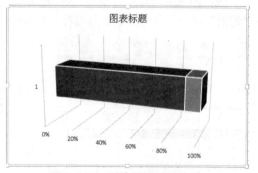

图4-117　删除图例后的效果

08 更改图表布局。单击图表，打开"图表工具—设计"选项卡，单击"快速布局"按钮，弹出下拉列表，从中选择"布局6"选项，如图4-118所示。

09 此时，图表的布局就发生了改变，添加了图表标题和数据标签等图表元素，如图4-119所示。

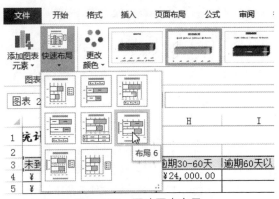

图4-118 更改图表布局

图4-119 更改布局后的效果

⑩ 更改图表样式。单击"快速样式"按钮，弹出下拉列表，从中选择"样式2"选项，如图4-120所示。

⑪ 此时，图表就变成了选中的样式，选中坐标轴标题，按"Delete"键删除标题，如图4-121所示。

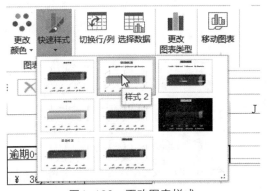

图4-120 更改图表样式

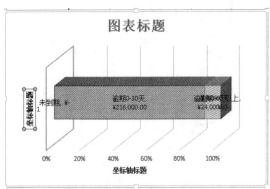

图4-121 更改样式后的效果

⑫ 将垂直坐标轴的标题和水平坐标轴的标题都删除，效果如图4-122所示。

⑬ 更改图表标题，选中图表标题，将其修改为"应付账款统计"，效果如图4-123所示。

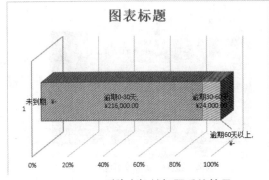

图4-122 删除坐标轴标题后的效果

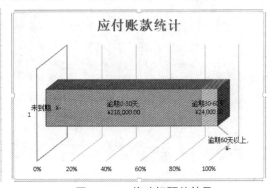

图4-123 修改标题的效果

⑭ 为图表添加背景，打开"图表工具—格式"选项卡，单击"形状样式"命令组中的对话框启动器，如图4-124所示。

⑮ 弹出"设置图表区格式"窗格，打开"填充线条"选项卡，单击"填充"按钮，选择"图片或纹理填充"选项，单击"文件"按钮，如图4-125所示。

图4-124 单击对话框启动器　　　　　　　　　　图4-125 单击"文件"按钮

⓰ 弹出"插入图片"对话框,从中选择合适的背景图片,单击"插入"按钮,如图4-126所示。

⓱ 在"设置图表区格式"窗格中,打开"效果"选项卡,单击"三维格式"按钮,从中将顶部棱台设置为"角度",其宽度为"6磅",高度为"16磅",如图4-127所示。

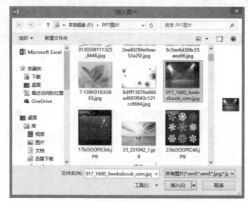

图4-126 "插入图表"对话框

图4-127 "设置图表区格式"窗格

⓲ 设置完成后,关闭"设置图表区格式"窗格,设置后的效果如图4-128所示。

⓳ 打开"开始"选项卡,单击"字体"命令组中的"字体颜色"下拉按钮,弹出下拉列表,从中选择"白色,背景1"选项,如图4-129所示。

图4-128 设置背景后的效果

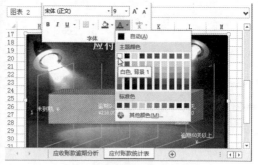

图4-129 设置文字颜色

⓴ 在数据标签的引导线上单击鼠标右键,从弹出的快捷菜单中选择"设置引导线格式"选项,弹出"设置引导线格式"对话框,从中将引导线设置为"实线"、"红色"和"0.75磅",如图4-130所示。

㉑ 关闭该窗格,接着设置数据标签字体的格式,并将其移动到合适的位置,设置后最终效果如图4-131所示。

图4-130　"设置引导线格式"对话框

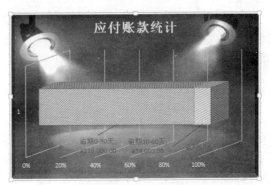

图4-131　最终效果

4.3.3 应付账款的账务处理

用户在进行应付账款账务处理时，不可按照到期日的应付金额入账，应按照发票账单中的应付金额入账。

甲企业2014年6月1日采购三星电脑5台，总价值为20000元，尚未付款，但已经记账，到2014年6月20日，企业支付该笔款项。

【例4-11】应付账款付款时的账务处理。

01 打开记账凭证，在其中输入该笔经济业务，贷记"应付账款"，金额为"20000"，借记"银行存款"，金额为"20000"，如图4-132所示。

02 打开记账凭证汇总表，按照审核无误的记账凭证登记该笔业务，如图4-133所示。然后将该笔业务登记到银行存款日记账中即可。

				记 账 凭 证										
B	C	D	E	F	G	H	I	J	K	L	M	N		
		2014年 6月 20日												
会 计 科 目		借 方 金 额												
总账科目	明细科目	亿	千	百	十	万	千	百	十	元	角	分		
应付账款					￥	2	0	0	0	0	0	0		
银行存款	中国银行													
合 计					￥	2	0	0	0	0	0	0		
李* 记账：	章* 出纳：	钱* 审												

图4-132　登记记账凭证

	记 账 凭 证 汇 总 表				
C	摘要	D 科目代码	E 总账科目	F 明细科目	G 借方金额	H 贷方金额

摘要	科目代码	总账科目	明细科目	借方金额	贷方金额
提取现金	100201	银行存款	中国银行		￥ 30,000.00
发工资	2211	应付职工薪酬		￥ 21,000.00	
发工资	100202	银行存款	建设银行		￥ 21,000.00
销售A产品	1122	应收账款		￥ 63,180.00	
销售A产品	6001	主营业务收入			￥ 54,000.00
销售A产品	2221	应交税费			￥ 9,180.00
收到甲公司货款	100201	银行存款	中国银行	￥ 9,700.00	
收到甲公司货款	6603	财务费用		￥ 2,000.00	
收到甲公司货款	1122	应收账款			￥ 11,700.00
计提坏账准备	6701	资产减值损失		￥ 15,000.00	
计提坏账准备	1231	坏账准备			￥ 15,000.00
支付乙公司货款	2202	应付账款		￥ 20,000.00	
支付乙公司货款	100201	银行存款	中国银行		￥ 20,000.00

图4-133　登记记账凭证汇总表

4.4 上机实训

通过对本章内容的学习，读者对应收账款和应付账款有了更深的了解。下面再通过两个实训操作来温习和拓展前面所学的知识。

4.4.1 创建信用决策模型

在应收账款的管理中，企业为了降低坏账率，需要及时调整对外的信用政策。通常企业会制定几种信用政策的方案，再通过比较，从这些信用政策方案中选择一种最合适的方案。下面介绍创建信用决策模型的相关操作。

01 新建一个名为"信用决策方案"工作表，在其中创建"应收账款信用决策方案"表，设置其行标题、列标题和标题的格式，并添加边框，如图4-134所示。

02 在表格中输入基本的数据，并将“B4：D4”和“B6：D7”单元格区域设置为“会计专用”格式，如图4-135所示。

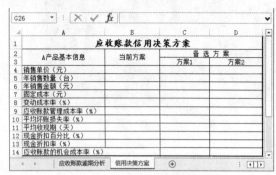

A	B	C	D
应收账款信用决策方案			
A产品基本信息	当前方案	备选方案	
		方案1	方案2
销售单价（元）			
年销售数量（台）			
年销售金额（元）			
固定成本（元）			
变动成本率（%）			
应收账款管理成本率（%）			
平均坏账损失率（%）			
平均收现期（天）			
现金折扣百分比（%）			
现金折扣率（%）			
应收账款的机会成本率（%）			

图4-134　创建信用决策方案表

A	B	C	D
应收账款信用决策方案			
A产品基本信息	当前方案	备选方案	
		方案1	方案2
销售单价（元）	¥ 2,000.00	¥ 2,000.00	¥ 2,000.00
年销售数量（台）	360	450	500
年销售金额（元）	¥720,000.00	¥900,000.00	¥1,000,000.00
固定成本（元）	¥360,000.00	¥450,000.00	¥500,000.00
变动成本率（%）	50%	50%	50%
应收账款管理成本率（%）	0.50%	0.60%	0.70%
平均坏账损失率（%）	1%	3%	4.50%
平均收现期（天）	15	40	65
现金折扣百分比（%）	0	30%	20%
现金折扣率（%）	0	2%	1%
应收账款的机会成本率（%）	6%	6%	6%

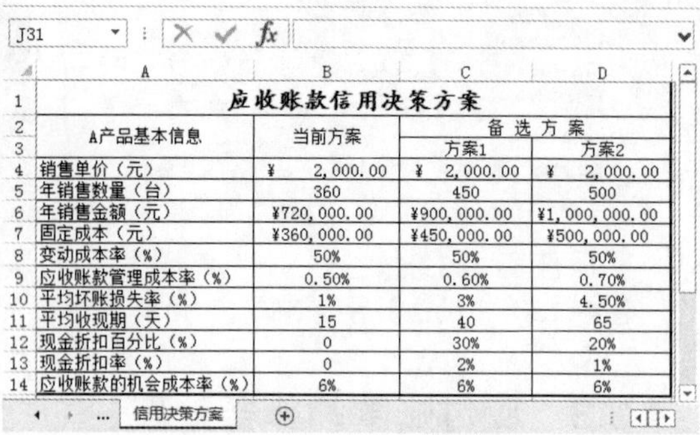

图4-135　输入基本数据

03 在“F1：H8”单元格区域内，设置判断依据，通过这些依据选出最合适的方案，如图4-136所示。

04 选中“G3”单元格，在其中输入“=(C6-B6)*(1-C8)”，按“Enter”键确认输入，如图4-137所示。

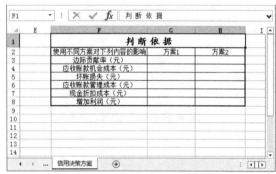

F	G	H
判断依据		
使用不同方案对下列内容的影响	方案1	方案2
边际贡献率（元）		
应收账款机会成本（元）		
坏账损失（元）		
应收账款管理成本（元）		
现金折扣成本（元）		
增加利润（元）		

图4-136　设置判断依据

F	G	H
判断依据		
使用不同方案对下列内容的影响	方案1	方案2
边际贡献率（元）	=(C6-B6)*(1-C8)	
应收账款机会成本（元）		
坏账损失（元）		
应收账款管理成本（元）		
现金折扣成本（元）		
增加利润（元）		

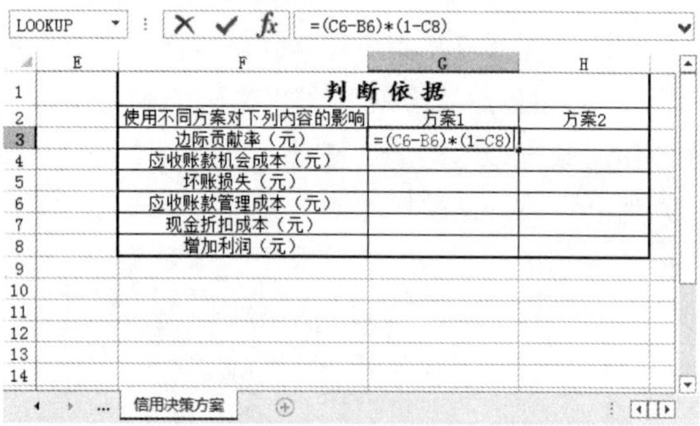

图4-137　输入公式

05 选中“G4”单元格，在其中输入“=C11/360*(C6-B6)*C8*C14”，按“Enter”键确认输入，如图4-138所示。

06 选中“G5”单元格，在其中输入“=C6*C10-B6*B10”，按“Enter”键确认输入，如图4-139所示。

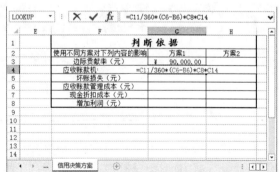

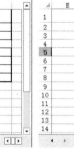

F	G	H
判断依据		
使用不同方案对下列内容的影响	方案1	方案2
边际贡献率（元）	¥ 90,000.00	
应收账款机	=C11/360*(C6-B6)*C8*C14	
坏账损失（元）		
应收账款管理成本（元）		
现金折扣成本（元）		
增加利润（元）		

图4-138　输入公式

F	G	H
判断依据		
使用不同方案对下列内容的影响	方案1	方案2
边际贡献率（元）	¥ 90,000.00	
应收账款机会成本（元）	¥ 600.00	
坏账损失（元）	=C6*C10-B6*B10	
应收账款管理成本（元）		
现金折扣成本（元）		
增加利润（元）		

图4-139　输入公式

07 选中“G6”单元格，在其中输入“=C6*C9-B6*B9”，按“Enter”键确认输入，如图4-140所示。

08 选中"G7"单元格，在其中输入"=C6*C12*C13-B6*B12*B13"，按"Enter"键确认输入，如图4-141所示。

图4-140 输入公式　　　　　　　　　　图4-141 输入公式

09 选中"G8"单元格，在其中输入"=G3-G4-G5-G6-G7"，按"Enter"键确认输入，如图4-142所示。

10 同样的方法，计算出"方案2"对应的判断依据，最终结果如图4-143所示。

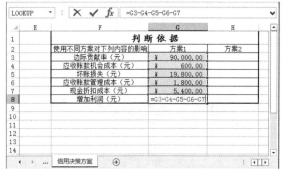 

图4-142 输入公式　　　　　　　　　　图4-143 显示计算结果

11 计算最佳方案。选中"G9"单元格，在其中输入"=IF(AND(G8>0,H8>0),IF(G8>H8,"方案1","方案2"),IF(G8>0,"方案1",IF(H8>0,"方案2","当前方案")))"，如图4-144所示。

12 按"Enter"键确认输入后，显示计算的结果，将"G9"单元格和"H9"单元格合并为一个单元格，在"F9"单元格中输入"最佳方案"，并设置边框，最终效果如图4-145所示。

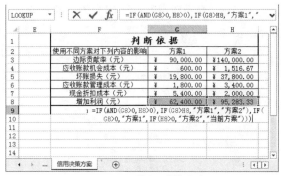 

图4-144 输入计算公式　　　　　　　　图4-145 显示计算结果

4.4.2 往来客户登记表

通常情况下，企业会将与其有经济往来的企业的基本信息，进行登记，这时就需要创建往来客户登记表了，通过该表，企业可以保存这些企业的相关信息，以备不时之需。下面介绍创建往来客户登记表的相关操作。

01 单击"新工作表"按钮，新建一个工作表，将其命名为"往来客户登记表"，如图4-146所示。

02 在表中输入标题和行标题，并设置格式，同时，为表格添加边框，效果如图4-147所示。

图4-146 创建工作表

图4-147 构建基本框架

03 依次在表格中输入客户的信息，输入客户的邮箱地址后，系统会自动将该地址设置为超链接格式，将鼠标移动到该地址上，会显示提示信息，如图4-148所示。

04 如果用户不希望后面的地址也变成超链接的格式，可以将鼠标移动到超链接左下角的矩形图标上，此时，会弹出"自动更正选项"按钮，单击该按钮，从弹出的下拉列表中选择"控制自动更正选项"选项，如图4-149所示。

图4-148 输入邮箱地址

图4-149 选择"控制自动更正选项"选项

05 弹出"自动更正"对话框，打开"键入时自动套用格式"选项卡，取消对"Internet及网络路径替换为超链接"复选框的勾选，单击"确定"按钮，如图4-150所示。

06 选中"I3：I20"单元格区域，打开"数据"选项卡，单击"数据工具"命令组中的"数据验证"按钮，弹出下拉列表，从中选择"数据验证"选项，如图4-151所示。

图4-150 "自动更正"对话框

图4-151 选择"数据验证"选项

07 弹出"数据验证"对话框，打开"设置"选项卡，在"允许"下拉列表中选择"序列"选项，在"来源"文本框中输入"客户,供货商"，如图4-152所示。

08 打开"输入信息"选项卡，在"标题"文本框中输入"注意"，在"输入信息"文本框中输入"请输入"客户"或"供货商"！"，如图4-153所示。

图4-152 "数据验证"对话框

图4-153 设置输入信息

09 打开"出错警告"选项卡，在"样式"下拉列表中选择"停止"选项，在"标题"文本框中输入"错误"，在"出错信息"文本框中输入"请输入"客户"或"供货商"！"，如图4-154所示。

10 单击"确定"按钮后，选中"I3"单元格，在其右方出现下拉按钮，单击该按钮，弹出下拉列表，从中选择合适的选项即可，如图4-155所示。

图4-154 设置出错警告

图4-155 选择合作方向

11 输入客户的信息，最终效果如图4-156所示。以后，用户就可以通过往来客户登记表，来查询客户的信息了。

客户名称	法人代表	联系地址	联系人	联系电话	邮箱	开户行	银行账号	合作方向	建立合作关系时间	企业信誉
兴兴实业	李梅	江苏省徐州市****	蓝蓝	150****4785	lixing2014091	中国银行	*************	客户	2009/4/1	良
大大实业	张三	浙江省义乌市****	夏雨	138****4785	baiyun2015010	华夏银行	*************	供货商	2010/5/1	优
清风实业	白云	江苏省徐州市****	楚云哥	145****7865	lantian200903	工商银行	*************	客户	2008/1/2	良
皖云实业	童清	江苏省徐州市****	童童	130****7865	lantian200903	建设银行	*************	客户	2009/1/3	优
瑰宝箱包	李章	浙江省义乌市****	钱云	158****7865	lantian200903	中国农业银行	*************	客户	2010/1/5	良
琪琪实业	钱枫	安徽省合肥市****	苏菲	152****7865	lantian200903	华夏银行	*************	供货商	2011/5/6	优
巨人实业	李壮	浙江省义乌市****	凌达	151****7865	lantian200903	工商银行	*************	客户	2014/2/1	优

图4-156 最终效果

4.5　常见疑难解答

下面将对学习过程中常见的疑难问题进行汇总，以帮助读者更好的理解前面所讲的内容。

Q：如何隐藏图表中的图例？

A：单击图表，单击"图表元素"图标，弹出下拉列表，从中取消对"图例"复选框的勾选即可。

Q：如何在图表中添加数据表？

A：单击图表，打开"图表工具—设计"选项卡，单击"添加图表元素"按钮，弹出下拉列表，从中选择"数据表—显示图例项标示"选项，这样就在图表中添加了带有图例项标示的数据表。

Q：如何对同一个工作簿中不同的工作表的相同位置的单元格进行求和？

A：选中需要输入公式的单元格，然后在单元格中输入"=sum(第一个工作表名称：最后一个工作表名称A1)"，然后按"Enter"键确认输入即可。"A1"指需要求和的单元格。

Q：如何清除对图表的设置，使其恢复原先的样子？

A：打开"图表工具—格式"选项卡，单击"当前所选内容"命令组中的"重设以匹配样式"按钮即可。

Q：如何将设置好的图表保存为模板？

A：制作好图表后，在图表上单击鼠标右键，弹出快捷菜单，从中选择"另存为模板"选项，弹出"保存图表模板"对话框，从中进行设置后，保存即可。

Q：如何等比缩放图表？

A：选择图表，单击"图表工具–格式"选项卡，单击"大小"命令组中的对话框启动器，弹出"设置图表区格式"窗格，选择"大小"选项，勾选"锁定纵横比"复选框，然后在"高度"和"宽度"数值框中输入数值即可。

Q：如何删除图表中的图例？

A：选择图例，然后按"Delete"键即可。

Q：在Excel的单元格中出现"#DIV/0"错误信息是什么意思？

A：若输入的公式中的除数为0，或者在公式中除数使用了空白的单元格，或包含零值的单元格的引用，就会出现错误信息"#DIV/0"，只要修改单元格引用，是公式中除数不为0或空单元格即可。

Q：在Excel的单元格中出现"#VALUE"错误信息是什么意思？

A：造成这种情况的原因有：参数使用不正确；运算符号使用不正确；执行"自动更正"命令时不能更正错误；在需要输入数值或逻辑值的地方输入了文本。根据不同的原因采取不同的措施即可。

Q：在Excel的单元格中出现"#NAME"错误信息是什么意思？

A：出现此种情况一般是公式中使用了Excel所不能识别的文本。可以打开"公式"选项卡，单击"定义名称"按钮，打开"定义名称"对话框，如果需要的名称没有被列出，在"在当前工作簿的名称"文本框中输入相应的名称，单击"确定"按钮即可。

　　为了让用户能够更好地掌握使用Excel软件处理往来账务，练习使用数据透视表和条件格式，用户可以做做下面的练习。

◉ 对应收账款进行统计

　　本练习将使用应收账款统计表，创建数据透视表，按交易日期和客户名称进行分类统计。最终效果如图1-157所示。

	N31	▼	⁝	×	✓	fx		
⁜	A	B	C	D	E	F	G
1							
2							
3	求和项:应收账款	客户名称 ▼					
4	交易日期 ▼	大大实业	大大箱包	拉瑟实业	清风实业	我是歌手KTV	总计
5	2014/11/1	33300					33300
6	2014/11/2				56000		56000
7	2014/11/3			47000			47000
8	2014/11/11	60000	15600			21000	96600
9	2014/11/12			43000	72000		115000
10	2015/1/1	63180					63180
11	总计	156480	15600	90000	128000	21000	411080
12							

图4-157　最终效果

操作提示

01 单击"数据透视表"按钮，创建数据透视表；

02 将字段拖至合适区域；

03 设置数据透视表的布局；

04 设置数据透视表的样式；

05 对数据透视表进行筛选。

◉ 设置自动提醒功能

　　本练习将在应付账款统计表中，使用条件格式，将逾期的应付账款的金额以红色字体显示，最终效果如图4-158所示。

	▼	⁝	×	✓	fx			
	B	C	D	E	F	G	H	I
				应付账款统计表				
当前日期:		2015年3月19日						
对方公司	成交日期	付款期限(天)	应付金额		未到期	逾期0-30天	逾期30-60天	逾期60天以上
格力股份有限公司	2015/2/1	7	¥ 24,000.00	¥ －			¥24,000.00	
新城办公用品行	2015/2/10	10	¥ 36,000.00	¥ －		¥ 36,000.00		
华夏电子	2015/2/11	20	¥ 60,000.00	¥ －		¥ 60,000.00		
兰心皮具	2015/2/15	30	¥ 120,000.00	¥ －		¥ 120,000.00		
				¥ －			¥ －	
				¥ －			¥ －	
				¥ －			¥ －	
	应付账款合计:		¥ 240,000.00	¥ －		¥ 216,000.00	¥24,000.00	¥ －
	应付账款比例:		1	0		0.9	0.1	0

图4-158　最终效果

操作提示

01 选中需要设置添加格式的单元格区域；

02 单击"条件格式"按钮；

03 选择"突出显示单元格规则—大于"选项；

04 在"大于"对话框中进行设置。

第 **5** 章
高效进行工资核算

📹 **本章概述**　薪酬管理是指一个组织针对所有员工所提供的服务来确定他们应当得到的报酬总额，以及报酬结构和报酬形式的一个过程。薪酬管理对于任何一个组织来说都是一个比较棘手的问题，它需要达到公平性、合法性和有效性三个目标，所以薪酬管理又是一个持续的组织过程，企业需要不断制订薪酬计划。薪酬管理中涉及大量的数据和复杂计算，常常使财务人员忙得焦头烂额。Excel电子表格拥有强大的统计分析和计算能力，是财务人员进行薪酬管理的好帮手。

📖 **知识要点**
- 制作工资信息表
- 制作工作明细表
- 制作工资条
- 制作工资发放表

5.1　非常重要的工资信息表

工资信息表是一系列与工资核算相关的表格，如员工基本信息表、税率表、员工考勤表和员工基本福利表等。制作这些表格，可以帮助财务人员进行工资的核算。

5.1.1　员工基本信息表

员工基本信息表是薪酬管理中的重要表格，该表格记录了员工的工号、姓名、部门、入职时间、基本工资的信息。

1. 相关函数

● FLOOR函数

FLOOR函数是用来将数字向下舍入到最接近的整数或最接近的指定基数的倍数。该函数的语法格式为：

```
FLOOR(number,significance)
```

参数number表示要舍入的数值；参数significance表示要舍入到的倍数。

● DAYS360函数

DAYS360函数将一年按照360天计算，返回两日期间相差的天数。该函数的语法格式为：

```
DAYS360(start_date,end_date,[method])
```

参数start_date表示计算的起始日期；参数end_date表示计算的终止日期；参数method是一个逻辑值，它指定在计算中是采用欧洲方法还是美国方法。

2. 编制员工基本信息表

【**例5-1**】创建员工基本信息表（记录员工工号、姓名等信息）。

01 单击状态栏中的"新工作表"按钮，新建一个表格，将其命名为"员工基本信息表"，如图5-1
所示。

02 在工作表中输入标题和行标题，并设置其格式，为表格添加边框，如图5-2所示。

图5-1 新建工作表

图5-2 设置标题

03 选中"A3：A38"单元格区域，打开"开始"选项卡，单击"数字"命令组中的对话框启动器，如
图5-3所示。

04 弹出"设置单元格格式"对话框，打开"数字"选项卡，在"分类"列表框中选择"自定义"选
项，在"类型"文本框中输入"000#"，单击"确定"按钮，如图5-4所示。

图5-3 设置单元格格式

图5-4 "设置单元格格式"对话框

05 选中"F3"单元格，在其中输入"=FLOOR(DAYS360(E3,TODAY())/365,1)"，按"Enter"键确认输
入，如图5-5所示。计算员工的工作年限。

06 选中"G3"单元格，在其中输入"=IF(C3="人事部",2500,IF(C3="财务部",2800,IF(C3="设计部
",3500,IF(C3="办公室",2500,2000))))"，按"Enter"键确认输入，如图5-6所示。计算员工的基本
工资，对于特殊岗位的员工工资，需手动修改。

图5-5 计算员工工作年限

图5-6 计算员工基本工资

⑦ 选中 "H3" 单元格，在其中输入 "=IF(F3<=1,F3*50,IF(F3>=2,F3*100))"，按 "Enter" 键确认输入，如图5-7所示。计算员工的工龄工资。

⑧ 选中 "F3：H3" 单元格区域，将鼠标移动到 "H3" 单元格的右下角，当鼠标变成 "+" 时，按住鼠标左键，向下移动鼠标，填充公式，如图5-8所示。

图5-7　计算员工工龄工资　　　　　　图5-8　向下填充公式

⑨ 输入员工其他的信息，输入 "所属部门" 时，基本工资会自动显示，输入 "入职时间" 时， "工作年限" 和 "工龄工资" 会自动显示，最终的效果如图5-9所示。

工号	姓名	所属部门	职务	入职时间	工作年限	基本工资	工龄工资
0001	张燕	财务部	经理	2006/5/1	8	7000	800
0002	顾晓玲	销售部	经理	2006/5/1	8	7000	800
0003	范佳明	生产部	经理	2007/8/1	7	7000	700
0004	林顾君	办公室	经理	2007/9/1	7	7000	700
0005	周小勇	人事部	经理	2007/10/10	7	7000	700
0006	薛莲	设计部	经理	2008/2/1	7	7000	700
0007	周菁	销售部	主管	2008/4/6	6	4000	600
0008	张小艳	采购部	经理	2009/6/2	5	7000	500
0009	朱琳	销售部	员工	2013/6/8	1	2000	50

图5-9　最终效果

5.1.2　员工考勤表

员工考勤表是用来统计员工的出勤情况的，主要用于记录员工一个月内病假、事假、年假、迟到等情况。员工考勤表不仅可以监督员工的出勤情况，而且还可以为计算员工工资提供依据。

1. COUNTIF函数

COUNTIF函数是用来计算区域中满足给定条件的单元格的个数。该函数的语法格式为：

```
COUNTIF(range,criteria)
```

参数range表示要对其进行计算的一个或多个单元格，其中包括数字或名称、数组或包含数字的引用，空值和文本值将被忽略；参数criteria用于定义将对哪些单元格进行计数的数字、表达式、单元格引用或文本字符串。

2. 统计员工考勤记录

【例5-2】创建员工记录表和考勤统计表（以此考察员工的出勤情况）。

① 新建一个名为 "员工考勤表" 工作表，在 "A1：H39" 单元格区域内创建考勤记录表，用来记录2015年1月全体员工的出勤情况，其中 "s" 表示事假， "b" 表示病假， "k" 表示旷工， "n" 表示年假， "0.5" 表示迟到半小时，如图5-10所示。

02 在"员工考勤表"工作表的"AJ1：AT39"单元格区域内，创建考勤统计表，用来统计每位员工2015年1月请假的次数、迟到的次数及时间、应扣的金额等信息，如图5-11所示。

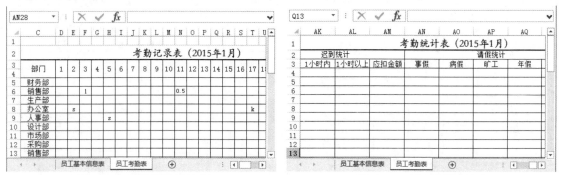

图5-10　创建考勤记录表　　　　　　　　　　图5-11　创建考勤统计表

03 选中"AJ4"单元格，在其中输入"=COUNTIF(D4:AH4,"<=0.5")"，按"Enter"键确认输入，如图5-12所示。统计迟到半小时内的次数。

04 选中"AK4"单元格，在其中输入"=COUNTIF(D4:AH4,">0.5")-COUNTIF(D4:AH4,">1")"，按"Enter"键确认输入，如图5-13所示。统计迟到1小时内的次数。

图5-12　统计迟到半小时内的次数　　　　　图5-13　统计迟到1小时内的次数

05 选中"AL4"单元格，在其中输入"=COUNTIF(D4:AH4,">1")"，按"Enter"键确认输入，如图5-14所示。统计迟到1小时以上的次数。

06 选中"AM4"单元格，在其中输入"=AJ4*20+AK4*50+AL4*100"，按"Enter"键确认输入，如图5-15所示。统计迟到造成的应扣金额。

图5-14　统计迟到1小时以上的次数　　　　　图5-15　统计应扣金额

07 选中"AN"单元格，在其中输入"=COUNTIF(D4:AH4,"s")"，按"Enter"键确认输入，如图5-16所示。统计本月请事假的次数。

08 选中"AO"单元格,在其中输入"=COUNTIF(D4:AH4,"b")",按"Enter"键确认输入,如图5-17所示。统计本月请病假的次数。

图5-16 统计请事假的次数   图5-17 统计请病假的次数

09 选中"AP"单元格,在其中输入"=COUNTIF(D4:AH4,"k")",按"Enter"键确认输入,如图5-18所示。统计本月旷工的次数。

10 选中"AQ"单元格,在其中输入"=COUNTIF(D4:AH4,"n")",按"Enter"键确认输入,如图5-19所示。统计本月请年假的次数。

图5-18 统计旷工的次数   图5-19 统计请年假的次数

11 选中"AR"单元格,在其中输入"=AN4*200+AO4*50+AP4*300+AQ4*0",按"Enter"键确认输入,如图5-20所示。统计请假旷工应扣的金额。

12 选中"AS"单元格,在其中输入"=AM4+AR4",按"Enter"键确认输入,如图5-21所示。统计总共应扣的金额。

图5-20 统计应扣金额   图5-21 统计应扣总额

13 选中"AI"单元格,在其中输入"=IF(AS4=0,200,0)",按"Enter"键确认输入,如图5-22所示。统计满勤奖。

⓮ 选中"AJ4：AT4"单元格，将鼠标移动到"AT4"单元格右下角，当鼠标变成"＋"时，按住鼠标左键，向下移动鼠标，填充公式，如图5-23所示。

图5-22 统计满勤奖

图5-23 向下填充公式

⓯ 公式填充完成后，根据考勤记录表统计的考勤统计表就制作完成了，最终效果如图5-24所示。

考勤统计表（2015年1月）										
迟到统计				请假统计					应扣总额	满勤奖
半小时内	1小时内	1小时以上	应扣金额	事假	病假	旷工	年假	应扣金额		
0	1	0	50	0	0	0	0	0	50	0
1	1	0	70	0	0	0	0	0	70	0
0	0	0	0	0	0	0	0	0	0	200
0	0	0	0	1	0	1	0	500	500	0
0	0	0	0	1	0	0	0	200	200	0
0	0	0	0	0	0	0	0	0	0	200
0	0	0	0	0	0	0	0	0	0	200
0	0	0	0	0	0	0	0	0	0	200
0	0	0	0	1	0	0	0	200	200	0

图5-24 最终效果

5.1.3 销售业绩统计表

通常情况下，公司的销售人员，除了基本工资外，还可以根据其销售业绩获得提成和奖金，这样可以激励员工的销售热情。财务部门根据公司的相关规定，制作销售业绩统计表，来进行销售员的业绩提成和奖金的统计。

1. RANK函数

RANK函数是用来返回一组数字的排列顺序。该函数的语法格式为：

```
RANK(number,ref,[order])
```

参数number表示需要找到排位数字；参数ref表示数字列表数组或对数字列表的引用，非数值型值将被忽略；参数order表示一个数字，指明数字排位的方式，order为0或忽略，按降序排序，否则按升序排位。

2. 计算销售提成

级别	提成	奖金
经理	全体员工业绩×1%	总业绩超过100万元，奖励10000元
主管和员工	（<20000元）×3%； （20000～50000元）×4%； （50000～100000元）×5%； （>100000元）×6%；	个人业绩超15万元，奖励5000元

【例5-3】创建业绩统计表。

01 新建一个名为"销售业绩统计表"的工作表，在其中输入基本信息，并添加边框，设置格式，如图5-25所示。

02 计算销售排名。选中"E4"单元格，在其中输入"=RANK(D4,$D$4:$D$13)"，按"Enter"键确认输入，如图5-26所示。

图5-25 创建销售业绩统计表　　　　　　　图5-26 计算销售排名

03 计算销售员销售提成。选中"F4"单元格，在其中输入"=IF(D4>=100000,D4*0.06,IF(D4>=50000,D4*0.05,IF(D4>=20000,D4*0.04,D4*0.03)))"，按"Enter"键确认输入，如图5-27所示。

04 计算销售员奖金。选中"G4"单元格，在其中输入"=IF(D4>150000,5000,0)"，按"Enter"键确认输入，如图5-28所示。

图5-27 计算销售提成　　　　　　　　　　图5-28 计算销售奖金

05 计算销售经理提成。选中"F3"单元格，在其中输入"=SUM(D4:D13)*0.01"，按"Enter"键确认输入，如图5-29所示。

06 计算销售经理奖金。选中"G3"单元格，在其中输入"=IF(SUM(D4:D13)>1000000,10000,0)"，按"Enter"键确认输入，如图5-30所示。

图5-29 计算经理的提成　　　　　　　　　图5-30 计算经理奖金

07 选中"E4:G4"单元格区域,将鼠标移动到"G4"单元格的右下角,当鼠标变成"+"时,按住鼠标左键,向下移动鼠标,填充公式,如图5-31所示。

08 公式填充完成后,可以看到销售部每个员工的提成和奖金情况,如图5-32所示。

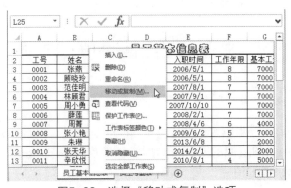

图5-31　向下填充公式

图5-32　最终效果

5.1.4　基本福利表

通常情况下,公司会根据员工所在的岗位级别,给员工发放福利津贴。例如,经理级别按基本工资的20%计算津贴,主管级别按基本工资的15%计算津贴,一般员工按照基本工资的10%计算津贴。

【例5-4】创建员工基本福利表。

01 打开员工基本信息表,在表标签上单击鼠标右键,弹出快捷菜单,从中选择"移动或复制"选项,如图5-33所示。

02 弹出"移动或复制工作表"对话框,在"下列选定工作表之前"列表框中选择"移至最后"选项,勾选"建立副本"复选框,单击"确定"按钮,如图5-34所示。

图5-33　选择"移动或复制"选项

图5-34　"移动或复制工作表"对话框

03 此时弹出名为"员工基本信息表(2)"的工作表,在该工作表的标签上单击鼠标右键,弹出快捷菜单,从中选择"重命名"选项,如图5-35所示。将工作表命名为"员工基本福利表"。

04 对表格进行修改,变成员工基本福利表。选中"F3"单元格,在其中输入"=IF(D3="经理",E3*20%,IF(D3="主管",E3*15%,IF(D3="员工",E3*10%,0)))",按"Enter"键确认输入,如图5-36所示。

05 选中"F3"单元格,将鼠标移动到该单元格的右下角,当鼠标变成"+"时,按住鼠标左键,向下移动鼠标,填充公式,如图5-37所示。

06 公式填充完成后,就可以看到每个员工所获得的福利津贴了,如图5-38所示。

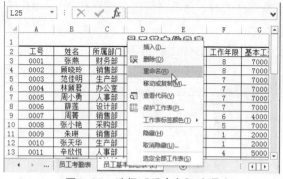

图5-35 选择"重命名"选项　　　　图5-36 计算津贴

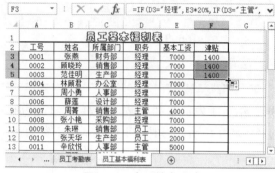

图5-37 向下填充公式

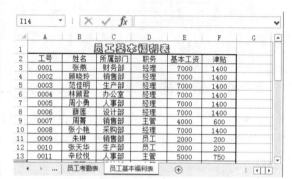

图5-38 最终效果

5.1.5 应扣应缴统计表

应扣应缴统计表是用来统计员工工资中应扣除的五险一金的缴纳金额。一般情况下，除了生育保险和工伤保险全部由用人单位缴纳外，其他的则是员工和公司共同缴纳。

1. VLOOKUP函数

VLOOKUP函数是用来在数据表的首列查找指定的值，并返回数据表当前行中指定列的值。该函数的语法格式：

```
VLOOKUP(lookup_value,table_array,col_index_num,[range_lookup])
```

参数lookup_value表示要在表格或区域的第一列中搜索的值；参数table_array包含数据的单元格区域；参数col_index_num表示table_array中必须返回的匹配值的列标；参数range_lookup是一个逻辑值，如果为FALSE，则函数将只查找精确匹配值。

2. 计算应扣五险一金

【例5-5】创建应扣应缴统计表。

01 新建一个名为"应扣应缴统计表"工作表，在其中输入基本信息，设置单元格格式，并添加边框，如图5-39所示。

02 选中"E3"单元格，在其中输入"=VLOOKUP(A3,员工基本信息表!$A:$H,7)+VLOOKUP(A3,员工基本信息表!$A:$H,8)+VLOOKUP(A3,员工基本福利表!$A:$F,6)"，按"Enter"键确认输入，如图5-40所示。计算工资合计。

03 选中"F3"单元格，在其中输入"=E3*0.08"，按"Enter"键确认输入，如图5-41所示。计算养老保险应扣金额。

04 选中"G3"单元格,在其中输入"=E3*0.005",按"Enter"键确认输入,如图5-42所示。计算失业保险应扣金额。

图5-39　创建应扣应缴统计表

图5-40　输入公式

图5-41　计算养老保险应扣金额

图5-42　计算失业保险应扣金额

05 选中"H3"单元格,在其中输入"=E3*0.02",按"Enter"键确认输入,如图5-43所示。计算医疗保险应扣金额。

06 选中"I3"单元格,在其中输入"=E3*0",按"Enter"键确认输入,如图5-44所示。计算生育保险应扣金额。生育保险和工伤保险都由单位缴纳,所以为"0"。

图5-43　计算医疗保险应扣金额

图5-44　计算生育保险应扣金额

07 选中"K3"单元格,在其中输入"=E3*0.08",按"Enter"键确认输入,如图5-45所示。计算住房公积金应扣金额。

08 选中"L3"单元格,在其中输入"=SUM(F3:K3)",按"Enter"键确认输入,如图5-46所示。计算总共要扣除的金额。

09 将公式填充到下方的单元格中,这样每位员工各项应扣和总共应扣的金额就统计好了,如图5-47所示。

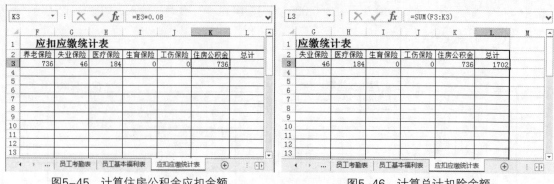

图5-45 计算住房公积金应扣金额　　　　图5-46 计算总计扣除金额

工号	姓名	所属部门	职务	工资合计	养老保险	失业保险	医疗保险	生育保险	工伤保险	住房公积金	总计
							应扣应缴统计表				
0001	张燕	财务部	经理	9200	736	46	184	0	0	736	1702
0002	顾晓玲	销售部	经理	9200	736	46	184	0	0	736	1702
0003	范佳明	生产部	经理	9100	728	45.5	182	0	0	728	1683.5
0004	林顾君	办公室	经理	9100	728	45.5	182	0	0	728	1683.5
0005	周小勇	人事部	经理	9100	728	45.5	182	0	0	728	1683.5
0006	薛莲	设计部	经理	9100	728	45.5	182	0	0	728	1683.5
0007	周菁	销售部	主管	5200	416	26	104	0	0	416	962
0008	张小艳	采购部	经理	8900	712	44.5	178	0	0	712	1646.5
0009	朱琳	销售部	员工	2250	180	11.25	45	0	0	180	416.25
0010	张天华	生产部	员工	2250	180	11.25	45	0	0	180	416.25

图5-47 最终效果

5.1.6 税率表

根据国家的有关规定，员工工资超过起征点的需要缴纳个人所得税。企业一般会从员工工资中扣除应缴纳的个人所得税，然后代替员工缴纳。个人所得税代扣代缴统计表是用来统计员工应缴多少个人所得税的表格。

【例5-6】创建个人所得税代扣代缴统计表。

01 新建一个名为"税率表"的工作表，在其中根据国家的有关规定，新建个人所得税税率表，如图5-48所示。

02 在税率表的"F1：O38"单元格区域中，创建个人所得税代扣代缴统计表，并输入基本信息，设置单元格格式，如图5-49所示。

图5-48 创建个人所得税税率表

图5-49 创建个人所得税代扣代缴统计表

03 选中"I3"单元格，在其中输入"=VLOOKUP(F3,应扣应缴统计表!$A:$E,5,0)+VLOOKUP(F3,员工考勤表!$A:$AT,46)"，按"Enter"键确认输入，如图5-50所示。计算加上"满勤奖"的工资总和。

04 选中"K3"单元格，在其中输入"=VLOOKUP(F3,应扣应缴统计表!$A:$L,12)+VLOOKUP(F3,员工考勤表!$A:$AT,45)"，按"Enter"键确认输入，如图5-51所示。计算"缺勤"应扣金额和"五险一金"应扣金额的总和。

图5-50 计算工资合计 ・ 图5-51 计算其他应扣款

05 选中 "L3" 单元格，在其中输入 "=IF(J3-K3>$D$2,J3-K3-$D$2,0)"，按 "Enter" 键确认输入，如图5-52所示。计算应纳所得税所得额。

06 选中 "M3" 单元格，在其中输入 "=IF(L3>=80000,45%,IF(L3>=55000,35%,IF(L3>=35000,30%,IF(L3>=9000,25%,IF(L3>=4500,20%,IF(L3>=1500,10%,IF(L3=0,0,3%)))))))"，按 "Enter" 键确认输入，如图5-53所示。计算应纳税所得额对应的税率。

图5-52 计算应纳税所得额 ・ 图5-53 计算税率

07 选中 "N3" 单元格，在其中输入 "=IF(L3=0,0,LOOKUP(L3,$B$4:$B$10,$D$4:$D$10))"，按 "Enter" 键确认输入，如图5-54所示。计算应纳税所得额对应的速算扣除数。

08 选中 "O3" 单元格，在其中输入 "=L3*M3-N3"，按 "Enter" 键确认输入，如图5-55所示。计算代扣所得税额。

图5-54 计算速算扣除数 ・ 图5-55 计算代扣所得税额

09 选中 "J3：O3" 单元格区域，将公式填充到下方的单元格区域中，然后选中 "P2" 单元格，如图5-56所示。

10 打开 "数据" 选项卡，单击 "排序和筛选" 命令组中的 "筛选" 按钮，如图5-57所示。为个人所得税代扣代缴统计表添加 "筛选" 按钮。

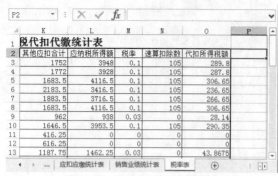

图5-56 选中"P2"单元格

图5-57 添加"筛选"按钮

⑪ 单击"所属部门"筛选按钮，弹出下拉列表框，从中取消对其他复选框的勾选，只勾选"销售部"复选框，单击"确定"按钮，如图5-58所示。

⑫ 为了方便引用销售业绩统计表中的数据，切换到销售业绩统计表，为其添加"工号"列，如图5-59所示。

图5-58 筛选出"销售部"

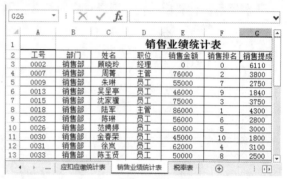

图5-59 添加"工号"列

⑬ 切换到税率表，选中"J4"单元格，将其中公式修改为"=VLOOKUP(F4,应扣应缴统计表!\$A:\$E,5,0)+VLOOKUP(F4,员工考勤表!\$A:\$AT,46)+VLOOKUP(F4,销售业绩统计表!\$A:\$H,7)+VLOOKUP(F4,销售业绩统计表!\$A:\$H,8)"，如图5-60所示。

⑭ 按"Enter"键确认输入，然后将公式填充到下方的单元格中，这样就修改了所有销售部员工的工资总额，如图5-61所示。

图5-60 修改计算公式

图5-61 向下填充公式

⑮ 退出筛选状态，此时，就可以清楚的知道这个月每个员工应扣除的个人所得税所得额，如图5-62所示。

个人所得税代扣代缴统计表									
工号	姓名	所属部门	职务	工资合计	其他应扣合计	应纳税所得额	税率	速算扣除数	代扣所得税额
0001	张燕	财务部	经理	9200	1752	3948	0.1	105	289.8
0002	顾晓玲	销售部	经理	15310	1772	10038	0.25	1005	1504.5
0003	范佳明	生产部	经理	9300	1683.5	4116.5	0.1	105	306.65
0004	林颖君	办公室	经理	9100	2183.5	3416.5	0.1	105	236.65
0005	周小勇	人事部	经理	9100	1883.5	3716.5	0.1	105	266.65
0006	薛莲	设计部	经理	9300	1683.5	4116.5	0.1	105	306.65
0007	周菁	销售部	主管	9200	962	4738	0.2	555	392.6
0008	张小艳	采购部	经理	9100	1646.5	3953.5	0.1	105	290.35
0009	朱琳	销售部	员工	5200	416.25	1283.75	0.03	0	38.5125

图5-62　最终效果

5.2　精打细算的工资明细表

每个月的月初，会计人员都需要计算上个月员工的应发工资，员工的应发工资是在基本工资的基础上，加上福利津贴、满勤奖、工龄工资，销售员还需加上提成和奖金，然后扣除缺勤、五险一金、个人所得税等，最后发放的工资。

5.2.1　设置表格样式

为了让表格看起来更加美观，用户可以设置表格的样式，可以套用表格格式，使用单元格样式等。

【例5-7】设置员工工资明细表样式。

01 单击"新工作表"按钮，新建一个工作表，将其命名为"工资明细表"，如图5-63所示。

02 在表中输入标题、行标题、列标题，以及员工的基本信息，如图5-64所示。

图5-63　新建工作表

图5-64　输入基本信息

03 选中"A2：P38"单元格区域，打开"开始"选项卡，单击"样式"命令组中的"套用表格格式"按钮，弹出下拉列表，从中选择"表样式浅色17"选项，如图5-65所示。

04 弹出"套用表格式"对话框，从中确认表数据的来源正确，勾选"表包含标题"复选框，单击"确定"按钮，如图5-66所示。

图5-65　选择合适的样式

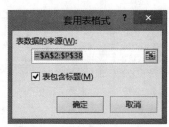

图5-66　"套用表格式"对话框

⑤ 单击"样式"命令组中的"单元格样式"按钮,弹出下拉列表,在"标题"上单击鼠标右键,弹出快捷菜单,从中选择"修改"选项,如图5-67所示。

⑥ 弹出"样式"对话框,单击"格式"按钮,如图5-68所示。

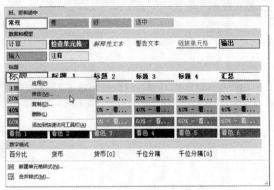

图5-67 选择"修改"选项

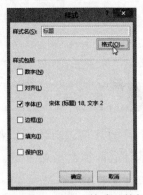

图5-68 单击"格式"按钮

⑦ 弹出"设置单元格格式"对话框,打开"字体"选项卡,设置字体为"宋体(标题)"、"常规"、"16"和"红色",如图5-69所示。

⑧ 单击"确定"按钮,返回"样式"对话框,再次单击"确定"按钮,如图5-70所示。

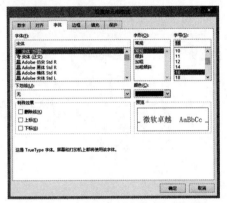

图5-69 "设置单元格格式"对话框

图5-70 "样式"对话框

⑨ 选中标题,单击"样式"命令组中的"单元格样式"按钮,弹出下拉列表,从中选择"标题"选项,如图5-71所示。

⑩ 此时,标题就套用了设置的单元格样式。到此,员工工资明细表的样式就设置好了,最终效果如图5-72所示。

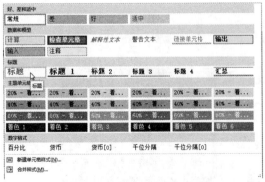

图5-71 选择"标题"选项

图5-72 设置后的效果

5.2.2 输入基本工资数据

设置好员工工资明细表的样式后，用户需要在其中输入计算员工实发工资的各项数据，此时，用户可以通过公式引用其他表中的数据，如引用员工基本信息表中的基本工资。

【例5-8】使用公式输入数据，计算员工的各项工资。

01 打开"工资明细表"工作表，选中"E3"单元格，在其中输入"=VLOOKUP(A3,员工基本信息表!$A:$H,7)"，按"Enter"键确认输入，如图5-73所示，引用基本工资。

02 选中"F3"单元格，在其中输入"=VLOOKUP(A3,员工基本信息表!$A:$H,8)"，按"Enter"键确认输入，如图5-74所示，引用工龄工资。

图5-73 引用基本工资　　　　　　图5-74 引用工龄工资

03 选中"G3"单元格，在其中输入"=VLOOKUP(A3,员工基本福利表!$A:$F,6)"，按"Enter"键确认输入，如图5-75所示，引用福利津贴。

04 选中"H3"单元格，在其中输入"=VLOOKUP(A3,销售业绩统计表!$A:$H,7)"，按"Enter"键确认输入，如图5-76所示，引用提成。此时，"H3"单元格中将出现"#N/A"的错误值，这是因为对应的工号，在销售业绩统计表中没有，后面修改该单元格中的公式为数字"0"即可。

图5-75 引用福利津贴　　　　　　图5-76 引用提成

05 选中"I3"单元格，在其中输入"=VLOOKUP(A3,员工考勤表!$A:$AT,46)"，按"Enter"键确认输入，如图5-77所示，引用满勤奖。

06 选中"J3"单元格，在其中输入"=VLOOKUP(A3,员工考勤表!$A:$AT,45)"，按"Enter"键确认输入，如图5-78所示，引用缺勤扣款。

07 选中"K3"单元格，在其中输入"=VLOOKUP(A3,应扣应缴统计表!$A:$L,6)"，按"Enter"键确认输入，如图5-79所示，引用养老保险。

08 选中"L3"单元格，在其中输入"=VLOOKUP(A3,应扣应缴统计表!$A:$L,7)"，按"Enter"键确认输入，如图5-80所示，引用失业保险。

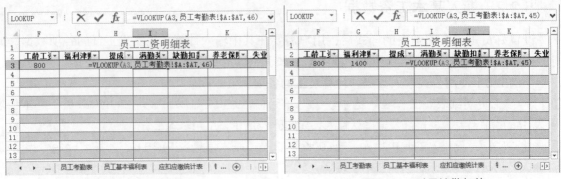

图5-77　引用满勤奖　　　　　　　　　　　　　图5-78　引用缺勤扣款

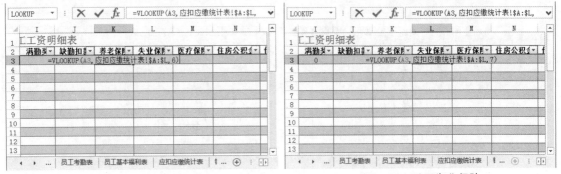

图5-79　引用养老保险　　　　　　　　　　　　图5-80　引用失业保险

09 选中"M3"单元格，在其中输入"=VLOOKUP(A3,应扣应缴统计表!$A:$L,8)"，按"Enter"键确认输入，如图5-81所示，引用医疗保险。

10 选中"N3"单元格，在其中输入"=VLOOKUP(A3,应扣应缴统计表!$A:$L,11)"，按"Enter"键确认输入，如图5-82所示，引用住房公积金。

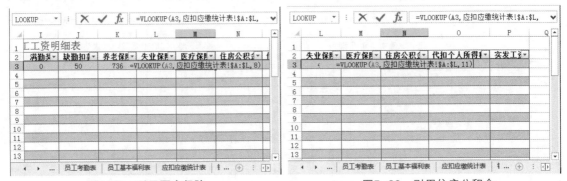

图5-81　引用医疗保险　　　　　　　　　　　　图5-82　引用住房公积金

11 选中"O3"单元格，在其中输入"=VLOOKUP(A3,税率表!$F:$O,10)"，按"Enter"键确认输入，如图5-83所示，引用代扣个人所得税。

12 选中"P3"单元格，在其中输入"=[@基本工资]+[@工龄工资]+[@福利津贴]+[@提成]+[@满勤奖]-[@缺勤扣款]-[@养老保险]-[@失业保险]-[@医疗保险]-[@住房公积金]-[@代扣个人所得税]"，按"Enter"键确认输入，如图5-84所示，计算实发工资。

13 选中"E3：P3"单元格区域，将鼠标移动到"P3"单元格的右下角，当鼠标变成"+"时，按住鼠标左键，向下移动鼠标，填充公式，如图5-85所示。

14 单击"所属部门"下拉按钮，弹出下拉列表，从中取消对"销售部"复选框的勾选，单击"确定”按钮，如图5-86所示。

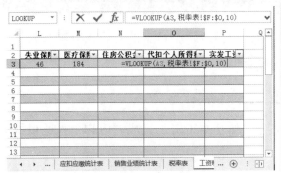

图5-83　引用代扣个人所得税

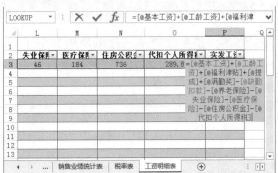

图5-84　计算实发工资

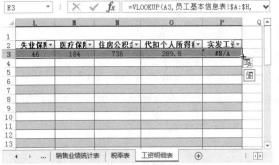

图5-85　向下填充公式

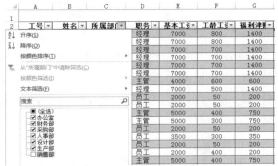

图5-86　取消对销售部的筛选

15 将除销售部之外多的所有员工的提成都修改为“0”，如图5-87所示。

16 取消筛选状态，可以看到，此时，在“提成”列，除了销售部员工有提成外，其他都为“0”，如图5-88所示。

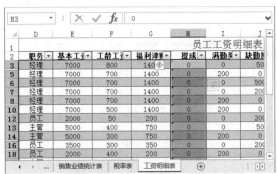

图5-87　将其他部门的提成全部更改为“0”

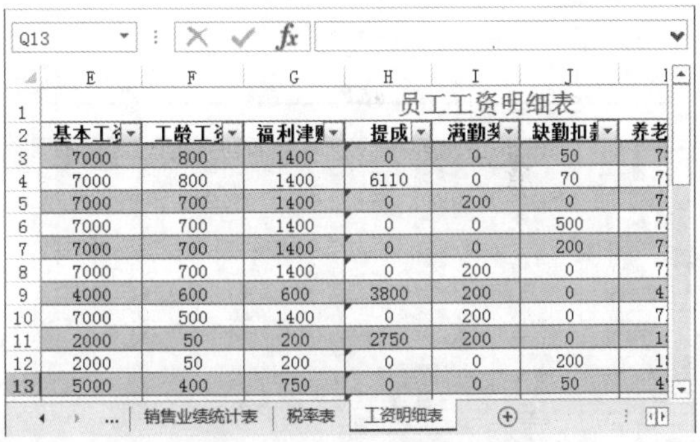

图5-88　取消筛选状态

17 此时，原先的错误值也都消失了，员工工资明细表就制作完成了，这其中包含每个员工的工资明细情况，如图5-89所示。

员工工资明细表

工号	姓名	所属部门	职务	基本工资	工龄工资	福利津贴	提成	满勤奖	缺勤扣款	养老保险	失业保险	医疗保险	住房公积金	代扣个人所得税	实发工资
0001	张燕	财务部	经理	7000	800	1400	0	0	50	736	46	184	736	289.8	7158.2
0002	顾晓玲	销售部	经理	7000	800	1400	6110	0	70	736	46	184	736	1504.5	12033.5
0003	范佳明	生产部	经理	7000	700	1400	0	200	0	728	45.5	182	728	306.65	7309.85
0004	林顾君	办公室	经理	7000	700	1400	0	0	500	728	45.5	182	728	236.65	6679.85
0005	周小勇	人事部	经理	7000	700	1400	0	0	200	728	45.5	182	728	266.65	6949.85
0006	薛莲	设计部	经理	7000	700	1400	0	200	0	728	45.5	182	728	306.65	7309.85
0007	周菁	销售部	主管	4000	600	600	3800	200	0	416	26	104	416	392.6	7845.4
0008	张小艳	采购部	经理	7000	500	1400	0	200	0	712	44.5	178	712	290.35	7163.15
0009	朱琳	销售部	员工	2000	50	200	2750	200	0	180	11.25	45	180	38.5125	4745.2375
0010	张天华	生产部	员工	2000	50	200	0	0	200	180	11.25	45	180	0	1633.75
0011	辛欣悦	人事部	主管	5000	400	750	0	0	50	492	30.75	123	492	43.8675	4918.3825
0012	何珏	设计部	主管	5000	300	750	0	200	0	484	30.25	121	484	58.075	5072.675
0013	吴呈亭	销售部	员工	2000	50	200	1840	200	0	180	11.25	45	180	11.2125	3862.5375

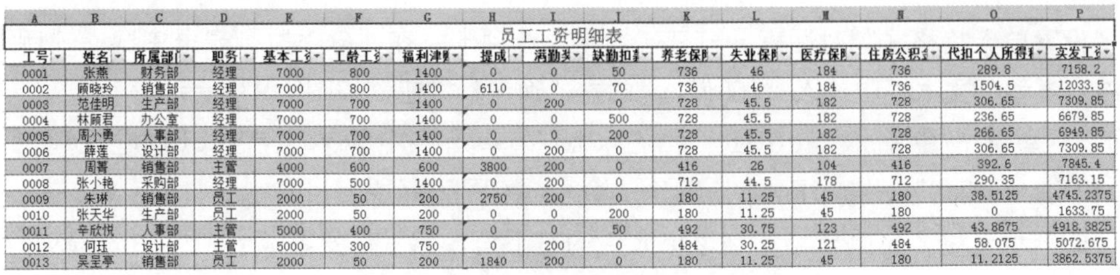

图5-89　最终效果

5.3 人见人爱的工资条

工资条，是一张清单，分纸质版和电子版两种，记录着每个员工的月收入分项和收入总额。工资条是财务人员发放工资的依据，也是员工查看工资详细信息的凭据。

5.3.1 制作工资条

工资条应该包括工资明细表中的各个组成部分，如基本工资、提成、应扣个人所得税等项目。

1. COLUMN函数

COLUMN函数是用来返回指定单元格引用的列标，该函数的语法格式为：

```
COLUMN([reference])
```

参数reference表示要返回其列标的单元格或单元格区域，如果省略reference，则是假定对函数COLUMN所在单元格的引用；如果reference为一个单元格区域，并且函数COLUMN作为水平数组输入，则函数COLUMN将reference中的列标以水平数组的形式返回reference不能引用多个区域。

2. 创建员工工资条

【例5-9】根据工资明细表，制作员工工资条。

01 打开"工资明细表"工作表，选中标题行，即选中"A2：P2"单元格区域，按"Ctrl+C"组合键，复制标题行，如图5-90所示。

02 切换到"工资条"工作表，单击"A2"单元格，按"Ctrl+V"组合键进行粘贴，然后输入标题，构建工资条的基本框架，如图5-91所示。

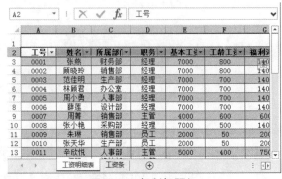

图5-90 复制标题行

图5-91 构建工资条基本框架

03 在"A3"单元格上单击鼠标右键，弹出快捷菜单，从中选择"设置单元格格式"选项，如图5-92所示。

04 弹出"设置单元格格式"对话框，打开"数字"选项卡，在"分类"列表框中选择"自定义"选项，在"类型"文本框中输入"000#"，单击"确定"按钮，如图5-93所示。

05 在"A3"单元格中输入"0001"，在"B3"单元格中输入"=VLOOKUP($A3,工资明细表!$A:$P,COLUMN(),0)"，按"Enter"键确认输入，如图5-94所示。

06 选中"B3"单元格，将鼠标移动到该单元格的右下角，当鼠标变成"+"时，按住鼠标左键，向右移动鼠标，填充公式，如图5-95所示。

图5-92 选择"设置单元格格式"选项

图5-93 "设置单元格格式"对话框

图5-94 输入引用公式

图5-95 向右填充公式

⑦ 选中"A1：P3"单元格区域，将鼠标移动到"P3"单元格的右下角，当鼠标变成"+"时，按住鼠标左键，向下移动鼠标，批量生成工资条，如图5-96所示。

⑧ 当所有员工的工资条都生成后，松开鼠标，最终效果如图5-97所示。

图5-96 向下填充公式

图5-97 最终效果

5.3.2 工资条的打印

制作好工资条后，需要将其打印出来，打印工资条，需要进行打印设置，包括设置纸张大小、打印方向，页面边距等。

【例5-10】打印工资条。

① 打开"工资条"工作表，执行"文件—打印"命令，单击"纸张大小"按钮，弹出下拉列表，从中选择"A4"选项，如图5-98所示，将使用A4纸进行打印。

02 单击"方向"按钮，弹出下拉列表，从中选择"横向"选项，如图5-99所示。将工资条横向打印在A4纸上。

图5-98 设置纸张大小

图5-99 设置打印方向

03 单击"页边距"按钮，弹出下拉列表，从中选择"自定义边距"选项，如图5-100所示。

04 弹出"页面设置"对话框，打开"工作表"选项卡，将上下左右的边距都设置为"0.6"，其他保持默认不变，单击"确定"按钮，如图5-101所示。

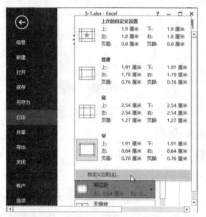

图5-100 选择"自定义边距"选项

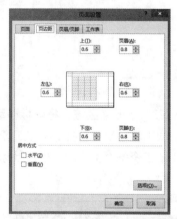

图5-101 "页面设置"对话框

05 单击"缩放"按钮，弹出下拉列表，从中选择"将所有列调整为一页"选项，如图5-102所示。

06 在"页数"增量框中输入"1"，在"至"增量框中输入"3"，如图5-103所示。设置打印区域。

图5-102 选择"将所有列调整为一页"选项

图5-103 设置打印区域

07 此时，可以预览打印的效果，如图5-104所示。如果对预览效果满意，可以单击"打印"按钮，进行打印即可。

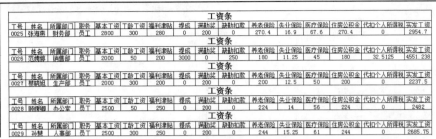

图5-104　预览打印效果

5.4 实用的工资发放表

现在将工资以现金的形式发放到员工手中的现象已经越来越少，更多的是银行代发。每个月财务人员需要向银行提交一份员工工资报表，银行则根据这张报表将员工工资发放到各自的工资卡中，这张报表就是工资发放表。

5.4.1 工资发放表的制作

工资发放表中包含员工的姓名、卡号、实发工资金额等。银行的工作人员会根据这张发放表，将员工的工资打到员工的工资卡上。

【例5-11】根据工资明细表，创建工资发放表。

01 单击"新工作表"按钮，新建一个工作表，将其重命名为"工资发放表"，如图5-105所示。

02 在表格中输入基本信息，设置其格式，从员工基本信息表中将工号和姓名复制过来，如图5-106所示。

图5-105　新建工作表

图5-106　输入基本信息

03 选中"C3：C38"单元格区域，单击鼠标右键，弹出快捷菜单，从中选择"设置单元格格式"选项，如图5-107所示。

04 弹出"设置单元格格式"对话框，打开"数字"选项卡，在"分类"列表框中选择"文本"选项，单击"确定"按钮，如图5-108所示。

05 选中"D3：D38"单元格区域，打开"开始"选项卡，单击"数字"命令组中的"数字格式"按钮，从下拉列表中选择"会计专用"选项，如图5-109所示。

06 输入员工账号,选中"D3"单元格,在其中输入"=VLOOKUP(A3,工资明细表!$A:$P,16)",按
"Enter"键确认输入,如图5-110所示。

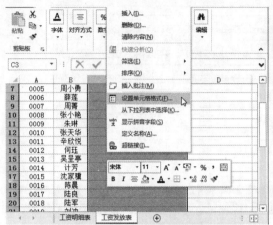

图5-107　选择"设置单元格格式"选项　　　　图5-108　"设置单元格格式"对话框

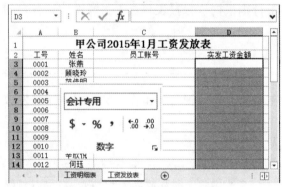

图5-109　设置成会计专用格式

图5-110　输入公式

07 将鼠标移动到"D3"单元格的右下角,当鼠标变成"+"时,按住鼠标左键,向下移动鼠标,填
充公式,如图5-111所示。

08 为表格添加边框,至此,员工工资发放表就制作完成了,如图5-112所示。

图5-111　向下填充公式

图5-112　最终效果

5.4.2　转化为文本文件

Excel文件,不仅可以转化为Word文件、PowerPoint文件,还可以转化为文本文件,并以文本

文件的形式保存。

【例5-12】将工资发放表转化成文本文件。

01 打开工资发放表，单击"文件"按钮，如图5-113所示。

02 在页面左边的列表框中选择"另存为"选项，如图5-114所示。

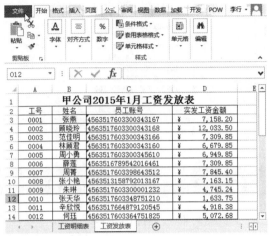

图5-113 单击"文件"按钮

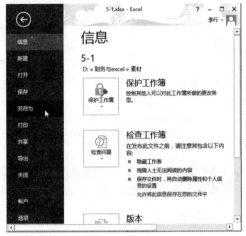

图5-114 执行"另存为"命令

03 选择"计算机"选项，单击"浏览"按钮，如图5-115所示。

04 弹出"另存为"对话框，将文件名修改为"工资发放表"，在"保存类型"下拉列表中选择"文本文件（制表符分隔）（*.txt）"选项，单击"保存"按钮，如图5-116所示。

图5-115 单击"浏览"按钮

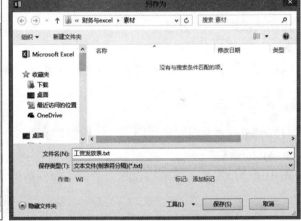

图5-116 "另存为"对话框

05 弹出提示对话框1，单击"确定"按钮，如图5-117所示。弹出提示对话框2，继续单击"是"按钮，如图5-118所示。

图5-117 提示1

图5-118 提示2

06 打开"素材"对话框，在"工资发放表"上双击鼠标左键，如图5-119所示。打开工资发放表，如图5-120所示。

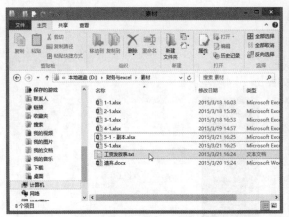

图5-119　"素材"对话框　　　　　　图5-120　查看文本格式的工资发放表

5.5　上机实训

通过对本章内容的学习，读者对使用Excel进行工资核算有了更深的了解。下面再通过两个实训操作来温习和拓展前面所学的知识。

5.5.1　原来零钱统计表是这样的

企业发放现金时，会计人员时常为统计各个面值的零钞数目犯愁。零钱统计表就可以解决这个问题。下面介绍创建零钱统计表的相关操作。

1. 相关函数

● INT函数

INT函数是用来返回参数的整数部分，该函数的语法格式为：

```
INT(number)
```

参数number表示需要进行向下舍入取整的实数。

● MOD函数

MOD函数是用来返回两数相除的余数，该函数的语法格式为：

```
MOD(number,divisor)
```

参数number表示被除数；参数divisor表示除数，divisor不能为0。

2. 创建零钱统计表

根据需要发放的金额，统计需要多少张各面值的零钞。

01 单击"新工作表"按钮，新建工作表，将其命名为"零钱统计表"，如图5-121所示。

02 在工作表中构建零钱统计表的基本框架，输入基本数据，添加边框并设置格式，如图5-122所示。

03 计算需要多少张100元钞票。选中"B3"单元格，在其中输入"=INT(A3/100)"，按"Enter"键确认输入，如图5-123所示。

04 计算需要多少张50元钞票。选中"C3"单元格，在其中输入"=MOD(INT(A3/50),2)"，按"Enter"键确认输入，如图5-124所示。

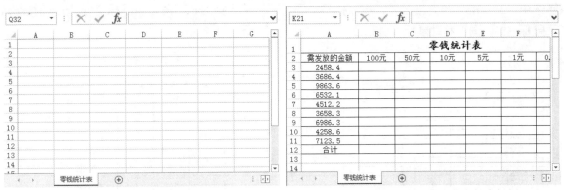

图5-121　新建工作表　　　　　　　　　　图5-122　构建零钱统计表基本框架

图5-123　计算需要100元钞票多少张　　　图5-124　计算需要50元钞票多少张

⑤ 计算需要多少张10元钞票。选中"D3"单元格，在其中输入"=INT(MOD(A3,50)/10)"，按
　　"Enter"键确认输入，如图5-125所示。

⑥ 计算需要多少张5元钞票。选中"E3"单元格，在其中输入"=MOD(INT(A3/5),2)"，按"Enter"键
　　确认输入，如图5-126所示。

图5-125　计算需要10元钞票多上张　　　图5-126　计算需要5元钞票多少张

⑦ 计算需要多少张1元钞票。选中"F3"单元格，在其中输入"=INT(MOD(A3,5))"，按"Enter"键
　　确认输入，如图5-127所示。

⑧ 计算需要多少张0.5元钞票。选中"G3"单元格，在其中输入"=MOD(INT(A3*2),2)"，按"Enter"
　　键确认输入，如图5-128所示。

⑨ 计算需要多少张0.1元钞票。选中"H3"单元格，在其中输入"=INT(MOD(A3*10,5))"，按
　　"Enter"键确认输入，如图5-129所示。

⑩ 选中"B3：H3"单元格区域，将鼠标移动到"H3"单元格的右下角，当鼠标变成"+"时，按住鼠标左键，向下移动鼠标，填充公式，如图5-130所示。

图5-127　计算需要1元钞票多少张　　　图5-128　计算需要0.5元钞票多少张

图5-129　计算需要0.1元钞票多少张　　　图5-130　向下填充公式

⑪ 计算总共需要多少张100元钞票。选中"H12"单元格，在其中输入"=SUM(B3:B11)"，按"Enter"键确认输入，如图5-131所示。

⑫ 选中"H12"单元格，将鼠标移动到"H12"单元格的右下角，当鼠标变成"+"时，按住鼠标左键，向右移动鼠标，填充公式，最终的效果如图5-132所示。

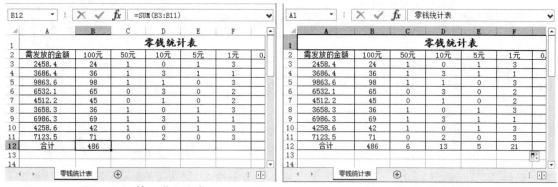

图5-131　输入求和公式　　　图5-132　最终效果

5.5.2　查询员工工资

为了方便查询员工的工资，用户可以通过公式创建员工工资查询系统。通过设置查询条件，查询指定条件的员工工资情况。

1. ISNA函数

ISNA函数是用来检测一个值是否为"#N/A"。该函数的语法格式为：

```
ISNA(value)
```

参数value表示要检验的值，可以是空白、错误值、逻辑值、文本、数字、引用值，或者引用要检验的以上任意值的名称，value是不可转换的。如果value引用错误值#N/A（值不存在），则返回逻辑值TRUE，否则返回FALSE。

2. 创建员工工资查询系统

01 单击"新工作表"按钮，新建工作表，将其重命名为"工资查询系统"，如图5-133所示。

02 在工作表中构建查询系统的基本框架，设置文字格式，为表格添加边框，如图5-134所示。

图5-133 新建工作表　　　　　　图5-134 构建查询系统基本框架

03 在表格的"S1：V39"单元格区域，设置查询提示，查询提示中包含员工工号、姓名、所属部门和职务的信息，如图5-135所示。

04 选中"D1"单元格，打开"数据"选项卡，单击"数据工具"命令组中的"数据验证"按钮，弹出下拉列表，从中选择"数据验证"选项，如图5-136所示。

图5-135 新建查询提示　　　　　　图5-136 选择"数据验证"选项

05 弹出"数据验证"对话框，打开"设置"选项卡，在"允许"下拉列表中选择"序列"选项，在"来源"文本框中输入"=$S$3:$V$3"，单击"确定"按钮，如图5-137所示。

06 返回工作表编辑区后，单击"D1"单元格右侧的下拉按钮，弹出下拉列表，从中选择"工号"选项，如图5-138所示。

07 选中"E1"单元格，打开"数据验证"对话框，打开"设置"选项卡，在"允许"下拉列表中选择"序列"选项，在"来源"文本框中输入"=IF($D$1="工号",$S$4:$S$39,IF($D$1="姓名

",$T$4:$T$39,IF($D$1="所属部门",$U$4:$U$9,IF($D$1="职务",$V$10:$V$12))))"，如图5-139所示。

⑧ 单击"确定"按钮后，单击"E1"单元格右侧的下拉按钮，弹出下拉列表，从中选择"0001"选项。接着在"A4"单元格中输入"1"，在"A5"单元格中输入"2"，选中""单元格区域，将鼠标移动到"A4：A5"单元格右下角，当鼠标变成"+"时，按住鼠标左键，向下移动鼠标，填充数列，如图5-140所示。

图5-137 "数据验证"对话框

图5-138 选择"工号"选项

图5-139 "数据验证"对话框

图5-140 形成序列

⑨ 切换到工资明细表，在"工号"列前插入一列，用来辅助公式的使用。选中"A3"单元格，在其中输入"=IF(IF(工资查询系统!$D$1="工号",B3,IF(工资查询系统!$D$1="姓名",C3,IF(工资查询系统!$D$1="所属部门",D3,IF(工资查询系统!$D$1="职务",E3))))=工资查询系统!$E$1,A2+1,A2)"，按"Enter"键确认输入，如图5-141所示。

⑩ 将"A3"单元格中的公式填充到其下方的单元格中。切换到工资查询系统，选中"B4"单元格，在其中输入"=IF(ISNA(VLOOKUP($A4,工资明细表!$A:$Q,COLUMN(B$1),0)),"",VLOOKUP($A4,工资明细表!$A:$Q,COLUMN(B$1),0))"，按"Enter"键确认输入，如图5-142所示。

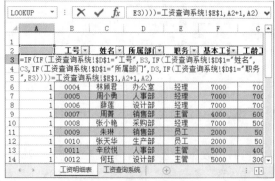

图5-141 输入公式

图5-142 输入引用公式

⑪ 选中“B4”单元格，将鼠标移动到该单元格的右下角，当鼠标变成“+”时，按住鼠标左键，向右移动鼠标，填充公式，如图5-143所示。

⑫ 选中“B4: Q4”单元格区域，将鼠标移动到“Q4”单元格的右下角，当鼠标变成“+”时，按住鼠标左键，向下移动鼠标，填充公式，如图5-144所示。

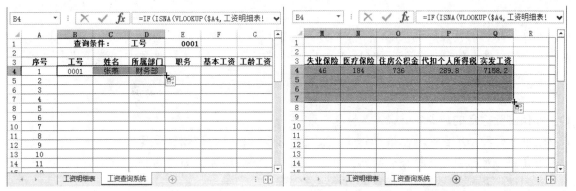

	A	B	C	D	E	F	G
1		查询条件：		工号	0001		
2							
3	序号	工号	姓名	所属部门	职务	基本工资	工龄工资
4	1	0001	张燕	财务部			
5	2						
6	3						
7	4						
8	5						
9	6						
10	7						
11	8						
12	9						
13	10						
14	11						

图5-143 向右填充公式

	M	N	O	P	Q	R
1						
2						
3	失业保险	医疗保险	住房公积金	代扣个人所得税	实发工资	
4	46	184	736	289.8	7158.2	
5						
6						
7						
8						
9						
10						
11						
12						
13						
14						

图5-144 向下填充公式

⑬ 这样，工资查询系统就完成了，单击“D1”单元格右侧的下拉按钮，从弹出的下拉列表中选择“所属部门”，单击“E1”单元格右侧的下拉按钮，从弹出的下拉列表中选择“设计部”，此时，在表格中就会显示设计部所有员工的工资情况，如图5-145所示。

⑭ 单击“D1”单元格右侧的下拉按钮，从弹出的下拉列表中选择“职务”，单击“E1”单元格右侧的下拉按钮，从弹出的下拉列表中选择“经理”，此时，在表格中就会显示所有职务是经理的工资情况，如图5-146所示。

	A	B	C	D	E	F	G
1		查询条件：		所属部门	设计部		
2							
3	序号	工号	姓名	所属部门	职务	基本工资	工龄工资
4	1	0006	薛莲	设计部	经理	7000	700
5	2	0012	何珏	设计部	主管	5000	300
6	3	0014	计芳	设计部	员工	3500	300
7	4	0022	王效玮	设计部	员工	3500	200
8	5	0024	刘逸	设计部	员工	3500	50
9	6						
10	7						
11	8						
12	9						
13	10						
14	11						

图5-145 查询设计部工资情况

	A	B	C	D	E	F	G
1		查询条件：		职务	经理		
2							
3	序号	工号	姓名	所属部门	职务	基本工资	工龄工资
4	1	0001	张燕	财务部	经理	7000	800
5	2	0002	顾晓玲	销售部	经理	7000	800
6	3	0003	范佳明	生产部	经理	7000	700
7	4	0004	林顾君	办公室	经理	7000	700
8	5	0005	周小勇	人事部	经理	7000	700
9	6	0006	薛莲	设计部	经理	7000	700
10	7	0008	张小艳	采购部	经理	7000	500
11	8						
12	9						
13	10						
14	11						

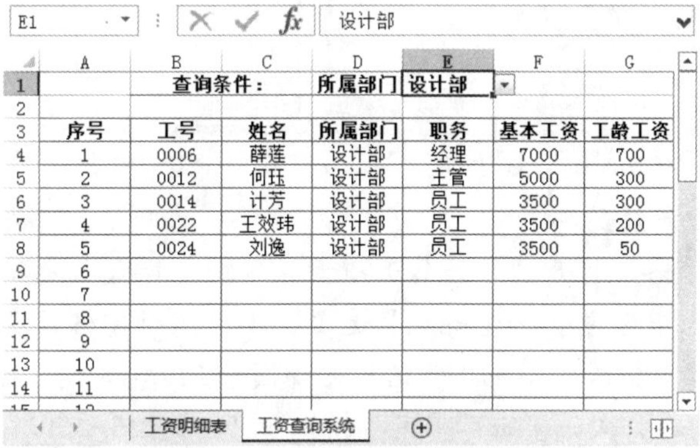

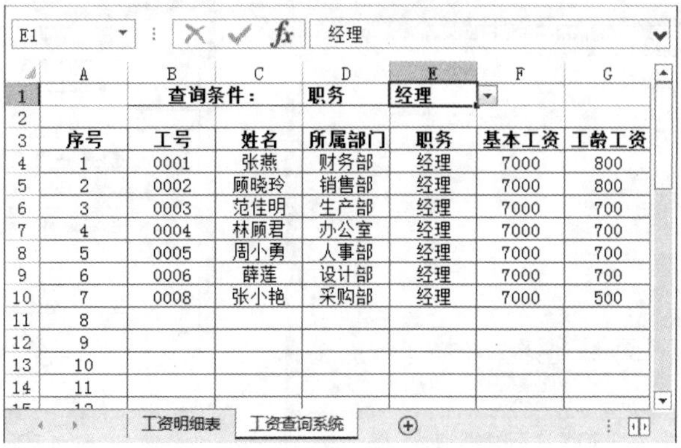

图5-146 查询经理的工资情况

下面将对学习过程中常见的疑难问题进行汇总，以帮助读者更好地理解前面所讲的内容。

Q： 在Excel的单元格中出现"#NUM!"错误信息是什么意思？

A： 当公式或函数中使用了不正确的数字时，会出现这种情况。这时应确认函数中使用的参数类型的正确性，然后修改公式，使其结果在−10307到+10307范围内即可。

Q： 如何将默认的计算模式更改为"手动计算"模式？

A： 单击"文件—选项"命令，弹出"Excel"对话框，打开"公式"选项卡，选择"手动重算"单选项，单击"确定"按钮即可，如图5-147所示。

Q： 如何删除重复的数据？

A： 选中重复数据所在的单元格，打开"数据"选项卡，单击"删除重复项"按钮，弹出"删除重复项"对话框，选择合适的列，单击"确定"按钮即可，如图5-148所示。

图5-147　"Excel选项"对话框　　　　　图5-148　"删除重复项"对话框

Q： 如何在条件格式中设置公式？

A： 选中数据所在的单元格，打开"开始"选项卡，单击"样式"命令组中的"条件格式"按钮，弹出的下拉列表中选择"新建规则"选项，弹出"新建格式规则"对话框，从中选择"使用公式确定要设置格式的单元格"选项，如图5-149所示。然后在"为符合公式的值设置格式"编辑框中输入公式，单击"确定"按钮即可，如图5-150所示。

图5-149　"新建格式规则"对话框　　　　　图5-150　输入公式

为了让用户能够更好地掌握使用Excel软件分析员工工资，并使用图表进行分析，用户可以做做下面的练习。

对工资明细表进行筛选

本例将帮助用户练习筛选操作，在工资明细中，筛选符合条件的数据，如筛选人事部的工资信息，如图5-151所示，筛选实发工资前8名员工的信息，如图5-152所示。

图5-151 最终效果1　　　　　　　　图5-152 最终效果2

操作提示

① 筛选出人事部员工的工资信息；

② 筛选出实发工资前8名员工的工资信息；

③ 对前8名员工的工资进行排序。

对部门工资进行分析

本例将帮助用户练习使用数据透视表汇总数据，使用数据透视图分析数据，最终效果如图5-153和图5-154所示。

图5-153 最终效果1

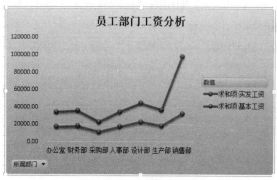

图5-154 最终效果2

操作提示

① 使用工资明细表创建数据透视表；

② 设置数据透视表；

③ 使用数据透视表创建数据透视图；

④ 美化数据透视图。

第6章

固定资产的核算很简单

本章概述　　固定资产是指企业用于生产商品或提供劳务、出租给他人，或为行政管理目的而持有的，预计使用年限超过一年的具有实物形态的资产。固定资产的核算、管理非常的繁琐，造成了固定资产难以管理的现状。但是固定资产在企业资产总额中占有相当大的比重，是企业进行经营活动的物质基础。因此，对固定资产的核算管理是非常重要的工作。

知识要点
- 制作固定资产管理表
- 对固定资产进行筛选
- 固定资产的折旧处理
- 对折旧费用进行分析

6.1　盘点固定资产勿遗漏

固定资产是指企业用于生产商品或提供劳务、出租给他人，或为行政管理目的而持有的，预计使用年限超过一年的具有实物形态的资产。固定资产有4个主要特征，分别是固定资产是有形资产；可供企业长期使用；不以投资和销售为目的；具有可衡量的未来经济利益。

6.1.1　编制固定资产管理表

企业为了方便系统地管理固定资产，常常会编制固定资产管理表，在该表中记录固定资产的名称、使用情况、原值等信息，通过该表，可以方便地进行固定资产盘点。

【例6-1】创建固定资产管理表，统计固定资产情况。

01 新建一个工作簿，将其中的"Sheet1"工作表重命名为"固定资产管理表"，如图6-1所示。

02 在表中输入标题和列表题，并设置标题的字体和对齐方式，如图6-2所示。

图6-1　新建工作表　　　　　　　　　　图6-2　构建框架

03 选中"A4：A30"单元格区域，打开"开始"选项卡，单击"数字"命令组中的对话框启动器，如图6-3所示。

04 弹出"设置单元格格式"对话框，打开"数字"选项卡，在"分类"列表框中选择"自定义"选项，在"类型"文本框中输入"00#"，单击"确定"按钮，如图6-4所示。

图6-3 单击对话框启动器

图6-4 "设置单元格格式"对话框

05 选中"B4：B30"单元格区域，打开"数据"选项卡，单击"数据工具"命令组中的"数据验证"按钮，弹出下拉列表，从中选择"数据验证"选项，如图6-5所示。

06 弹出"数据验证"对话框，打开"设置"选项卡，在"允许"下拉列表中选择"序列"选项，在"来源"文本框中输入"房屋，电子设备，办公设备，机械设备，生产设备，运输设备"，单击"确定"按钮，如图6-6所示。

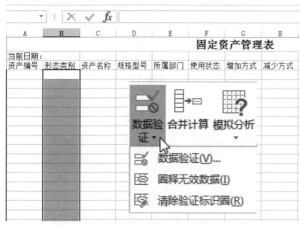

图6-5 选择"数据验证"选项

图6-6 "数据验证"对话框

07 选中"F4：F30"单元格区域，打开"数据验证"对话框，打开"设置"选项卡，在"允许"下拉列表中选择"序列"选项，在"来源"文本框中输入"在用，季节性停用，停用，报废"，单击"确定"按钮，如图6-7所示。

08 选中"G4：G30"单元格区域，打开"数据验证"对话框，打开"设置"选项卡，在"允许"下拉列表中选择"序列"选项，在"来源"文本框中输入"自建，直接购入,投资者投入，捐赠，在建工程转入，调拨"，单击"确定"按钮，如图6-8所示。

09 选中"H4：H30"单元格区域，打开"数据验证"对话框，打开"设置"选项卡，在"允许"下拉列表中选择"序列"选项，在"来源"文本框中输入"出售,调拨,投资,报废"，单击"确定"按钮，如图6-9所示。

10 选中"B2"单元格，在其中输入"=TODAY()"，按"Enter"键确认输入，此时，在该单元格中将显示当前日期，如图6-10所示。

图6-7 "数据验证"对话框

图6-8 "数据验证"对话框

图6-9 "数据验证"对话框

图6-10 显示当前时间

⑪ 选中"K4"单元格，在其中输入"=DAYS360(I4,$B$2)/360"，如图6-11所示。按"Enter"键确认输入，计算固定资产已使用年限。

⑫ 在固定资产管理表中输入相关数据，最终效果如图6-12所示。

图6-11 计算已使用年限   图6-12 最终效果

6.1.2 固定资产的增减

在实际经营中，企业的固定资产也是随时发生变化的。固定资产可以通过自建、接受捐赠、直接购买等途径增加，也会通过报废、出售等途径减少。无论是固定资产的增加、减少还是部门之间的调拨都要计入固定资产的核算之中。

1. 固定资产的增加

企业于2015年3月23日，为销售部购入戴尔电脑一台，价值5000元，使用年限是6年。

【例6-2】在固定资产统计表中，使用记录单添加固定资产信息。

01 打开固定资产管理表，选中"A4：L13"单元格区域，打开"数据"选项卡，单击"记录单"命令组中的"记录单"按钮，如图6-13所示。

图6-13 单击"记录单"按钮

02 弹出"固定资产管理表"对话框，在对话框中显示了固定资产管理表中的第一条信息，单击"新建"按钮，如图6-14所示。

03 弹出一个空白的记录单，其中列出了固定资产的各个属性，如图6-15所示。

04 在对应的文本框中输入固定资产的信息，然后单击"关闭"按钮，如图6-16所示。

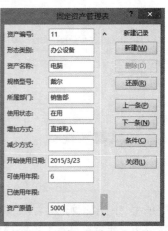

图6-14 单击"新建"按钮　　图6-15 空白记录单　　图6-16 输入固定资产信息

05 此时，在固定资产管理表中，就添加了一条固定资产记录，如图6-17所示。

当前日期：	2015/3/23								单位：	元	
资产编号	形态类别	资产名称	规格型号	所属部门	使用状态	增加方式	减少方式	开始使用日期	可使用年限	已使用年限	资产原值
001	房屋	厂房	3000平方米	生产部	在用	自建		2012/5/8	30	2.88	12000000.00
002	房屋	仓库	1000平方米	销售部采购部	在用	自建		2012/5/8	30	2.88	4000000.00
003	房屋	办公楼	1000平方米	所有部门	在用	自建		2012/5/8	30	2.88	4000000.00
004	办公设备	电脑	联想	财务部	在用	直接购入		2012/5/7	6	2.88	4000.00
005	办公设备	传真机	华威	人事部	在用	直接购入		2012/6/9	6	2.79	3000.00
006	办公设备	复印机	惠普	财务部	在用	直接购入		2012/7/3	5	2.72	8000.00
007	办公设备	扫描仪	华威	财务部	在用	直接购入		2012/10/11	5	2.45	1000.00
008	办公设备	空调	格力	研发部	在用	直接购入		2012/12/11	5	2.28	4000.00
009	办公设备	饮水机	美的	生产部	在用	直接购入		2013/1/2	4	2.23	200.00
010	运输设备	货车	10吨	生产部	在用	直接购入		2013/1/3	10	2.22	440000.00
011	办公设备	电脑	戴尔	销售部	在用	直接购入		2015/3/23	6	0.00	5000.00

图6-17 添加一条固定资产信息

2. 固定资产的减少

固定资产随着使用年限到期，或者其他原因无法继续使用时，需要将固定资产处理掉，这时，在固定资产管理表中需要修改其使用状态，并注明其减少方式。

【例6-3】固定资产减少的处理（生产部的一辆货车由于发生交通事故，车身严重损毁，只能将其作报废处理）。

01 打开固定资产管理表，选中"A3：L3"单元格区域，即列标题，如图6-18所示。

02 打开"数据"选项卡，单击"排序和筛选"命令组中的"筛选"按钮，如图6-19所示。

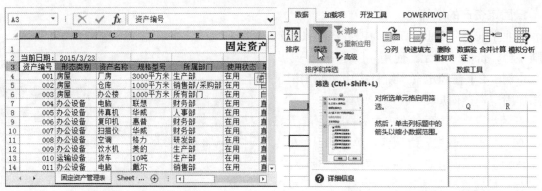

图6-18 选中列标题	图6-19 单击"筛选"按钮

03 为列标题添加下拉按钮后,单击"资产编号"的下拉按钮,弹出下拉列表,在"搜索"文本框中输入"010",单击"确定"按钮,如图6-20所示。

04 单击"F13"单元格右侧的下拉按钮,弹出下拉列表,从中选择"报废"选项,如图6-21所示。

图6-20 进行筛选	图6-21 选择"报废"选项

05 单击"H13"单元格右侧的下拉按钮,弹出下拉列表,从中选择"报废"选项,如图6-22所示。

06 单击"排序和筛选"命令组中的"清除"按钮,退出筛选状态,最终效果如图6-23所示。

图6-22 选择"报废"选项	图6-23 最终效果

3. 部门之间固定资产的调拨

有时企业某个部门需要的固定资产,恰好别的部门有,而且该部门不需要了,可以将该固定资产从一个部门调拨到另一个部门。

【例6-4】将资产编号为"006"的复印机从财务部调拨到人事部。

01 打开固定资产管理表,找到资产编号为"006"的复印机的记录,选中"E9"单元格,将"财务部"修改为"人事部",如图6-24所示。

02 单击"G9"单元格右侧的下拉按钮，弹出下拉列表，从中选择"调拨"选项，如图6-25所示。这样就完成了固定资产的调拨。

图6-24　修改所属部门　　　　　　　　　　图6-25　选择"调拨"选项

6.2 快速进行固定资产的查询

用户创建固定资产管理表是用来管理固定资产的，当该表中的数据非常多时，为了尽快找到需要查看的数据，用户可以使用Excel的筛选功能。

6.2.1　使用高级筛选进行查询

如果用户想要进行复杂的筛选，就需要使用高级筛选。首先设置好筛选的条件，然后通过条件对指定的区域进行筛选。高级筛选可以将筛选结果显示在表格中，也可以显示在工作表的其他位置。

1. 在原始位置显示筛选信息

【例6-5】筛选出办公设备中原值大于3000元的固定资产。

01 打开固定资产管理表，选中E列到K列单元格区域，如图6-26所示。通过设置将选中的区域隐藏起来。

02 打开"开始"选项卡，单击"单元格"命令组中的"格式"按钮，弹出下拉列表，从中选择"隐藏和取消隐藏—隐藏列"选项，如图6-27所示。

图6-26　选择列区域　　　　　　　　　　图6-27　选择"隐藏列"选项

03 在"N1：O3"单元格区域内，设置筛选条件，要求筛选出办公设备中资产原值大于3000元的固定资产，如图6-28所示。

04 打开"数据"选项卡，单击"排序和筛选"命令组中的"高级"按钮，如图6-29所示。

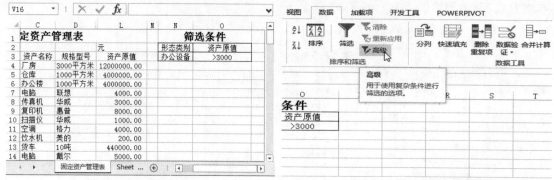

图6-28　设置筛选条件　　　　　　　　　　图6-29　单击"高级"按钮

05 弹出"高级筛选"对话框，选择"在原有区域显示筛选结果"单选项，单击"列表区域"文本框中的"折叠"按钮，如图6-30所示。

06 对话框被折叠，使用鼠标选择待筛选的区域，然后再次单击"折叠"按钮，如图6-31所示。

07 返回"高级筛选"对话框的展开状态后，单击"条件区域"文本框的"折叠"按钮，然后选择筛选条件，再次单击"折叠"按钮，如图6-32所示。

08 返回"高级筛选"对话框的展开状态后，可以看到在列表区域和条件区域都包含了选定的单元格区域地址，单击"确定"按钮，如图6-33所示。

图6-30　"高级筛选"对话框

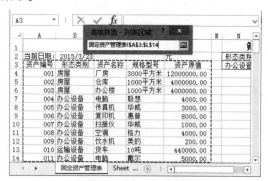

图6-31　选择列表区域

图6-32　选择条件区域

09 此时，在固定资产管理表的原有区域就显示了筛选的结果，如图6-34所示。

图6-33　单击"确定"按钮

图6-34　筛选后的效果

2. 在其他位置显示筛选信息

【例6-6】筛选出办公设备中原值小于等于4000元的固定资产，并将筛选结果在其他位置进行显示。

01 打开固定资产管理表，重新设置筛选条件，筛选出办公设置中原值小于等于4000元的固定资产，如图6-35所示。

02 弹出"高级筛选"对话框，选择"将筛选结果复制到其他位置"单选项，然后单击"列表区域"文本框中的"折叠"按钮，如图6-36所示。

图6-35　重新设置筛选条件

图6-36　单击"折叠"按钮

03 此时，"高级筛选"对话框被折叠，在工作表中选择待筛选的单元格区域，然后单击"折叠"按钮，如图6-37所示。

04 返回"高级筛选"对话框的展开状态后，单击"条件区域"文本框的"折叠"按钮，然后选择筛选条件，再次单击"折叠"按钮，如图6-38所示。

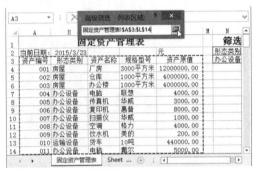

图6-37　选择列表区域

图6-38　选择条件区域

05 返回"高级筛选"对话框的展开状态后，单击"复制到"文本框中的"折叠"按钮，如图6-39所示。

06 选择存放筛选结果的单元格，此处选择"A16"，再次单击"折叠"按钮，如图6-40所示。

图6-39　单击"折叠"按钮

图6-40　选择存放单元格

07 返回"高级筛选"对话框的展开状态，单击"确定"按钮，如图6-41所示。返回工作表编辑区，可以看到在指定的单元格中显示了筛选的结果，如图6-42所示。

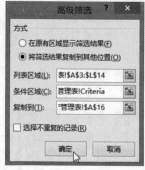

图6-41 单击"确定"按钮

图6-42 最终效果

6.2.2 使用自定义筛选进行查询

自定义筛选在筛选数据时允许用户为筛选设定条件，可以进行比较复杂的筛选操作。自定义筛选是基于自动筛选的基础之上的，包括文本筛选、数字筛选和日期筛选等。

【例6-7】对固定资产管理表进行自定义筛选（同时使用文本筛选、日期筛选和数字筛选）。

01 选中D列和L列单元格，单击鼠标右键，弹出快捷菜单，从中选择"取消隐藏"选项，如图6-43所示。

02 此时，被隐藏的列就显示出来了，如图6-44所示。为列标题添加下拉按钮。

图6-43 选择"取消隐藏"选项

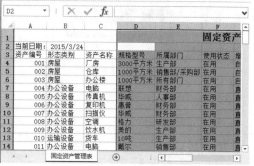

图6-44 显示隐藏的列

03 单击"形态类别"下拉按钮，弹出下拉列表，从中选择"文本筛选"选项，如图6-45所示。

04 弹出"自定义自动筛选方式"对话框，在"结尾是"文本框后面的文本框中输入"设备"，单击"确定"按钮，如图6-46所示。

图6-45 选择"文本筛选—结尾是"选项

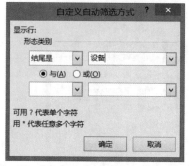

图6-46 "自定义自动筛选方式"对话框

⑤ 单击"开始使用日期"下拉按钮，弹出下拉列表，从中选择"日期筛选—介于"选项，如图6-47所示。

⑥ 弹出"自定义自动筛选方式"对话框，在对话框中设置时间段，然后单击"确定"按钮，如图6-48所示。

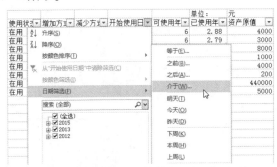

图6-47 选择"日期筛选—介于"选项　　　图6-48 "自定义自动筛选方式"对话框

⑦ 单击"可使用年限"下拉按钮，弹出下拉列表，从中选择"数字筛选—等于"选项，如图6-49所示。

⑧ 弹出"自定义自动筛选方式"对话框，在指定文本框中输入"5"，单击"确定"按钮，如图6-50所示。

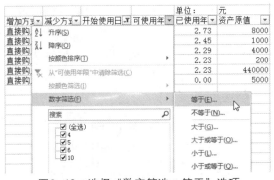

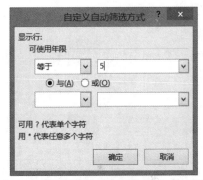

图6-49 选择"数字筛选—等于"选项　　　图6-50 "自定义自动筛选方式"对话框

⑨ 返回固定资产管理表编辑区，可以看到经过自定义筛选后的结果，如图6-51所示。

图6-51 筛选后的结果

6.3 轻松驾驭固定资产的折旧处理

固定资产折旧是指在固定资产使用寿命内，按照确定的方法对应计折旧额进行系统分摊。折旧的核算问题，实际是固定资产的成本分摊问题。计提固定资产折旧的目的是为了进行固定资产的价值补偿，保证将来有能力更新固定资产，同时，是为了把固定资产成本分配到各个收益期，实现收入和费用的合理配比，以便正确的计算各期损益。

6.3.1 固定资产折旧统计表

计提固定资产折旧的方法有很多种，包括平均年限法、工作量法、年数总和法、双倍余额递减法等。在计提折旧前，需要创建固定资产折旧统计表。

【例6-8】编制固定资产折旧统计表。

01 新建一个名为"固定资产折旧统计表"的工作表，在其中输入标题和列标题，并设置格式，添加边框，如图6-52所示。

02 在表格中输入基本数据，并设置当前日期，如图6-53所示。

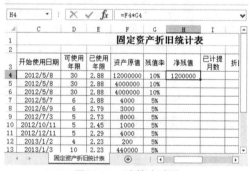

图6-52　新建表格

图6-53　输入基本数据

03 选中"H4"单元格，在其中输入"=F4*G4"，按"Enter"键确认输入，如图6-54所示。计算净残值。

04 选中"I4"单元格，在其中输入"=INT(DAYS360(C4,$B$2)/30)"，按"Enter"键确认输入，如图6-55所示。计算已计提月数。

图6-54　计算净残值

图6-55　计算已计提月数

05 选中"H4：I4"单元格区域，将鼠标移动到"I4"单元格的右下角，当鼠标变成"+"时，按住鼠标左键，向下移动鼠标，填充公式，如图6-56所示。最终效果如图6-57所示。

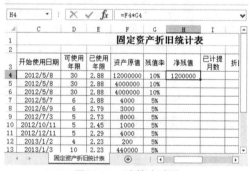

图6-56　向下填充公式

图6-57　最终效果

6.3.2 平均年限法

平均年限法，又称直线法，是将固定资产的应计提折旧额均衡的分摊到各期的一种方法。用平均年限法计算的每个月份和年份的折旧额是相等的。

1. 计算公式

● 年折旧额=（固定资产原值-预计净残值）/预计使用年限

● 月折旧额=固定资产年折旧额/12

● 年折旧率=年折旧额/固定资产原值=（1-预计净残值率）/预计使用年限

● 月折旧率=年折旧率/12

● 月折旧额=月初应计折旧固定资产×月折旧率

2. SLN函数

SLN函数是用来返回固定资产的每期线性折旧费用。该函数的语法格式为：

```
SLN(cost,salvage,life)
```

参数cost是指资产原值；参数salvage是指资产在折旧期末的价值，也称资产残值；参数life是指资产的折旧期数，也就是资产的使用寿命。

3. 计提折旧

【例6-9】使用平均年限法计提固定资产折旧。

01 选中"J4"单元格，在其中输入"平均年限法"，如图6-58所示。将使用平均年限法计提折旧。

02 选中"K4"单元格，在其中输入"=SLN(F4,H4,D4)/12*I4"，按"Enter"键确认输入，如图6-59所示。计算至上月止累计折旧。

图6-58 输入折旧方法

图6-59 计算累计折旧

03 选中"L4"单元格，在其中输入"=SLN(F4,H4,D4*12)"，按"Enter"键确认输入，如图6-60所示。计算本月计提折旧额。

04 选中"M4"单元格，在其中输入"=F4-K4-L4"，按"Enter"键确认输入，如图6-61所示。计算本月末账面净值。

图6-60 计算本月计提折旧额

图6-61 计算本月末账面净值

6.3.3 余额递减法

余额递减法，也叫定率递减法，是指用一个固定的折旧率乘以各年年初固定资产账面净值，计算各年折旧额的一种方法。使用这种方法，由于固定资产账面净值随着折旧的计提而逐年递减，所以，用固定的折旧率乘以递减的账面净值所计算出的折旧额也是逐年递减的。

1. DB函数

DB函数是用来使用固定余额递减法计算折旧值。该函数的语法格式为：

```
DB(cost,salvage,life,period,[month])
```

参数cost是指资产原值；参数salvage是指资产在折旧期末的价值，也称资产残值；参数life是指资产的折旧期数；参数period是指需要计算折旧值的期间，period必须使用和life相同的单位；参数month是指第一年的月份数，省略，则假设是12。

2. 计提折旧

【例6-10】使用余额递减法计提固定资产折旧。

01 选中"J5"单元格，在其中输入"余额递减法"，如图6-62所示。

02 选中"L5"单元格，在其中输入"=IF(MONTH(C5)<12,IF(I5=0,0,IF(I5=1,H5(12-MONTH(C5))/12,DB(F5,H5,D5*12,I5,12-MONTH(C5)))),DB(F5,H5,D5*12,I5+1))"，按"Enter"键确认输入，如图6-63所示。计算本月计提折旧额。

图6-62 输入折旧方法

图6-63 计算本月计提折旧额

03 选中"K5"单元格，在其中输入"=DB($F$5,$H$5,$D$5,1,12)+DB($F$5,$H$5,$D$5,2,12)+DB($F$5,$H$5,$D$5,3,12)-L5-IF(MONTH(C5)<12,IF(I5=0,0,IF(I5=1,H5(12-MONTH(C5))/12,DB(F5,H5,D5*12,I5+1,12-MONTH(C5)))),DB(F5,H5,D5*12,I5+2))"，按"Enter"键确认输入，如图6-64所示。计算至上月止累计折旧。

04 选中"M5"单元格，在其中输入"=F5-K5-L5"，按"Enter"键确认输入，如图6-65所示。计算本月末账面净值。

图6-64 计算至上月止累计折旧

图6-65 计算本月末账面净值

6.3.4 双倍余额递减法

双倍余额递减法是在不考虑固定资产净残值的情况下，根据年初固定资产账面折余价值乘以双倍直线折旧率计算各年的折旧额的一种方法。

由于双倍余额递减法一开始计提折旧就没有考虑净残值，因此就必须对固定资产使用到期前的剩余使用年限的折旧额进行调整，调整的方法是，在固定资产使用的最后几年，将双倍余额递减法转换为直线法以计提折旧。使用这个方法必须满足使用双倍余额递减法计算的折旧额，当小于采用直线法计算的折旧额时，就应该改为直线法计提折旧。

在会计实务中为简化操作程序，规定在固定资产使用年限到期两年内，将固定资产折余价值扣除以预计净值后的净额平均计提折旧。

1. 计算公式

- 年折旧率=2/预计使用年限×100%
- 各年折旧额=年初固定资产账面净值×年折旧率

2. 相关函数

- DDB函数

DDB函数是用来使用双倍余额递减法或其他指定方法计算折旧值。该函数的语法格式为：

```
DDB(cost,salvage,life,period,[factor])
```

参数cost表示资产原值；参数salvage表示资产在折旧期末的价值；参数life表示资产的折旧期数；参数period表示需要计算折旧值的期间，period必须使用和life相同的单位；参数factor表示余额递减速率。

- VDB函数

VDB函数是用来使用双倍余额递减法或其他指定的方法，返回资产折旧值。该函数的语法格式为：

```
VDB(cost,salvage,life,start_period,end_ period,[factor],[no_switch])
```

参数cost表示资产原值；参数salvage表示资产残值；参数life表示资产的折旧期数；参数start_period表示进行折旧计算的起始时间，须同life使用相同的单位；参数end_ period表示进行折旧计算的截止时间，须同life使用相同的单位；参数factor表示余额递减速率，如果省略，则假设为2；参数no_switch是一个逻辑值，指定当折旧值大于余额递减计算值时，是否转用直线折旧法。

3. 计提折旧

【例6-11】使用双倍余额递减法计提固定资产折旧。

① 选中 "K6" 单元格，在其中输入 "=VDB(F6,H6,D6,0,INT(I6/12))+DDB(F6,H6,D6,INT(I6/12)+1)/12*MOD(I6,12)" ，按 "Enter" 键确认输入，如图6-66所示。计算累积折旧。

② 选中 "L6" 单元格，单击 "插入函数" 按钮，如图6-67所示。计算本月计提折旧额。

③ 弹出 "插入函数" 对话框，在 "或选择类别" 下拉列表中选择 "财务" 选项，在 "选择函数" 列表框中选择 "DDB" 选项，单击 "确定" 按钮，如图6-68所示。

④ 弹出 "函数参数" 对话框，在 "Cost" 中输入 "F6" ，在 "Salvage" 中输入 "H6" ，在 "Life" 中输入 "D6*12" ，在 "Period" 中输入 "I6" ，如图6-69所示。

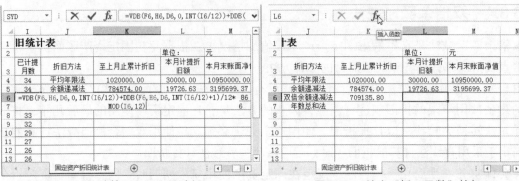

图6-66 计算至上月止累计折旧

图6-67 单击"插入函数"按钮

图6-68 "插入函数"对话框

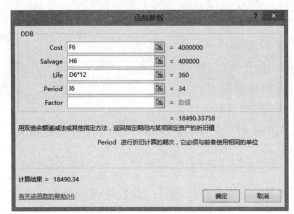

图6-69 "函数参数"对话框

05 单击"确定"按钮，返回工作表编辑区，可以看到在"L6"单元格中显示了计算的结果，如图6-70所示。

06 选中"M6"单元格，在其中输入"=F6-K6-L6"，按"Enter"键确认输入，如图6-71所示，计算本月末账面净值。

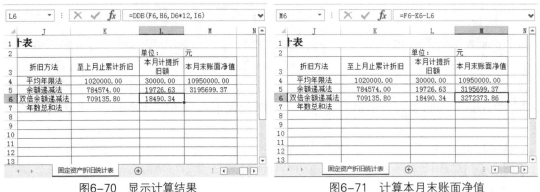

图6-70 显示计算结果   图6-71 计算本月末账面净值

6.3.5 年数总和法

年数总和法，又称使用年限积数法，是根据固定资产在折旧年限内的应计折旧总额，乘以一个逐年递减的分数计算每年的折旧额。

1. 计算公式

● 各年折旧率=（预计的折旧年限-已使用的年限）/折旧年限×（折旧年限+1）/2=尚可使

用年限/年数总和

- 某年的折旧额=（固定资产原值-预计净残值）×各年折旧率
- 月折旧额=年折旧额/12

2. SYD函数

SYD函数是返回某项资产按年限总和折旧法计算的指定期间的折旧值。该函数的语法格式为：

```
SYD(cost,salvage,life,per)
```

参数cost表示资产原值；参数salvage表示资产残值；参数life表示资产的折旧期数；参数per表示期间，其单位与life相同。

3. 计提折旧

【例6-12】使用年数总和法计提固定资产折旧。

① 在"J7"单元格中输入"年数总和法"，选中"L7"单元格，单击"插入函数"按钮，如图6-72所示。

② 弹出"插入函数"对话框，在"或选择类别"下拉列表中选择"财务"选项，在"选择函数"列表框中选择"SYD"选项，单击"确定"按钮，如图6-73所示。

图6-72 单击"插入函数"按钮　　　　　图6-73 "插入函数"对话框

③ 弹出"函数参数"对话框，在"Cost"中输入"F7"，在"Salvage"中输入"H7"，在"Life"中输入"D7*12"，在"Period"中输入"I7"，如图6-74所示。

④ 单击"确定"按钮，返回工作表编辑区，可以看到在"L7"单元格中显示了计算的结果，如图6-75所示。

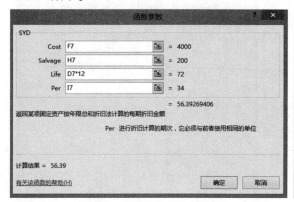

图6-74 "函数参数"对话框　　　　　图6-75 显示计算结果

⑤ 选中"K7"单元格,在其中输入"=SYD(F7,H7,D7,1)+SYD(F7,H7,D7,2)+SYD(F7,H7,D7,3)-SYD(F7,H7,D7*12,I7)-SYD(F7,H7,D7*12,I7+1)",按"Enter"键确认输入,如图6-76所示。

⑥ 选中"M7"单元格,在其中输入"=F7-K7-L7",按"Enter"键确认输入,如图6-77所示。

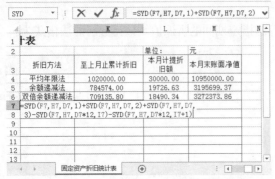

图6-76 计算至上月止累计折旧   图6-77 计算本月末账面净值

6.4 巧妙进行折旧费用的分析

用户计提折旧后,还需要对折旧费用进行分析,为了更加清晰明了地分析折旧费用,用户可以使用数据透视表和数据透视图进行分析。

6.4.1 创建数据透视表进行分析

数据透视表可以快速分类汇总数据,也可以对其中的数据进行排序和筛选操作。创建数据透视表有很多种方法,包括使用向导创建数据透视表。

【例6-13】使用数据透视表分析固定资产折旧费用。

① 复制固定资产折旧统计表,形成固定资产折旧统计表(2),将其中的折旧方法全部使用平均年限法进行计算,然后按"Alt+D+P"组合键,如图6-78所示。

② 弹出"数据透视表和数据透视图向导—步骤1(共3步)"对话框,在"请指定待分析数据的数据源类型"栏中选择"Microsoft Excel列表或数据库"单选项,在"所需创建的报表类型"栏中选择"数据透视表"单选项,单击"下一步"按钮,如图6-79所示。

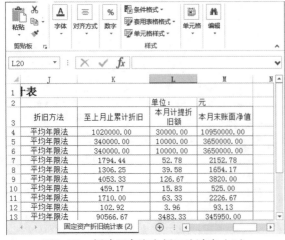

图6-78 新建固定资产折旧统计表(2)   图6-79 单击"下一步"按钮

03 弹出"数据透视表和数据透视图向导—步骤2（共3步）"对话框，单击"选定区域"文本框中的"折叠"按钮，如图6-80所示。

04 选择数据源区域，单击"折叠"按钮，此时，在"选定区域"文本框中就显示了选定的数据源区域，单击"下一步"按钮，如图6-81所示。

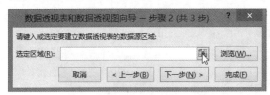

图6-80 单击"折叠"按钮

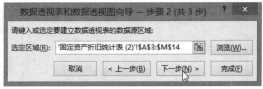

图6-81 单击"下一步"按钮

05 弹出"数据透视表和数据透视图向导—步骤3（共3步）"对话框，选择"新工作表"单选项，单击"完成"按钮，如图6-82所示。

06 弹出空白的数据透视表和"数据透视表字段"窗格，在窗格中将字段拖至合适的区域，如图6-83所示。

图6-82 单击"完成"按钮

图6-83 将字段拖至合适区域

07 此时，就形成了初步的数据透视表，如图6-84所示。接着将设置数据透视表中数字的格式。

08 选中B列和C列单元格，单击鼠标右键，弹出快捷菜单，从中选择"设置单元格格式"选项，如图6-85所示。

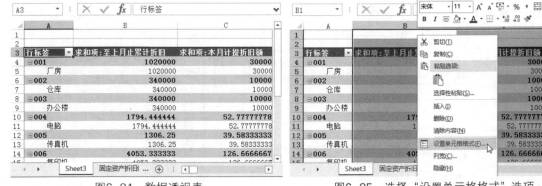

图6-84 数据透视表

图6-85 选择"设置单元格格式"选项

09 弹出"设置单元格格式"对话框，打开"数字"选项卡，在"分类"列表框中选择"货币"选项，并将小数位数设置为"2"，如图6-86所示。

10 单击"确定"按钮后，返回数据透视表编辑区，可以看到设置后的效果，如图6-87所示。

图6-86 "设置单元格格式"对话框

图6-87 设置后的效果

⑪ 单击数据透视表任意单元格，打开"数据透视表工具—设计"选项卡，单击"布局"命令组中的"报表布局"按钮，弹出下拉列表，从中选择"以表格形式显示"选项，如图6-88所示。

⑫ 单击"布局"命令组中的"分类汇总"按钮，弹出下拉列表，从中选择"不显示分类汇总"选项，如图6-89所示。

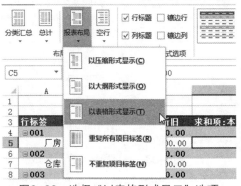

图6-88 选择"以表格形式显示"选项

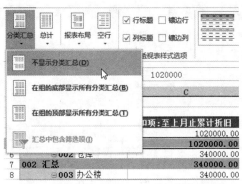

图6-89 选择"不显示分类汇总"选项

⑬ 设置好数据透视表布局后，打开"数据透视表工具—分析"选项卡，单击"数据透视表"命令组中的"选项"按钮，如图6-90所示。

⑭ 弹出"数据透视表选项"对话框，打开"数据"选项卡，从中勾选"打开文件时刷新数据"复选框，单击"确定"按钮，如图6-91所示。

图6-90 单击"选项"按钮

图6-91 "数据透视表选项"对话框

⑮ 设置好数据透视表的自动更新后，打开"数据透视表工具—设计"选项卡，单击"数据透视表样式"命令组中的"其他"按钮，弹出下拉列表，从中选择"数据透视表样式中等深浅14"选项，如图6-92所示。

⑯ 返回数据透视表后，可以看到设置后的效果，此时，可以看到资产编号对应的折旧费用，如图6-93所示。

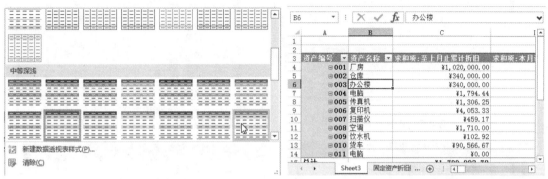

图6-92 选择样式   图6-93 最终效果

⑰ 由于数据透视表是动态报表，随着字段选择的不同，可以对固定资产折旧进行不同方面的分析。在"数据透视表字段"窗格中，取消对折旧费用的勾选，将固定资产使用年限相关的字段拖至合适区域，如图6-94所示。

⑱ 设置字段的数字格式，此时，数据透视表就统计了资产的可使用年限和已使用年限，如图6-95所示。

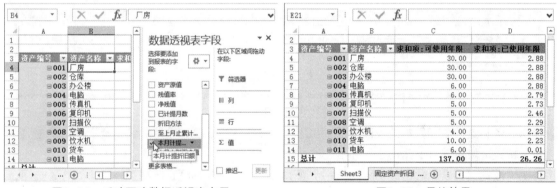

图6-94 手动更改数据透视表布局   图6-95 最终效果

6.4.2 添加数据透视图辅助分析

数据透视图作为图表的一种，也具有图表的相关特性，它可以直观地表现数据的起伏、走势情况。

【例6-14】使用向导创建数据透视图，分析固定资产的使用年限情况。

① 打开固定资产折旧统计表（2），按"Alt+D+P"组合键，如图6-96所示。使用向导创建数据透视图。

② 弹出"数据透视表和数据透视图向导—步骤1（共3步）"对话框，在"所需创建的报表类型"栏中选择"数据透视图（及数据透视表）"单选项，单击"下一步"按钮，如图6-97所示。

③ 弹出"数据透视表和数据透视图向导-第2步，共3步"，将光标插入"选定区域"文本框中，如图6-98所示。

④ 在文本框中输入"'固定资产折旧统计表（2)'!$A$3:$M$14"，单击"下一步"按钮，如图6-99所示。

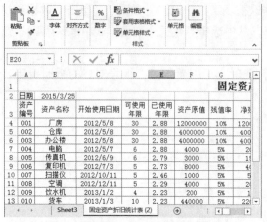

图6-96 打开数据源

图6-97 选择"数据透视图（及数据透视表）"选项

图6-98 输入数据源区域

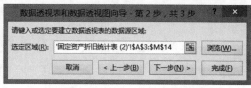

图6-99 单击"下一步"按钮

05 弹出提示对话框，问是否让新报表建立在与现有报表相同的数据上，此处单击"是"按钮，如图6-100所示。

图6-100 提示信息

06 弹出"数据透视表和数据透视图向导-第2步，共3步"对话框，保持默认设置不变，单击"下一步"按钮，如图6-101所示。

07 弹出"数据透视表和数据透视图向导—步骤3（共3步）"对话框，选择"新工作表"单选项，单击"完成"按钮，如图6-102所示。

图6-101 单击"下一步"按钮

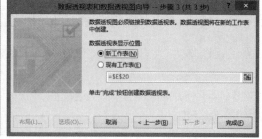

图6-102 选择"新工作表"选项

08 弹出空白的数据透视表和数据透视图，在"数据透视图字段"窗格中，将字段拖至合适区域，如图6-103所示。

09 此时，就形成了初步的数据透视图，如图6-104所示。如果对数据透视图不满意，可以更改数据透视图的类型。

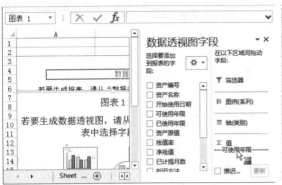

图6-103 将字段拖至合适区域

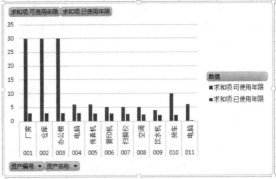

图6-104 数据透视图

⑩ 单击数据透视图，打开"数据透视图工具—设计"选项卡，单击"类型"命令组中的"更改图表类型"按钮，如图6-105所示。

⑪ 弹出"更改图表类型"对话框，从中选择"折线图—带数据标记的折线图"选项，单击"确定"按钮，如图6-106所示。

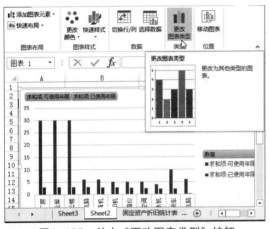

图6-105 单击"更改图表类型"按钮

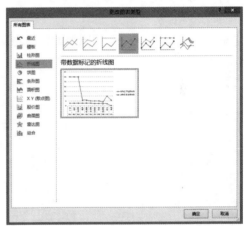

图6-106 "更改图表类型"对话框

⑫ 返回数据透视图，可以看到更改类型后的效果，数据透视图由柱形图更改为了折线图，如图6-107所示。

⑬ 取消显示值字段按钮。打开"数据透视图工具-分析"选项卡，单击"显示/隐藏"命令组中的"字段按钮"按钮，弹出下拉列表，从中取消对"显示值字段按钮"选项的勾选，如图6-108所示。

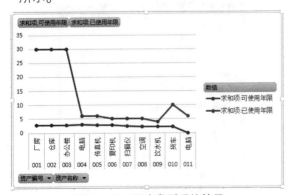

图6-107 更改类型后的效果

图6-108 取消勾选"显示值字段按钮"选项

175

⑭ 为数据透视图添加标题。打开"数据透视图工具—设计"选项卡，单击"添加图表元素"按钮，弹出下拉列表，从中选择"图表标题—图表上方"选项，如图6-109所示。

⑮ 将图表标题修改为"固定资产使用年限分析"，效果如图6-110所示。

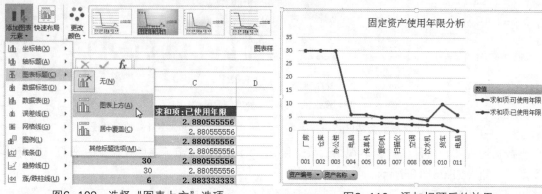

图6-109　选择"图表上方"选项　　　　　　图6-110　添加标题后的效果

⑯ 单击"添加图表元素"按钮，弹出下拉列表，从中选择"数据表—显示图例项标示"选项，如图6-111所示。

⑰ 选中图例，按"Delete"键删除图例，效果如图6-112所示。

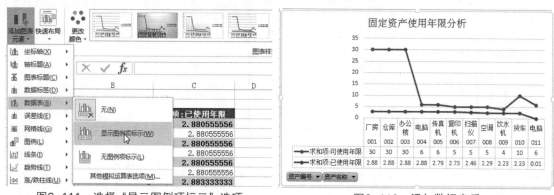

图6-111　选择"显示图例项标示"选项　　　　　图6-112　添加数据表后

⑱ 双击数据透视表（与数据透视图对应的）中"可使用年限"字段的字段名，弹出"值字段设置"对话框，从中将字段名称修改为"使用寿命"，单击"确定"按钮，如图6-113所示。

⑲ 双击"已使用年限"字段的字段名，弹出"值字段设置"对话框，从中将字段名称修改为"已用年限"，单击"确定"按钮，如图6-114所示。

图6-113　字段修改名称

图6-114　字段修改名称

⑳ 单击数据透视图中的"资产名称"字段按钮，弹出下拉列表，取消对一些资产名称的勾选，单击"确定"按钮，如图6-115所示。

㉑ 对数据透视图进行了筛选，最终的效果如图6-116所示。通过数据透视图，可以看到各类资产的使用寿命，以及它们已经使用的年限。

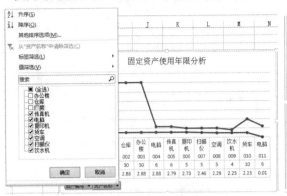

图6-115　对数据透视图进行勾选

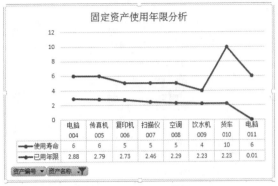

图6-116　最终效果

6.5　上机实训

通过对本章内容的学习，读者对使用Excel进行固定资产管理有了更深的了解。下面再通过两个实训操作来温习和拓展前面所学的知识。

6.5.1　制作固定资产标识卡

固定资产标识卡，是用来标识固定资产的，将固定资产标识卡贴到对应的固定资产上，就好比给固定资产起了个名字，这样就不会将固定资产弄混。下面介绍制作固定资产标识卡的相关操作。

① 单击"新工作表"按钮，新建工作表，将其重命名为"固定资产标识卡"，如图6-117所示。

② 在工作表中输入标题、行标题，并设置其格式和对齐方式，如图6-118所示。

图6-117　新建工作表　　　　　　　　图6-118　输入基本信息

③ 选中"B2：C7"单元格区域，打开"开始"选项卡，单击"对齐方式"命令组中的对话框启动器，如图6-119所示。

④ 弹出"设置单元格格式"对话框，打开"边框"选项卡，将边框颜色设置为"黑色"，在"样式"列表框中选择合适的样式，单击"外边框"按钮，然后单击"确定"按钮，如图6-120所示。

⑤ 选中"C3"单元格，单击"字体"命令组中"边框"的下拉按钮，弹出下拉列表，从中选择"绘

图边框"选项，如图6-121所示。

06 此时鼠标变成铅笔的形状，将鼠标移动到合适位置，按住鼠标左键，向右移动鼠标，绘制边框，如图6-122所示。

图6-119 单击对话框启动器

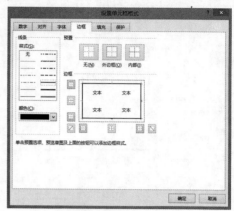

图6-120 "设置单元格格式"对话框

图6-121 选择"绘图边框"选项

图6-122 绘制边框

07 绘制边框后，选中"B2：C7"单元格区域，单击"填充颜色"下拉按钮，弹出下拉列表，从中选择"黄色"选项，如图6-123所示。

08 选中"C4"单元格，在其中输入"=VLOOKUP(C3,固定资产管理表!\$A:\$E,3)"，按"Enter"键确认输入，如图6-124所示。

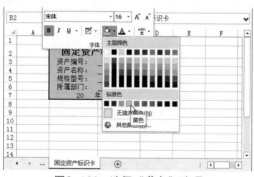

图6-123 选择"黄色"选项

图6-124 引用资产名称

09 选中"C5"单元格，在其中输入"=VLOOKUP(C3,固定资产管理表!\$A:\$E,4)"，按"Enter"键确认输入，如图6-125所示。

10 选中"C6"单元格，在其中输入"=VLOOKUP(C3,固定资产管理表!\$A:\$E,5)"，按"Enter"键确认输入，如图6-126所示。

图6-125 引用规格型号　　　　　　　图6-126 引用所属部门

11 打开"视图"选项，在"显示"命令组中取消对"网格线"复选框的勾选，如图6-127所示。

12 选中"C3"单元格，将其格式设置为"自定义-00#"，并在其中输入"4"，最终效果如图6-128所示。

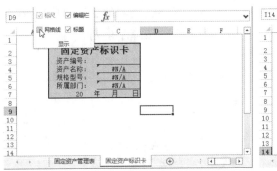

图6-127 取消勾选"网格线"复选框　　　　图6-128 最终效果

6.5.2 创建固定资产查询系统

如果固定资产特别多，在固定资产管理表中去查询一项固定资产会非常麻烦，此时，用户可以创建固定资产查询系统，只要输入资产编号，其他的信息，就会自动显示。下面介绍创建固定资产查询系统的相关操作。

1. 相关函数

● INDEX函数（数组形式）

INDEX函数是用来返回表格或数组中的元素值，此元素由行号和列标的索引值给定，当INDEX函数的第一个函数为数组常量时，使用数组形式。该函数的语法格式为：

```
INDEX(array,row_num,[column_num])
```

参数array表示单元格区域或数组常量；参数row_num表示选择数组中的某行，函数从该行返回数值；参数column_num表示选择数组中的某列，函数从该列返回数值。参数row_num和参数column_num必须有一个，不能同时省略。

● INDEX函数（引用形式）

INDEX函数是用来返回指定的行和列交叉处的单元格引用，如果引用由不连续的选定区域组成，可以选择某一选定区域。该函数的语法格式为：

```
INDEX(reference,row_num,[column_num],[area_num])
```

参数reference表示对一个或多个单元格区域的引用；参数row_num表示引用中某行的行号，函数从该行返回一个引用；参数column_num表示引用中某列的列标，函数从该列返回一个引用；参数area_num表示选择引用的一个区域，以从中返回row_num和column_num的交叉区域，选中或输入第一个区域序号为1，第二个为2，如果省略，则INDEX函数的使用区域为1。

● MATCH函数

MATCH函数可在单元格区域搜索指定项，然后返回该项在单元格区域中的相对位置。该函数的语法格式为：

```
MATCH(lookup_value,lookup_array,[match_type])
```

参数lookup_value表示需要在lookup_array中查找的值；参数lookup_array表示要搜索的单元格区域；参数match_type表示-1、0或1，为1或省略，MATCH函数会查找小于或等于lookup_value的最大值，lookup_array中参数中的值必须按升序排序；为0时，MATCH函数会查找等于lookup_value的第一个值，lookup_array中参数中的值可以按任何顺序排序；为-1时，MATCH函数会查找大于或等于lookup_value的最小值，lookup_array中参数中的值必须按降序排列。

2. 创建固定资产查询系统

01 单击"新工作表"按钮，新建工作表，将其命名为"固定资产查询系统"，如图6-129所示。

02 在工作表中构建查询系统的基本框架，设置标题格式，添加边框等，如图6-130所示。

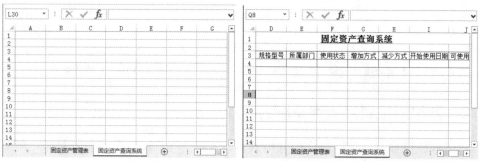

图6-129　新建工作表　　　　　　　　　　图6-130　构建查询系统基本框架

03 选中"A4"单元格，打开"开始"选项卡，单击"数字"命令组中的对话框启动器，如图6-131所示。

04 弹出"设置单元格格式"对话框，在"分类"列表框中选择"自定义"选项，在"类型"文本框中输入"00#"，单击"确定"按钮，如图6-132所示。

图6-131　单击对话框启动器　　　　　　图6-132　"设置单元格格式"对话框

05 选中 "B4" 单元格，在其中输入 "=INDEX(固定资产管理表!$B$4:$B$40,MATCH($A$4,固定资产管理表!$A$4:$A$40))"，按 "Enter" 键确认输入，如图6-133所示。

06 选中 "C4" 单元格，在其中输入 "=INDEX(固定资产管理表!$C$4:$C$40,MATCH($A$4,固定资产管理表!$A$4:$A$40))"，按 "Enter" 键确认输入，如图6-134所示。

图6-133 引用形态类别   图6-134 引用资产名称

07 选中 "D4" 单元格，在其中输入 "=INDEX(固定资产管理表!$D$4:$D$40,MATCH($A$4,固定资产管理表!$A$4:$A$40))"，按 "Enter" 键确认输入，如图6-135所示。

08 选中 "E4" 单元格，在其中输入 "=INDEX(固定资产管理表!$E$4:$E$40,MATCH($A$4,固定资产管理表!$A$4:$A$40))"，按 "Enter" 键确认输入，如图6-136所示。

图6-135 引用规格型号   图6-136 引用所属部门

09 选中 "F4" 单元格，在其中输入 "=INDEX(固定资产管理表!$F$4:$F$40,MATCH($A$4,固定资产管理表!$A$4:$A$40))"，按 "Enter" 键确认输入，如图6-137所示。

10 选中 "G4" 单元格，在其中输入 "=INDEX(固定资产管理表!$G$4:$G$40,MATCH($A$4,固定资产管理表!$A$4:$A$40))"，按 "Enter" 键确认输入，如图6-138所示。

图6-137 引用使用状态   图6-138 引用增加方式

⑪ 选中"H4"单元格,在其中输入"=INDEX(固定资产管理表!$H$4:$H$40,MATCH($A$4,固定资产管理表!$A$4:$A$40))",按"Enter"键确认输入,如图6-139所示。

⑫ 选中"I4"单元格,在其中输入"=INDEX(固定资产管理表!$I$4:$I$40,MATCH($A$4,固定资产管理表!$A$4:$A$40))",按"Enter"键确认输入,如图6-140所示。

图6-139　引用减少方式　　　　　　　　图6-140　引用开始使用日期

⑬ 选中"J4"单元格,在其中输入"=INDEX(固定资产管理表!$J$4:$J$40,MATCH($A$4,固定资产管理表!$A$4:$A$40))",按"Enter"键确认输入,如图6-141所示。

⑭ 选中"K4"单元格,在其中输入"=INDEX(固定资产管理表!$K$4:$K$40,MATCH($A$4,固定资产管理表!$A$4:$A$40))",按"Enter"键确认输入,如图6-142所示。

图6-141　引用可使用年限　　　　　　　图6-142　引用已使用年限

⑮ 选中"L4"单元格,在其中输入"=INDEX(固定资产管理表!$L$4:$L$40,MATCH($A$4,固定资产管理表!$A$4:$A$40))",按"Enter"键确认输入,如图6-143所示。

⑯ 选中"A4"单元格,在其中输入"006",此时,对应该固定资产的信息就会自动显示,如图6-144所示。

图6-143　引用资产原值　　　　　　　　图6-144　查询资产编号为006的资产信息

　　下面将对学习过程中常见的疑难问题进行汇总，以帮助读者更好的理解前面所讲的内容。

Q：如何对单元格或单元格区域进行命名？

A： 选中单元格或单元格区域，打开"公式"选项卡，单击"定义的名称"命令组中的"定义名称"按钮，弹出"新建名称"对话框，在其中设置名称即可。如图6-145所示。

Q：如何查看复杂公式？

A： 选中含有公式的单元格，打开"公式"选项卡，单击"公式求值"按钮，弹出"公式求值"对话框，单击"求值"按钮，查看公式的每一步。如图6-146所示。

图6-145 "新建名称"对话框　　　　　　图6-146 "公式求值"对话框

Q：如何输入数组公式？

A： 选中存放计算结果的单元格区域，输入"="，然后选择第一个要进行计算的单元格区域，输入运算符号，接着选中要进行计算的第二个单元格区域，按"Ctrl+Shift+Enter"组合键，即可得到计算的结果。

Q：如何进行模糊统计？

A： 在COUNTIF等函数中使用"★"和"？"等通配符，可以进行模糊统计，字符"★"表示任意多个字符，字符"？"表示单个字符。

Q：如何在单元格中显示公式？

A： 在默认状态下，用户在单元格中输入公式，按"Enter"键后，就会显示计算结果，如果要显示公式，可以打开"公式"选项卡，单击"公式审核"命令组中的"显示公式"按钮即可。

Q：如何在筛选状态下进行计算？

A： 当数据表处于筛选状态下时，使用函数对数据表进行计算的结果并不会随着筛选结果的变化而变化，如果只统计筛选出来的数据，则可以使用SUBTOTAL函数，该函数的功能是返回列表或数据库中的分类汇总。

Q：如何在其他工作表中显示筛选结果？

A： 选中筛选区域，单击"排序和筛选"命令组中的"高级"按钮，弹出"高级筛选"对话框，从中选择"将筛选结果复制到其他位置"单选项，在"复制到"文本框中输入放置筛选结果的其他工作表地址，然后进行筛选即可。

6.7 拓展应用练习

为了让用户能够更好地掌握在Excel电子表格中计提固定资产折旧，并练习使用高级筛选，用户可以做做下面的练习。

◎ 使用双倍余额递减法计提折旧

本练习将帮助用户练习使用双倍余额递减法计提固定资产折旧，练习使用函数和公式，最终效果如图6-147所示。

A	B	C	D	E	F	G	H	I	J	K	L	M
固定资产折旧统计表												
日期	2015/3/25										单位：	元
资产编号	资产名称	开始使用日期	可使用年限	已使用年限	资产原值	残值率	净残值	已计提月数	折旧方法	至上月止累计折旧	本月计提折旧额	本月末账面净值
001	厂房	2012/5/8	30	2.88	12000000	10%	1200000	34	双倍余额递减法	2127407.41	55471.01	9817121.58
002	仓库	2012/5/8	30	2.88	4000000	10%	400000	34	双倍余额递减法	709135.80	18490.34	3272373.86
003	办公楼	2012/5/8	30	2.88	4000000	10%	400000	34	双倍余额递减法	709135.80	18490.34	3272373.86
004	电脑	2012/5/7	6	2.88	4000	5%	200	34	双倍余额递减法	2716.05	43.86	1240.10
005	传真机	2012/6/9	6	2.79	3000	5%	150	33	双倍余额递减法	2000.00	33.83	966.17
006	复印机	2012/7/3	5	2.73	8000	5%	400	32	双倍余额递减法	5888.00	93.23	2018.77
007	扫描仪	2012/10/11	5	2.46	1000	5%	50	29	双倍余额递减法	700.00	12.90	287.10
008	空调	2012/12/11	5	2.29	4000	5%	200	27	双倍余额递减法	2704.00	55.22	1240.78

图6-147　最终效果

操作提示

01 输入公式，计算本月计提折旧额；

02 输入公式，计提至上月止累计折旧；

03 输入公式，计算本月末账面净值；

04 将公式填充到下方的单元格中。

◎ 根据指定条件进行高级筛选

本练习将帮助用户练习使用高级筛选，首先设置筛选条件，然后根据筛选条件进行筛选，最终效果如图6-148所示。

A	B	C	D	E	F	G	H	I	J	K	L
筛选条件											
资产编号	形态类别	资产名称	规格型号	所属部门	使用状态	增加方式	减少方式	开始使用日期	可使用年限	已使用年限	资产原值
	办公设备								>4		
资产编号	形态类别	资产名称	规格型号	所属部门	使用状态	增加方式	减少方式	开始使用日期	可使用年限	已使用年限	资产原值
004	办公设备	电脑	联想	财务部	在用	直接购入		2012/5/7	6	2.88	4000
005	办公设备	传真机	华威	人事部	在用	直接购入		2012/6/9	6	2.79	3000
006	办公设备	复印机	惠普	财务部	在用	直接购入		2012/7/3	5	2.73	8000
007	办公设备	扫描仪	华威	财务部	在用	直接购入		2012/10/11	5	2.46	1000
008	办公设备	空调	格力	研发部	在用	直接购入		2012/12/11	5	2.29	4000
011	办公设备	电脑	戴尔	销售部	在用	直接购入		2015/3/23	6	0.01	5000

图6-148　最终效果

操作提示

01 设置进行高级筛选的筛选条件；

02 打开“高级筛选”对话框；

03 选择列表区域；

04 选择条件区域；

05 设置存放筛选结果的区域；

06 查看筛选结果。

月末大作战之账务处理

本章概述   每月的月末和月初是会计最为忙碌、最为重要的时间，一个月的工作结果都要在这几天进行归集、编制报表和纳税申报。在这几天，会计人员需要结转当前实现的利润，进行对账和结账工作。本章将介绍月末账务处理的相关知识，以及保护工作表的相关操作。

知识要点
- 结转利润
- 编制科目汇总表
- 编制财务明细账表
- 保护账目

7.1   轻轻松松结转利润

    利润是指企业一定会计期间的经营成果，包括收入减去费用后的净额、直接计入当期利润的利得和损失。一般到了月末，会计人员需要结转企业实现的利润，通过"本年利润"科目进行核算，"本年利润"科目的贷方余额为当期实现的净利润，借方余额为当前发生的净亏损。

1. 利润的结转

- 结转收入类、收益类科目余额

借：主营业务收入

    其他业务收入

    营业外收入

    贷：本年利润

- 结转成本、费用、支出类科目的余额

借：本年利润

    贷：主营业务成本

        其他业务成本

        营业税金及附加

        销售费用

        管理费用

        财务费用

        营业外支出

        所得税费用

        资产减值损失

    结转利润后，如果发现"本年利润"科目余额在借方，则反映年初至本期末累计发生的净亏损；如果在贷方，则反映年初至本期末累计实现的净利润

2. "本年利润"余额的结转

    年末，将"本年利润"科目的余额转入"利润分配——未分配利润"科目，结转后，"本

年利润"科目无余额。

● 结转净利润

借：本年利润

　　贷：利润分配——未分配利润

● 结转净亏损

借：利润分配——未分配利润

　　贷：本年利润

3. 账务处理

【例7-1】结转本期实现利润的账务处理。

① 复制"记账凭证汇总表"，形成"记账凭证汇总表（2）"，打开"记账凭证汇总表（2）"，在"科目代码"列任意单元格上单击鼠标右键，弹出快捷菜单，从中选择"排序—升序"选项，如图7-1所示。

② 此时，表中数据按照"科目代码"列升序排列，打开"数据"选项卡，单击"分级显示"命令组中的"分类汇总"按钮，如图7-2所示。

图7-1　选择"升序"选项

图7-2　单击"分类汇总"按钮

③ 弹出"分类汇总"对话框，在"分类字段"下拉列表中选择"总账科目"选项，在"汇总方式"下拉列表中选择"求和"选项，在"选定汇总项"列表框中勾选"借方金额"和"贷方金额"复选框，如图7-3所示。

④ 单击"确定"按钮后，可以看到表中数据按照总账科目进行了汇总，分别汇总了总账科目的借方金额和贷方金额，如图7-4所示。

图7-3　"分类汇总"对话框

图7-4　分类汇总后的效果

⑤ 单击"日"按钮,将明细数据隐藏起来,只查看各个科目的汇总值,效果如图7-5所示。

⑥ 在"记账凭证汇总表(2)"中,可以看到"主营业务收入"的金额为"88188.03",将其结转到"本年利润"科目。打开记账凭证,将该笔业务登记到凭证中,如图7-6所示。

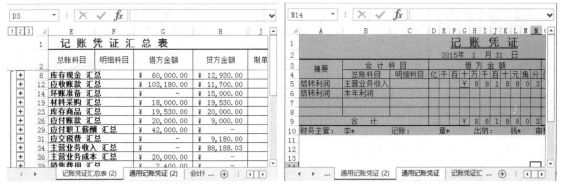

图7-5 隐藏明细数据　　　　　　　图7-6 登记记账凭证

⑦ 打开记账凭证汇总表,将审核无误的记账凭证中的业务,登记到记账凭证汇总表中,如图7-8所示。

⑧ 打开"记账凭证汇总表(2)",查看成本、费用、支出类的金额,如图7-8所示。

图7-7 登记记账凭证汇总表　　　　图7-8 查看汇总数据

⑨ 打开记账凭证,将"主营业务成本"、"销售费用"、"资产减值损失"和"财务费用"科目,结转到"本年利润"科目,如图7-9所示。

⑩ 打开记账凭证汇总表,将审核无误的记账凭证中的业务登记到记账凭证汇总表中,如图7-10所示。

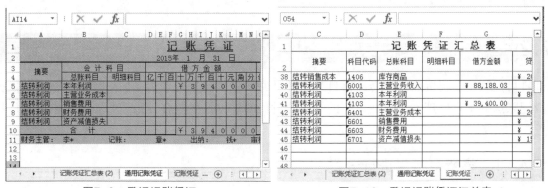

图7-9 登记记账凭证　　　　　　　图7-10 登记记账凭证汇总表

⑪ 打开"记账凭证汇总表(2)",选中"F56"单元格,在其中输入"=(H34-G36-G39-G41-G43)*0.25",按"Enter"键确认输入,如图7-11所示,计算所得税费用。

⑫ 打开记账凭证,将提取所得税费用的业务登记到记账凭证中,如图7-12所示。

图7-11 计算所得税费用　　　　　　图7-12 登记记账凭证

⑬ 打开记账凭证汇总表，将审核无误的记账凭证中的业务登记到记账凭证汇总表中，如图7-13所示。

⑭ 在"记账凭证汇总表（2）"的标签上单击鼠标右键，弹出快捷菜单，从中选择"删除"选项，如图7-14所示。会弹出提示对话框，单击"删除"按钮即可。

图7-13 登记记账凭证汇总表

图7-14 删除工作表

知识点拨

利润总额=主营业务收入-主营业务成本-营业税金及附加-销售费用-财务费用-管理费用-资产减值损失±公允价值变动损失±投资收益

所得税费用=利润总额×所得税税率=利润总额×25%

7.2 编制科目汇总表一点也不难

科目汇总表是指按照各个会计科目列示其借方发生额和贷方发生额的一种汇总凭证。依据借贷记账法的基本原理，科目汇总表的中各个科目的借方发生额合计数应与贷方发生额合计数相等。

7.2.1 将所有科目进行分类

会计科目按其所归属的会计要素的不同进行分类，可以分为资产类、负债类、共同类、所有者权益类、成本类和损益类。

1. 相关函数介绍

● LEFT函数

LEFT函数是用来从一个文本字符串的第一个字符开始返回指定个数的字符。该函数的语法格式为：

```
LEFT(text,[num_chars])
```

参数text表示包含要提取字符的文本字符串；参数num_chars表示指定要由LEFT提取的字符的数量。如果num_chars大于文本长度，则LEFT返回全部文本，如果省略num_chars，则假设其值为1。

● MID函数

MID函数是用来从文本字符串指定的起始位置起返回指定长度的字符。该函数的语法格式为：

```
MID(text,start_num,num_chars)
```

参数text表示包含要提取字符的文本字符串；参数start_num表示文本中要提取的第一个字符的位置；参数num_chars表示指定希望MID从文本中返回字符的个数。

2. 嵌套分类汇总

【例7-2】创建科目汇总表并将会计科目进行分类汇总。

01 单击"新工作表"按钮，新建工作表，将其重命名为"科目汇总表"，如图7-15所示。

02 打开记账凭证汇总表，按住"Ctrl"键，选择"D2：E49"和"G2：H49"单元格区域，单击鼠标右键，从弹出的下拉列表中选择"复制"选项，如图7-16所示。

图7-15 新建工作表

图7-16 选择"复制"选项

03 打开科目汇总表，在"A1"单元格中单击鼠标右键，弹出快捷菜单，从中选择"粘贴链接"选项，如图7-17所示。

04 选择第一行，单击鼠标右键，弹出快捷菜单，从中选择"插入"选项，如图7-18所示。在其中输入标题并设置其格式。

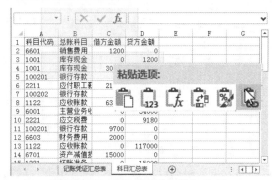

图7-17 选择"粘贴链接"选项

图7-18 选择"插入"选项

05 选中A列，打开"开始"选项卡，单击"单元格"命令组中的"插入"按钮，弹出下拉列表，从中选择"插入工作表列"选项，如图7-19所示。

06 选中"A2"单元格，在其中输入"类别"，选中"A2：E2"单元格区域，设置其中的字体格式和对齐方式，如图7-20所示。

图7-19 选择"插入工作表列"选项　　　　图7-20 设置格式

07 选中"A3"单元格，在其中输入"=IF(LEFT(B3,1)=" 1"，"资产类",IF(LEFT(B3,1)="2","负债类",IF(LEFT(B3,1)="3","共同类",IF(LEFT(B3,1)="4","所有者权益类",IF(LEFT(B3,1)="5","成本类",IF(LEFT(B3,1)="6","损益类"))))))"，按"Enter"键确认输入，如图7-21所示。

08 将鼠标移动到"A3"单元格右下角，当鼠标变成"+"时，按住鼠标左键，向下移动鼠标，填充公式，如图7-22所示。

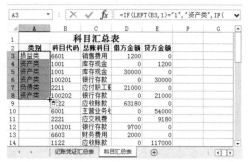

图7-21 输入公式　　　　图7-22 向下填充公式

09 选中"D3：E49"单元格区域，单击"数字"命令组中的"数字格式"按钮，从弹出的下拉列表中选择"会计专用"选项，如图7-23所示。

10 单击科目汇总表中任意单元格，打开"数据"选项卡，单击"筛选"按钮，单击"科目代码"下拉按钮，从弹出的下拉列表中，只选择明细代码，单击"确定"按钮，如图7-24所示。

图7-23 设置数字格式　　　　图7-24 进行筛选

11 选中"B6"单元格，将其中的公式修改为"=MID(记账凭证汇总表!D6,1,4)"，按"Enter"键确认输入，如图7-25所示。并向下填充公式。

⓬ 取消筛选，单击"科目代码"列任意单元格，单击鼠标右键，弹出快捷菜单，从中选择"排序—升序"选项，如图所示。

图7-25 修改公式 　　　　　图7-26 选择"升序"选项

⓭ 打开"数据"选项卡，单击"分级显示"命令组中的"分类汇总"按钮，如图7-27所示。

⓮ 弹出"分类汇总"对话框，在"分类字段"下拉列表中选择"类别"选项，在"汇总方式"下拉列表中选择"求和"选项，在"选定汇总项"列表框中勾选"借方金额"和"贷方金额"复选框，如图7-28所示。

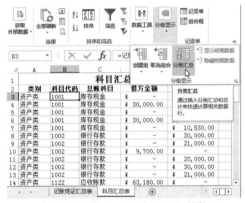

图7-27 单击"分类汇总"按钮 　　　　图7-28 "分类汇总"对话框

⓯ 单击"确定"按钮后，单击"分级显示"命令组中的"分类汇总"按钮，如图7-29所示。进行嵌套汇总。

⓰ 弹出"分类汇总"对话框，在"分类字段"下拉列表中选择"总账科目"选项，在"汇总方式"下拉列表中选择"求和"选项，在"选定汇总项"列表框中勾选"借方金额"和"贷方金额"复选框，如图7-30所示。

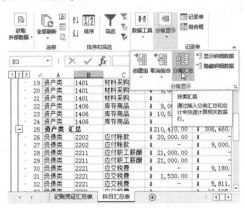

图7-29 单击"分类汇总"按钮 　　　　图7-30 "分类汇总"对话框

⑰ 单击"□"按钮，将隐藏明细数据，只显示对应的汇总数据，如图7-31所示。

⑱ 单击"+"按钮，将隐藏的明细数据显示出来，如图7-32所示。

图7-31 隐藏明细数据　　　　　　　图7-32 显示明细数据

⑲ 用户也可以单击工作表窗口左上角的"□"按钮，显示所有明细数据，如图7-33所示。

⑳ 打开"数据"选项卡，单击"分级显示"命令组中的"隐藏明细数据"按钮，隐藏明细数据，如图7-34所示。

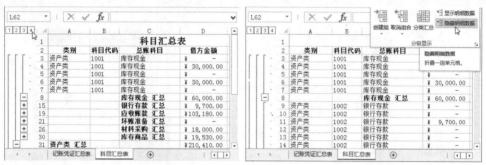

图7-33 显示所有数据　　　　　　　图7-34 隐藏明细数据

3. 创建组合

【例7-3】在科目汇总表中创建组合，将会计科目进行分类。

① 取消分类汇总。单击"分级显示"命令组中的"分类汇总"按钮，如图7-35所示。

② 弹出"分类汇总"对话框，单击"全部删除"按钮，即可取消分类汇总，如图7-36所示。

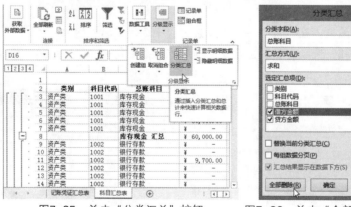

图7-35 单击"分类汇总"按钮　　　图7-36 单击"全部删除"按钮

③ 在"类别"列，选中所有包含"资产类"的单元格，单击"分级显示"命令组中的"创建组"按钮，如图7-37所示。

④ 弹出"创建组"对话框，从中选择"行"单选项，单击"确定"按钮，如图7-38所示。

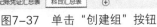

图7-37 单击"创建组"按钮　　　　图7-38 "创建组"对话框

05 此时，选中的单元格区域形成一个组，建立了显示级别。当用户不需要该组合时，可以单击"取消组合"按钮，从弹出的下拉列表中选择"取消组合"选项，如图7-39所示。

06 弹出"取消组合"对话框，单击"确定"按钮，即可取消组合，如图7-40所示。

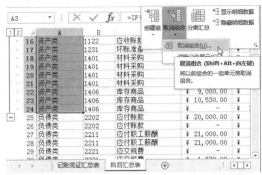

图7-39 选择"取消组合"选项　　　　图7-40 "取消组合"对话框

7.2.2　创建多栏式科目汇总表

多栏式科目汇总表能够更加清晰地显示每个会计科目的发生额情况。用户可以通过使用数据透视表来创建多栏式科目汇总表。

【例7-4】 使用数据透视表创建多栏式科目汇总表。

01 打开记账凭证汇总表，打开"插入"选项卡，单击"表格"命令组中的"数据透视表"按钮，如图7-41所示。

02 弹出"创建数据透视表"对话框，在"表/区域"文本框中确认选择的区域正确，其他保持默认设置，单击"确定"按钮，如图7-42所示。

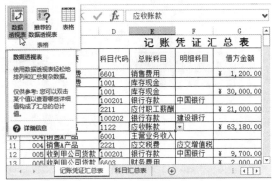

图7-41 单击"数据透视表"按钮　　　　图7-42 "创建数据透视表"对话框

03 弹出空白的数据透视表和"数据透视表字段"窗格，在"数据透视表字段"窗格中，将字段拖至合适区域，如图7-43所示。

04 形成初步的数据透视表，将名称修改为"科目汇总表—多栏式"，如图7-44所示。

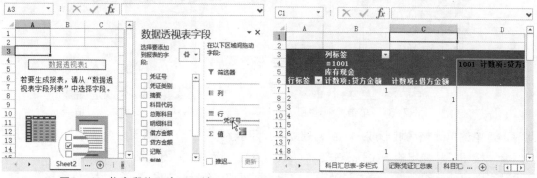

图7-43　将字段拖至合适区域　　　　　图7-44　数据透视表

05 选中A列，单击鼠标右键，弹出快捷菜单，从中选择"设置单元格格式"选项，如图7-45所示。

06 弹出"设置单元格格式"对话框，打开"数字"选项卡，在"分类"列表框中选择"自定义"选项，在"类型"文本框中输入"00#"，单击"确定"按钮，如图7-46所示。

图7-45　选择"设置单元格格式"选项　　　图7-46　"设置单元格格式"对话框

07 弹在"数据透视表字段"窗格中，单击"工具"按钮，弹出下拉列表，从中选择"仅2×2区域节"选项，如图7-47所示。

08 单击"计数项：贷方金额"字段，弹出下拉列表，从中选择"值字段设置"选项，如图7-48所示。

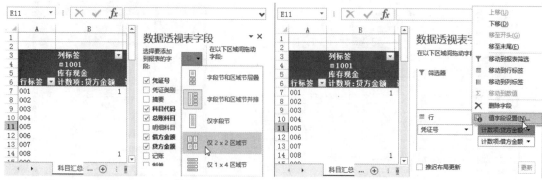

图7-47　选择"仅2×2区域节"选项　　　图7-48　选择"值字段设置"选项

⑨ 弹出"值字段设置"对话框，在"计算类型"列表框中选择"求和"选项，单击"数字格式"按钮，如图7-49所示。

⑩ 弹出"设置单元格格式"对话框，在"分类"列表框中选择"会计专用"选项，将小数位数设置为"2"，单击"确定"按钮，如图7-50所示。返回"值字段设置"对话框，单击"确定"按钮。

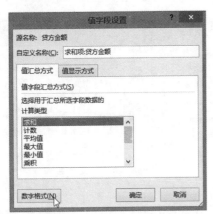

图7-49　单击"数字格式"按钮

图7-50　"设置单元格格式"对话框

⑪ 同样的方法设置"计数项：借方金额"字段，设置后的效果，如图7-51所示。

⑫ 单击数据透视表任意单元格，打开"数据透视表工具-设计"选项卡，单击"布局"命令组中的"报表布局"按钮，弹出下拉列表，从中选择"以表格形式显示"选项，如图7-52所示。

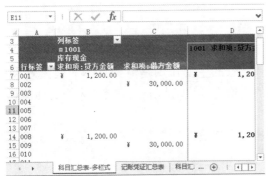

图7-51　设置后的效果

图7-52　选择"以表格形式显示"选项

⑬ 在"值"字段上单击鼠标右键，弹出快捷菜单，从中选择"将值移动到—将值移至行"选项，如图7-53所示。

⑭ 单击"布局"命令组中的"分类汇总"按钮，弹出下拉列表，从中选择"不显示分类汇总"选项，如图7-54所示。

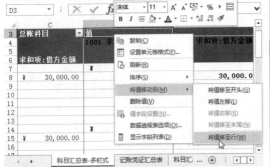

图7-53　选择"将值移至行"选项

图7-54　选择"不显示分类汇总"选项

⑮ 单击"布局"命令组中的"总计"按钮，弹出下拉列表，从中选择"仅对列启用"选项，如图7-55所示。

⑯ 设置完成后，调整行距，至此，多栏式科目汇总表就创建完成了，如图7-56所示。

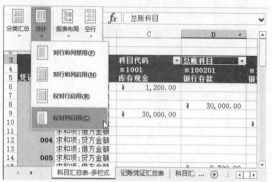

图7-55 选择"仅对列启用"选项

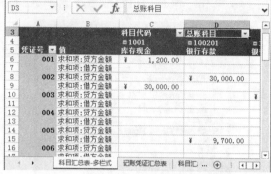

图7-56 最终效果

7.3 设置总分类账

前面我们学习了如何编制总分类账，在月末的时候，会计人员需要将全部经济业务都登记到总分类账中，由于已经设置好公式，所以只需向下填充公式即可。为了使总分类账更加美观，用户可以对其进行适当的美化。

7.3.1 设置总分类账的背景

背景指图画、摄影里衬托主体事物的景物，背景的主要作用是渲染主体的最大效果和作用，起支持作用。为表格添加背景，可以使枯燥的表格变得生动起来，也会使表格更加美观。

【例7-5】为"总分类账"表添加背景。

① 打开总分类账，打开"页面布局"选项卡，单击"页面设置"命令组中的"背景"按钮，如图7-57所示。

② 弹出"插入图片"对话框，在"来自文件"栏单击"浏览"按钮，如图7-58所示。

图7-57 单击"背景"按钮

图7-58 单击"浏览"按钮

③ 弹出"工作表背景"对话框，在其中选择合适的背景图片，单击"插入"按钮，如图7-59所示。

④ 返回工作表编辑区，可以看到添加了背景的工作表，选中A列，单击鼠标右键，弹出快捷菜单，从中选择"插入"选项，如图7-60所示。

图7-59 "工作表背景"对话框

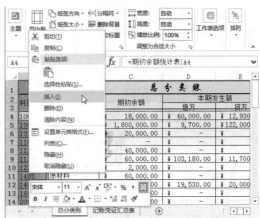

图7-60 选择"插入"选项

05 此时，在表格中插入了一列，将鼠标移动到A列和B列的分隔线上，当鼠标变成"✛"时，按住鼠标左键，向左移动鼠标，如图7-61所示。调整列宽。

06 将鼠标移动都第一列和第二列之间，当鼠标变成"✛"时，按住鼠标左键，向下移动鼠标，如图7-62所示。调整行高。

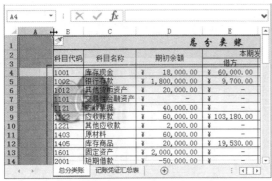

图7-61 调整列宽　　　　　　　　　　　　图7-62 调整行高

07 调整好表格的列宽和行高后，背景就添加完成了，最终效果如图7-63所示。

总 分 类 账						
科目代码	科目名称	期初余额	本期发生额		期末余额	
			借方	贷方		
1001	库存现金	￥ 18,000.00	￥ 60,000.00	￥ 12,930.00	￥ 65,070.00	
1002	银行存款	￥ 1,800,000.00	￥ 9,700.00	￥122,000.00	￥ 1,687,700.00	
1012	其他货币资产	￥ 20,000.00	￥ －	￥ －	￥ 20,000.00	
1101	交易性金融资产	￥ －	￥ －	￥ －	￥ －	
1121	应收票据	￥ 40,000.00	￥ －	￥ －	￥ 40,000.00	
1122	应收账款	￥ 60,000.00	￥ 103,180.00	￥ 11,700.00	￥ 151,480.00	
1221	其他应收款	￥ 2,000.00	￥ －	￥ －	￥ 2,000.00	
1403	原材料	￥ 60,000.00	￥ －	￥ －	￥ 60,000.00	
1405	库存商品	￥ 20,000.00	￥ 19,530.00	￥ 20,000.00	￥ 19,530.00	
1601	固定资产	￥ 2,000,000.00	￥ －	￥ －	￥ 2,000,000.00	
2001	短期借款	￥ －50,000.00	￥ －	￥ －	￥ －50,000.00	

图7-63 最终效果

7.3.2　在总分类账中添加批注

在总分类账中有些地方会出现负值，但是这些负值并不是真正意义上的负数，而是被记在贷方的金额，表示的意思是现金流出，为了对其含义作解释说明，用户可以使用批注。

【例7-6】在"总账分类"表中添加批注。

01 打开总分类账，选中"D2：D3"单元格区域，打开"审阅"选项卡，单击"批注"命令组中的"新建批注"按钮，如图7-64所示。

02 此时，就在选定的单元格中就插入了批注，但是，只有将鼠标移动到该单元格上时，才会显示批注，如果要批注一直显示，可以单击"批注"命令组中的"显示所有批注"按钮，如图7-65所示。

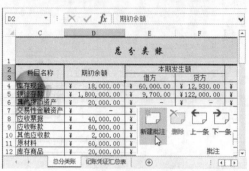

图7-64 单击"新建批注"按钮

图7-65 插入批注后

03 在批注框中输入"注意：本列单元格中负值表示该科目的期初余额在贷方！"，如图7-66所示。

04 选中"G2：G3"单元格区域，单击鼠标右键，弹出快捷菜单，从中选择"插入批注"选项，如图7-67所示。

图7-66 单击"显示所有批注"按钮

图7-67 选择"插入批注"选项

05 在批注中输入"注意：本列单元格中的负值表示期末余额在贷方！"，如图7-68所示。

06 在批注边框上单击鼠标右键，弹出快捷菜单，从中选择"设置批注格式"选项，如图7-69所示。

图7-68 在批注中输入文字

图7-69 选择"设置批注格式"选项

07 弹出"设置批注格式"对话框，打开"字体"选项卡，从中将批注的字体颜色设置为"红色"，其他保持默认不变，如图7-70所示。

08 打开"对齐"选项卡，将文本的对齐方式设置为"靠左"、"居中"，勾选"自动调整大小"复选框，单击"确定"按钮，如图7-71所示。

图7-70 设置批注字体

图7-71 设置文本对齐方式

⑨ 在另一个批注框的框线上单击鼠标右键，弹出快捷菜单，从中选择"设置批注格式"选项，如图7-72所示。

⑩ 弹出"设置批注格式"对话框，打开"字体"选项卡，从中将批注的字体颜色设置为"红色"，其他保持默认不变，如图7-73所示。

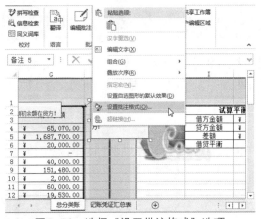

图7-72 选择"设置批注格式"选项

图7-73 设置批注字体

⑪ 打开"属性"选项卡，选择"大小固定，位置随单元格而变"单选项，如图7-74所示。

⑫ 打开"对齐"选项卡，将文字方向设置为"竖排文字"，勾选"自动调整大小"复选框，单击"确定"按钮，如图7-75所示。

图7-74 设置批注属性

图7-75 设置文字方向

⓭ 返回工作表编辑区，可以看到设置后的批注，如图7-76所示。

⓮ 如果不想一直显示批注，可以再次单击"显示所有批注"按钮，这样，只有将鼠标移动到该单元格上时，才会显示批注，如图7-77所示。

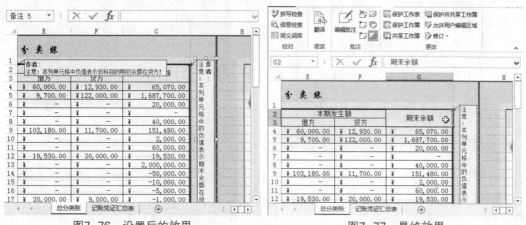

图7-76 设置后的效果　　　　　图7-77 最终效果

7.4 快速编制财务明细账表

财务总分类账是将会计科目的相关数据进行统计汇总，而财务明细账表，则是将各个会计科目的明细数据汇总到一张表格中，可以随时查看明细账目情况，它是对总分类账的一种补充。

1. 相关函数

● SMALL函数

SMALL函数是用来返回数据集中第K个最小值，使用此函数可以返回数据集中特定位置上的数值。该函数的语法格式为：

```
SMALL(array,k)
```

参数array表示需要找到第K个最小值的数组或数字型数据区域；参数k表示要返回的数据在数组和数据区域里的位置（从小到大）。

● ISNUMBER函数

ISNUMBER函数是用来检查某个值是否为数字，并且返回TRUE或FALSE。该函数的语法格式为：

```
ISNUMBER(value)
```

参数value表示要检验的值，该值可以是空白、逻辑值、错误值、文本、数字、引用值，或引用要检验的以上任意值的名称。

如果返回值为数字，则返回TRUE，否则返回FALSE。

● FIND函数

FIND函数以字符为单位，查找一个文本字符串在另一个文本字符串中出现的起始位置的编号。该函数的语法格式为：

```
FIND(find_text,within_text,[start_num])
```

参数find_text表示要查找的文本；参数within_text表示包含要查找文本的文本；参数start_num表示指定要从其开始搜索的字符，若省略，则假设其值为"1"。

● ROW函数

ROW函数是用来返回引用的行号。该函数的语法格式为：

```
ROW([reference])
```

参数reference表示需要得到其行号的单元格或单元格区域。若省略参数reference，则表示是对函数ROW所在单元格的引用。

2. 编制会计科目明细账表

【例7-7】使用公式，创建会计科目明细账表。

01 单击"新工作表"按钮，新建工作表，将其命名为"会计科目明细账表"，然后构建表格的基本框架，设置文字格式，添加边框等，如图7-78所示。

02 选中"A3：A100"单元格区域，打开"开始"选项卡，单击"数字"命令组中的对话框启动器，如图7-79所示。

图7-78　构建基本框架　　　　　　图7-79　单击对话框启动器

03 弹出"设置单元格格式"对话框，打开"数字"选项卡，在"分类"列表框中选择"自定义"选项，在"类型"文本框中输入"00#"，单击"确定"按钮，如图7-80所示。

04 选中"D1"单元格，打开"数据"选项卡，单击"数据工具"命令组中的"数据验证"按钮，弹出下拉列表，从中选择"数据验证"选项，如图7-81所示。

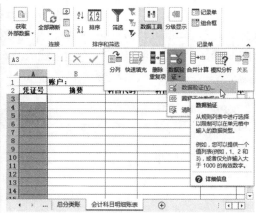

图7-80　"设置单元格格式"对话框　　　图7-81　选择"数据验证"选项

05 弹出"数据验证"对话框，打开"设置"选项卡，在"允许"下拉列表中选择"序列"选项，在"来源"文本框中输入"=总账科目"，单击"确定"按钮，如图7-82所示。

⑥ 选中"C1"单元格，在其中输入"=INDEX(会计科目表!C:C,MATCH(D1,会计科目表!D:D,0))"，按"Shift+Ctrl+Enter"组合键完成数组公式的输入，如图7-83所示。

图7-82 "数据验证"对话框

图7-83 输入公式

⑦ 选中"E3"单元格，在其中输入"=VLOOKUP($C$1,总分类账!B:D,3,0)"，按"Enter"键完成公式的输入，如图7-84所示。计算期初余额。

⑧ 选中"A4"单元格，在其中输入"=INDEX(记账凭证汇总表!A:A,SMALL(IF(ISNUMBER(FIND($C$1,记账凭证汇总表!$D$1:$D$500)),ROW(记账凭证汇总表!$D$1:$D$500),1000),ROW()-3))"，按"Shift+Ctrl+Enter"组合键完成数组公式的输入，如图7-85所示。引入凭证号。

图7-84 计算期初余额

图7-85 引用凭证号

⑨ 选中"B4"单元格，在其中输入"=INDEX(记账凭证汇总表!C:C,SMALL(IF(ISNUMBER(FIND($C$1,记账凭证汇总表!$D$1:$D$500)),ROW(记账凭证汇总表!$D$1:$D$500),1000),ROW()-3))"，按"Shift+Ctrl+Enter"组合键完成数组公式的输入，如图7-86所示。引入摘要。

⑩ 选中"C4"单元格，在其中输入"=INDEX(记账凭证汇总表!D:D,SMALL(IF(ISNUMBER(FIND($C$1,记账凭证汇总表!$D$1:$D$500)),ROW(记账凭证汇总表!$D$1:$D$500),1000),ROW()-3))"，按"Shift+Ctrl+Enter"组合键完成数组公式的输入，如图7-87所示。引入科目代码。

图7-86 引用摘要

图7-87 引用科目代码

⑪ 选中"D4"单元格，在其中输入"=INDEX(记账凭证汇总表!E:E,SMALL(IF(ISNUMBER(FIND($C$1,记

账凭证汇总表!$D$1:$D$500)),ROW(记账凭证汇总表!$D$1:$D$500),1000),ROW()-3))&" "&INDEX(记账凭证汇总表!F:F,SMALL(IF(ISNUMBER(FIND($C$1,记账凭证汇总表!$D$1:$D$500)),ROW(记账凭证汇总表!$D$1:$D$500),1000),ROW()-3))"，按"Shift+Ctrl+Enter"组合键完成数组公式的输入，如图7-88所示。引用科目名称。

⓬ 选中"F4"单元格，在其中输入"=INDEX(记账凭证汇总表!G:G,SMALL(IF(ISNUMBER(FIND($C$1,记账凭证汇总表!$D$1:$D$500)),ROW(记账凭证汇总表!$D$1:$D$500),1000),ROW()-3))"，按"Shift+Ctrl+Enter"组合键完成数组公式的输入，如图7-89所示。引用本期借方发生额。

图7-88 引用科目名称 图7-89 引用本期借方发生额

⓭ 选中"G4"单元格，在其中输入"=INDEX(记账凭证汇总表!H:H,SMALL(IF(ISNUMBER(FIND($C$1,记账凭证汇总表!$D$1:$D$500)),ROW(记账凭证汇总表!$D$1:$D$500),1000),ROW()-3))"，按"Shift+Ctrl+Enter"组合键完成数组公式的输入，如图7-90所示。引入本期贷方发生额。

⓮ 选中"H4"单元格，在其中输入"=E$3+SUM($F$4:F4)-SUM($G$4:G4)"，按"Enter"键完成公式的输入，如图7-91所示。计算期末余额。

图7-90 引用本期贷方发生额 图7-91 计算期末余额

⓯ 将公式填充到下方的单元格中，最终效果如图7-92所示。单击"D1"单元格的下拉按钮，从下拉列表中选择"材料采购"选项，效果如图7-93所示。

图7-92 最终效果 图7-93 查看"材料采购"科目明细

7.5 账务核对和平衡检验

对账，是对前一个清算周期的交易信息进行核对，以确认交易信息的一致性和正确性的过程。对账，就是核对账目，是指在会计核算中，为保证账簿记录正确可靠，对账簿中的有关数据进行检查和核对工作。应当定期将会计账簿记录的有关数字与库存实物、货币资金、有价证券往来单位或个人进行相互核对，保证账证相符、账账相符、账实相符、账表相符，对账工作每年至少进行一次。因此，对账的内容包括账证核对、账账核对、账实核对和账表核对，本节介绍账证核对。

【例7-8】 总分类账和会计科目明细账表的核对（核对科目为"材料采购"）。

01 新建一个名为"账务核对"工作表，在其中创建账务核对表格，如图7-94所示。

02 选中"C3"单元格，在其中输入"=总分类账!D29"，按"Enter"键确认输入，如图7-95所示。导入总分类账中"材料采购"科目的期初余额。

图7-94 创建账务核对的表格　　　　图7-95 导入总分类账的期初余额

03 将鼠标移动到"C3"单元格的右下角，当鼠标变成"+"时，按住鼠标左键，向右移动鼠标，填充公式，如图7-96所示。

04 选中"C4"单元格，在其中输入"=会计科目明细账表!E3"，按"Enter"键确认输入，如图7-97所示，导入会计科目明细账表中，"材料采购"科目的期初余额。

图7-96 向右填充公式　　　　图7-97 导入明细账表的期初余额

05 选中"D4"单元格，在其中输入"=会计科目明细账表!F4+会计科目明细账表!F5+会计科目明细账表!F6+会计科目明细账表!F7"，按"Enter"键确认输入，如图7-98所示。

06 选中"E4"单元格，在其中输入"=SUM(会计科目明细账表!G4:G7)"，按"Enter"键确认输入，如图7-99所示。

07 选中"F4"单元格，在其中输入"=会计科目明细账表!H7"，按"Enter"键确认输入，如图7-100所示。

⑧ 选中"C5"单元格,在其中输入"=IF(C3=C4,"平衡","不平衡")",按"Enter"键确认输入,如图7-101所示。

图7-98 导入本期借方发生额

图7-99 导入本期贷方发生额

图7-100 导入期末余额

图7-101 验证是否平衡

⑨ 将鼠标移动到"C5"单元格的右下角,当鼠标变成"+"时,按住鼠标左键,向右移动鼠标,填充公式,如图7-102所示。

⑩ 将"G3:G5"单元格区域合并,在其中输入"=IF(OR(C5="不平衡",D5="不平衡",E5="不平衡",F5="不平衡"),"账账不符","账账相符")",按"Enter"键确认输入,如图7-103所示。

图7-102 向右填充公式

图7-103 显示平衡检验的结果

⑪ 此时,就完成"材料采购"的账务核对,如图7-104所示。其他的科目也可以使用同样的方法进行核对。

	账务核对				
	比较账簿	期初余额	本期借方发生额	本期贷方发生额	期末余额	结果
材料采购账务核对	总分类账	¥ －	¥18,000.00	¥ 19,530.00	¥ -1,530.00	
	会计科目明细账表	¥ －	¥18,000.00	¥ 19,530.00	¥ -1,530.00	账账相符
	平衡检验	平衡	平衡	平衡	平衡	

图7-104 最终效果

7.6 保护账目理所当然

会计数据对于任何企业来说都是至关重要的，这些数据不能随意更改，必须保持其真实性、准确性。为了防止其他用户擅自更改会计数据，用户需要对这些数据进行保护。

7.6.1 公式的审核和保护

对于会计表格来说，往往会应用大量的公式和函数进行数据处理，而Excel提供了多种工具帮助用户快速查找和修改公式，同时实现对公式错误的修订。

1. 追踪单元格

在Excel中，用户可以使用蓝色的箭头图形化显示单元格间的从属关系，也可以对公式中单元格的引用进行追踪。

【例7-9】追踪引用单元格和从属单元格。

01 选中"G3"单元格，打开"公式"选项卡，单击"公式审核"命令组中的"追踪引用单元格"按钮，如图7-105所示。

02 此时，在工作表中以蓝色箭头形式显示影响当前单元格公式计算值的单元格，表现出单元格间的引用关系，如图7-106所示。

图7-105　单击"追踪引用单元格"按钮　　　　图7-106　显示追踪结果

03 选中"D3"单元格，单击"公式审核"命令组中的"追踪从属单元格"按钮，如图7-107所示。

04 此时，工作表中将使用蓝色箭头指示出受当前选择的单元格数据影响的单元格，表现出单元格间的从属关系，如图7-108所示。

图7-107　单击"追踪从属单元格"按钮　　　　图7-108　显示追踪结果

05 当用户不再需要追踪单元格时，可以单击"公式审核"命令组中的"移去箭头"的下拉按钮，弹出下拉列表，从中选择"移去箭头"选项，如图7-109所示。

06 此时，工作表中蓝色的箭头都消失了，如图7-110所示。

图7-109　选择"移去箭头"选项

图7-110　移去箭头后

2. 错误检查

Excel电子表格为用户提供了对公式进行检查的功能，可以帮助用户快速检查出对应公式的错误原因，方便用户进行修改。

【例7-10】检查公式中的错误。

01 选中"D3"单元格，打开"公式"选项卡，单击"公式审核"命令组中的"错误检查"的下拉按钮，弹出下拉列表，从中选择"错误检查"选项，如图7-111所示。

02 弹出"错误检查"对话框，在该对话框中显示了出错的公式和出错的原因，单击"在编辑栏中编辑"按钮，如图7-112所示。

图7-111　选择"错误检查"选项

图7-112　"在编辑栏中编辑"对话框

03 在编辑栏中修改公式为"=总分类账!E29"，按"Enter"键确认输入，如图7-113所示。

04 返回"错误检查"对话框，单击"继续"按钮，可以继续检查该工作表中的错误，如图7-114所示。

图7-113　修改公式

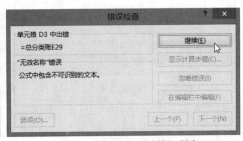
图7-114　单击"继续"按钮

05 当工作表中已经没有错误时，会弹出提示对话框，提示"已完成对整个工作表的错误检查"，此时，单击"确定"按钮即可。

图7-115　提示对话框

知识点拨

在"错误检查"对话框中，单击"关于此错误的帮助"按钮，可以打开该错误的帮助文件；单击"显示计算步骤"按钮，可以打开"公式求值"对话框，在该对话框中，可以查看公式的计算过程，查找公式出错的具体位置；单击"忽略错误"按钮，可以忽略该单元格的错误；单击"在公式编辑栏中编辑"按钮，可以在编辑栏中对公式进行修改或编辑；单击"选项"按钮，可以打开"Excel选项"对话框，从中对错误检查的选项进行设置和规划。

3. 公式求值

"公式求值"对话框可以帮助用户将复杂的公式拆开查看，一步一步地检查公式。

【例7-11】逐步检查公式。

01 选中"G3"单元格，打开"公式"选项卡，单击"公式审核"命令组中的"公式求值"按钮，如图7-116所示。

02 弹出"公式求值"对话框，在"求值"文本框中显示整个公式，并将公式中先进行计算的部分以下划线标出，单击"求值"按钮，可以查看下滑线引用的值，如图7-117所示。

图7-116　单击"公式求值"按钮

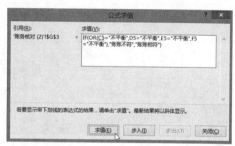

图7-117　单击"求值"按钮

03 此时，计算的结果以斜体字显示，单击"步入"按钮，可以查看引用的其他公式，如图7-118所示。

04 此时，在"求值"文本框中就显示了引用的其他公式，单击"步出"按钮，可以返回以前的单元格或公式，如图7-119所示。

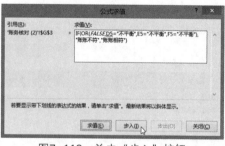

图7-118　单击"步入"按钮

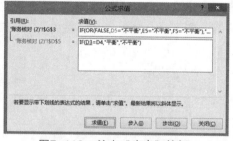

图7-119　单击"步出"按钮

05 继续单击"求值"按钮，查看每一步的计算结果，直到求解完毕，此时，单击"关闭"按钮即可，如图7-120所示。

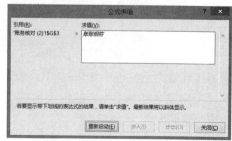

图7-120　单击"关闭"按钮

7.6.2 工作表的保护

为了防止他人对工作表中的会计数据进行修改，用户可以对指定的工作表进行保护。保护工作表有很多种方法，用户可以根据需要自行选择。

【例7-12】对会计科目表进行保护。

① 打开会计科目表，打开"审阅"选项卡，单击"更改"命令组中的"保护工作表"按钮，如图7-121所示。

② 弹出"保护工作表"对话框，在"取消工作表保护时使用的密码"文本框中输入"123"，取消对"允许此工作表的所有用户进行"列表框中复选框的勾选，单击"确定"按钮，如图7-122所示。

③ 弹出"确认密码"对话框，在"重新输入密码"文本框中输入密码"123"，单击"确定"按钮，如图7-123所示。

  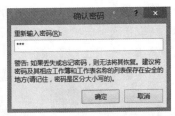

图7-121　单击"保护工作表"按钮　图7-122　"保护工作表"对话框图7-123　"确认密码"对话框

④ 此时，工作表就被保护了，用户无法选中任何单元格，如果修改表格中的内容，就会弹出提示对话框，如图7-124所示。

图7-124　提示对话框

⑤ 如果用户需要对工作表进行修改，那就需要取消对工作表的保护。打开"审阅"选项卡，单击"更改"命令组中的"撤消工作表保护"按钮，如图7-125所示。

⑥ 弹出"撤消工作表保护"对话框，在"密码"文本框中输入"123"，然后单击"确定"按钮，即可撤消对工作表的保护，如图7-126所示。

图7-125　单击"撤消工作表保护"按钮　　图7-126　"撤消工作表保护"对话框

7.6.3 工作簿的保护

保护工作表的操作只能对当前工作表进行保护，而进行工作簿保护，则可以同时保护工作簿中所有工作表。

1. 保护工作簿的结构

【例7-13】保护指定工作簿的结构，使工作簿的结构不能发生变化。

①1 打开工作簿，在其中任意工作表中，打开"审阅"选项卡，单击"更改"命令组中的"保护工作簿"按钮，如图7-127所示。

②2 弹出"保护结构和窗口"对话框，从中勾选"结构"复选框，在"密码"文本框中输入"123"，单击"确定"按钮，如图7-128所示。

③3 弹出"确认密码"对话框，在"重新输入密码"文本框中输入"123"，单击"确定"按钮，如图7-129所示。

④4 此时，用户无法对工作簿中的工作表进行移动、删除、重命名等操作，如果用户需要进行这些操作，可以再次单击"保护工作簿"按钮。

图7-127　单击"保护工作簿"按钮

⑤5 弹出"撤消工作簿保护"对话框，在"密码"文本框中输入"123"，单击"确定"按钮即可，如图7-130所示。

图7-128　"保护结构和窗口"对话框

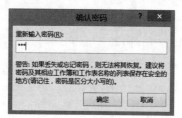

图7-129　"确认密码"对话框

图7-130　"撤消工作簿保护"对话框

2. 将工作簿标记为最终状态

【例7-14】将工作簿标记为最终版本（最终版本下，工作簿中的内容就不能再变动了）。

①1 执行"文件"｜"信息"命令，单击"保护工作簿"按钮，弹出下拉列表，从中选择"标记为最终状态"选项，如图7-131所示。

②2 弹出提示对话框，提示"此工作簿将被标记为最终版本并保存"，单击"确定"按钮，如图7-132所示。

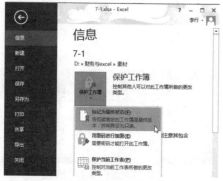

图7-131　选择"标记为最终状态"选项

图7-132　提示对话框

03 弹出第二个提示对话框，提示此文档已被标记为最终状态，无法进行键入、编辑等操作，单击"确定"按钮，如图7-133所示。

04 此时，在工作表标签上单击鼠标右键，弹出快捷菜单，从中可以看到大部分选项都变成"不可用"状态，这就将工作簿标记为最终版本了，如图7-134所示。

图7-133 提示对话框　　　　　　　　图7-134 最终效果

7.6.4 工作表的显示和隐藏

用户除了直接对工作簿和工作进行保护外，还可以将工作簿和工作表进行隐藏，这样也可以起到保护工作表的作用。

1. 隐藏工作表

【例7-15】隐藏和显示指定的工作表。

01 在会计科目表的标签上单击鼠标右键，弹出会计菜单，从中选择"隐藏"选项，如图7-135所示。隐藏会计科目表。

02 此时会计科目表就被隐藏了，系统自动切换到后面一个工作表，打开"开始"选项卡，单击"格式"按钮，弹出下拉列表，从中选择"隐藏和取消隐藏—隐藏工作表"选项，如图7-136所示。

图7-135 选择"隐藏"选项　　　　　　图7-136 选择"隐藏工作表"选项

03 此时，该工作表也会被隐藏起来。如果用户想要打开某个隐藏的工作表，可以在任意工作表标签上单击鼠标右键，弹出快捷菜单，从中选择"取消隐藏"选项，如图7-137所示。

04 弹出"取消隐藏"对话框，在"取消隐藏工作表"列表框中选择要显示的工作表，此处选择"会计科目表"选项，单击"确定"按钮，如图7-138所示。即可将该工作表显示出来。

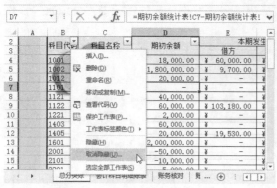

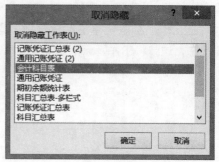

图7-137　选择"取消隐藏"选项　　　　图7-138　"取消隐藏"对话框

2. 隐藏工作簿

【例7-16】隐藏和显示工作簿。

01 在"素材"文件夹中，选中"4-1.xlsx"工作簿，打开"查看"选项卡，单击"隐藏所选项目"按钮，如图7-139所示。

02 此时，该工作簿就从"素材"文件夹中消失了，也就是被隐藏了。在"显示/隐藏"命令组中勾选"隐藏的项目"复选框，即可将隐藏的工作表显示，如图7-140所示。

图7-139　单击"隐藏所选项目"按钮　　　　图7-140　勾选"隐藏的项目"复选框

7.7 上机实训

通过对本章内容的学习，读者对使用Excel保护会计报表有了更深的了解。下面再通过两个实训操作来温习和拓展前面所学的知识。

7.7.1　保护财务报表中的计算公式

在财务表格中，涉及到很多公式的使用，如果不希望别人看到公式，可以将单元格中的公式隐藏起来。下面介绍隐藏总分类账中公式的相关操作。

01 选中"B4：G32"单元格区域，打开"开始"选项卡，单击"数字"命令组中的对话框启动器，如图7-141所示。

02 弹出"设置单元格格式"对话框，打开"保护"选项卡，勾选"隐藏"复选框，单击"确定"按钮，如图7-142所示。

图7-141 单击对话框启动器　　　　图7-142 "设置单元格格式"对话框

03 打开"审阅"选项卡，单击"更改"命令组中的"允许用户编辑区域"按钮，如图7-143所示。

04 弹出"允许用户编辑区域"对话框，单击"新建"按钮，如图7-144所示。

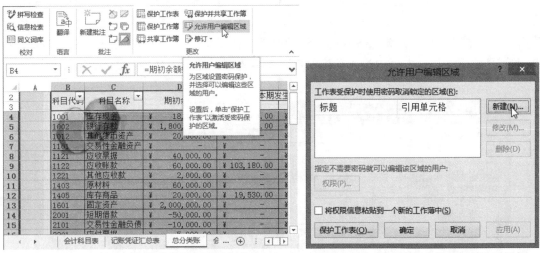

图7-143 单击"允许用户编辑区域"按钮　　图7-144 "允许用户编辑区域"对话框

05 弹出"新区域"对话框，在"区域密码"文本框中输入密码"123"，单击"确定"按钮，如图
7-145所示。

06 弹出"确认密码"对话框，在"重新输入密码"文本框中输入密码"123"，单击"确定"按
钮，如图7-146所示。

图7-145 "新区域"对话框

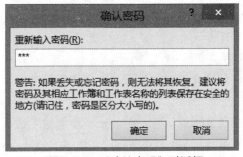

图7-146 "确认密码"对话框

07 返回"允许用户编辑区域"对话框，此时，可以看到在"工作表受保护时使用密码取消锁定的区域"列表框中显示了刚刚设置的区域，单击"保护工作表"按钮，如图7-147所示。

08 弹出"保护工作表"对话框，在"取消工作表保护时使用的密码"文本框中输入密码"123"，其他保持默认设置，如图7-148所示。

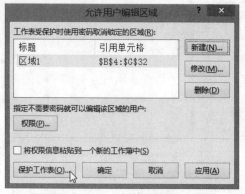

图7-147　单击"保护工作表"按钮　　　　图7-148　"保护工作表"对话框

09 弹出"确认密码"对话框，在"重新输入密码"文本框中输入密码"123"，单击"确定"按钮，如图7-149所示。

10 如果用户修改已被保护的单元格中的内容，则会弹出"取消锁定区域"对话框，在"请输入密码以更改此单元格"文本框中输入正确的密码，单击"确定"按钮即可进行更改，如图7-150所示。

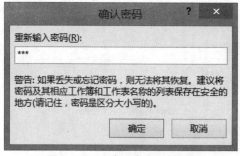

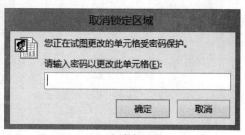

图7-149　"确认密码"对话框　　　　图7-150　"取消锁定区域"对话框

7.7.2　为财务报表设置访问密码

　　用户要保护工作簿，还可以通过设置工作簿打开时的密码，在没有正确的密码的情况下，其他用户是无法打开工作簿的，这样就很好地保证了工作簿的安全。下面介绍设置工作簿打开时密码的相关操作。

01 执行"文件—信息"命令，单击"保护工作簿"按钮，弹出下拉列表，从中选择"用密码进行加密"选项，如图7-151所示。

02 弹出"加密文档"对话框，在"密码"文本框中输入密码"123"，单击"确定"按钮，如图7-152所示。

03 弹出"确认密码"对话框，在"重新输入密码"文本框中输入密码"123"，单击"确定"按钮，如图7-153所示。

04 此时，该工作簿的打开密码就设置好了，最终效果如图7-154所示。

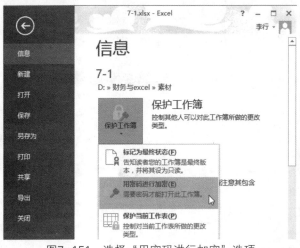

图7-151　选择"用密码进行加密"选项

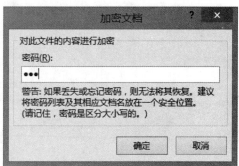

图7-152　"加密文档"对话框

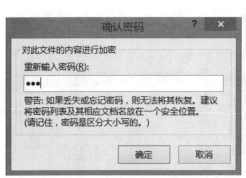

图7-153　"确认密码"对话框

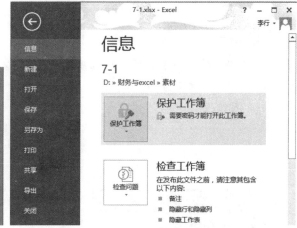

图7-154　最终效果

05 关闭该工作簿，当用户再次打开该工作簿时，就会弹出"密码"对话框，在"密码"文本框中输入正确的密码，才能打开该工作簿，如图7-155所示。

06 如果用户想要取消对工作簿的密码保护，可以执行"文件—另存为"命令，如图7-156所示。

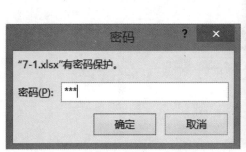

图7-155　"密码"对话框

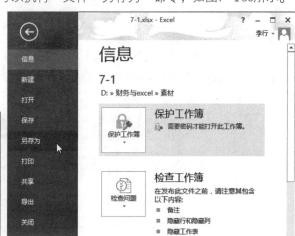

图7-156　执行"另存为"命令

07 选择"计算机"选项，单击"浏览"按钮，如图7-157所示。

08 弹出"另存为"对话框，单击"工具"下拉按钮，弹出下拉列表，从中选择"常规选项"选项，如图7-158所示。

图7-157　单击"浏览"按钮

图7-158　选择"常规选项"选项

09 弹出"常规选项"对话框，将"打开权限密码"文本框中的密码删除，保持"打开权限密码"文本框空白状态，如图7-159所示。

10 单击"确定"按钮，返回"另存为"对话框，单击"保存"按钮，如图7-160所示。

图7-159　"常规选项"对话框

图7-160　单击"保存"按钮

11 弹出"确认另存为"对话框，询问"7-1.xlsx已存在。要替换它吗？"，单击"是"按钮，如图7-161所示。即可取消工作簿的保护密码。

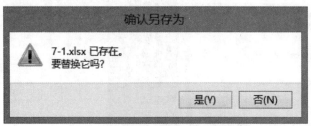

图7-161　"确认另存为"对话框

下面将对学习过程中常见的疑难问题进行汇总，以帮助读者更好地理解前面所讲的内容。

Q：如何在打印时将批注也打印出来？

A：打开"页面设置"对话框，打开"工作表"选项卡，单击"批注"后的下拉列表按钮，弹出下拉列表，从中选择"如同工作表中的显示"选项，单击"确定"按钮，如图7-162所示。然后打开"审阅"选项卡，单击"显示所有批注"按钮即可。

Q：如何对工作簿链接的安全性进行设置？

A：打开"Excel选项"对话框，选择"信任中心"选项，单击"信任中心设置"按钮，打开"信任中心"对话框，从中选择"外部内容"选项，然后在右侧区域进行设置即可如图7-163所示。

图7-162 "页面设置"对话框

图7-163 "信任中心"对话框

Q：如何删除工作表的背景图片？

A：打开"页面布局"选项卡，单击"页面设置"命令组中的"删除背景"按钮，即可将背景删除。

Q：如何清除数据的组合？

A：选择需要清除组合所在的行或者列中任意的单元格，打开"数据"选项卡，单击"分级显示"命令组中的"取消组合"按钮，弹出下拉列表，从中选择"取消组合"选项，打开"取消组合"对话框，在其中选择"行"或者"列"单选项，单击"确定"按钮即可。

Q：如何在数据透视表中插入批注？

A：数据透视表不支持对选中的单元格，通过单击鼠标右键打开快捷菜单的方法插入批注。用户可以单击数据透视表需要插入批注的单元格，打开"审阅"选项卡，单击"批注"命令组中的"新建批注"按钮。

Q：在Excel的单元格中出现"#N/A"错误信息是什么意思？

A：此种错误产生的原因是函数或公式中没有可用的值，解决的方法是在没有数值的单元格中输入"#N/A"，这样，公式在引用这些单元格时，将不进行数值计算，而是直接返回"#N/A"，从而避免了错误的产生。

Q：在Excel的单元格中出现"#REF!"错误信息是什么意思？

A：当引用的单元格无效时会出现这种错误信息，需要确认引用的单元格是否存在。

为了让用户能够更好地掌握保护工作簿，核对账务，用户可以做做下面的练习。

◉ 设置修改权限密码

本例将帮助用户练习设置工作簿的权限密码，通过"另存为"对话框打开"常规选项"对话框，然后进行设置即可，如图7-164和7-165所示。

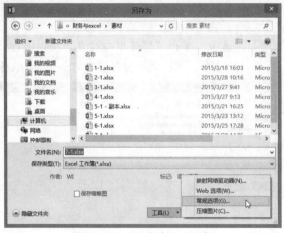

图7-164　"另存为"对话框

图7-165　"常规选项"对话框

操作提示

01 打开"另存为"对话框；

02 选择"常规选项"选项；

03 打开"常规选项"对话框；

04 设置修改权限密码。

◉ 核对库存现金

本例将帮助用户巩固账务核对，练习引用公式，进行平衡计算等，最终的效果如图7-166所示。

	账务核对					
	比较账簿	期初余额	本期借方发生额	本期贷方发生额	期末余额	结果
库存现金账务核对	总分类账	¥ 18,000.00	¥60,000.00	¥ 12,930.00	¥ 65,070.00	账账相符
	会计科目明细账表	¥ 18,000.00	¥60,000.00	¥ 12,930.00	¥ 65,070.00	
	平衡检验	平衡	平衡	平衡	平衡	

图7-166　最终效果

操作提示

01 构建表格框架；

02 引用总分类账中的数据；

03 引用会计科目明细账表中的数据；

04 进行平衡检验。

第 **8** 章

其他常用报表的创建

本章概述 使用Excel进行财务管理是很方便的，不仅可以帮助用户制作各种表单，还可以使用排序、筛选、汇总等工具，帮助用户分析表格中的数据。前面我们学习了多种财务表格的制作，为了使用户了解更多的财务表格，本章将继续介绍几种财务中常见的表格，以备用户不时之需。

知识要点 ● 创建银行存款日记账　　　　　　● 创建生产成本汇总表
　　　　　　● 创建销售业绩分析表

8.1　银行账表

现代经济业务中，银行起到了重要的作用，因此，也就产生了很多与银行相关的业务，很多与银行相关的财务表格，银行存款日记账和银行存款总账就是其中常见的两种表格。

8.1.1　创建银行存款日记账

银行存款日记账是专门用来记录银行存款收支业务的一种特种日记账，必须采用订本式账簿，其账页格式一般采用"借"、"贷"和"余额"三栏式，用来反映银行存款的增加、减少和结存情况的账簿。

【例8-1】创建"三栏式"银行存款日记账。

01 新建名称为"银行存款日记账"工作表，在其中构建基本框架，选中A列到G列单元格区域，打开"开始"选项卡，单击"条件格式"按钮，从弹出的下拉列表中选择"新建规则"选项，如图8-1所示。

02 弹出"新建格式规则"对话框，在"选择规则类型"列表框中选择"使用公式确定要设置格式的单元格"选项，如图8-2所示。

图8-1　选择"新建规则"选项

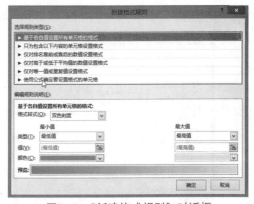

图8-2　"新建格式规则"对话框

03 在"编辑规则说明"文本框中输入"=$A2<>"""，单击"格式"按钮，如图8-3所示。

04 弹出"设置单元格格式"对话框，打开"边框"选项卡，设置线条样式和颜色，单击"外边框"按钮，如图8-4所示。

图8-3 输入公式

图8-4 "设置单元格格式"对话框

05 单击"确定"按钮后，返回"新建格式规则"对话框，此时在"预览"文本框中可以看到设置的效果，单击"确定"按钮，如图8-5所示。

06 选中"B4：B50"单元格区域，打开"数据"选项卡，单击"数据工具"命令组中的"数据验证"按钮，弹出下拉列表，从中选择"数据验证"选项，如图8-6所示。

图8-5 单击"确定"按钮

图8-6 选择"数据验证"选项

07 弹出"数据验证"对话框，打开"设置"选项卡，在"允许"下拉列表中选择"序列"选项，在"来源"列表框中输入"本票,现支,电汇,转支,委托收款,银行汇票"，如图8-7所示。

08 打开"输入信息"选项卡，在"标题"文本框中输入"注意："，在"输入信息"文本框中输入"请选择正确的结算方式！"，单击"确定"按钮，如图8-8所示。

图8-7 "数据验证"对话框

图8-8 设置输入信息

⑨ 选中"E3：G50"单元格区域，打开"开始"选项卡，单击"数字"命令组中的"数字格式"按钮，从弹出的下拉列表中选择"会计专用"选项，如图8-9所示。

⑩ 选中"G4"单元格，在其中输入"=G3+E4-F4"，按"Enter"键确认输入，如图8-10所示。计算余额，将公式向下填充到下方的单元格中。并按照审核无误的记账凭证输入经济业务。

图8-9　设置数字格式　　　　　　　　　　图8-10　计算余额

⑪ 选中第四行，打开"视图"选项卡，单击"窗口"命令组中的"冻结窗格"按钮，弹出下拉列表，从中选择"冻结拆分窗格"选项，如图8-11所示。

⑫ 选中"E14"单元格，在其中输入"=SUM(E4:E13)"，按"Enter"键确认输入，如图8-12所示。计算贷方金额汇总。

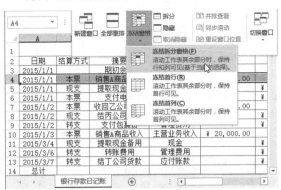

图8-11　选择"冻结拆分窗格"选项　　　　　图8-12　输入求和公式

⑬ 选中"G14"单元格，在其中输入"=G3+E14-F14"，按"Enter"键确认输入，如图8-13所示。然后调整列宽，最终效果如图8-14所示。

图8-13　计算余额　　　　　　　　　　图8-14　最终效果

8.1.2 创建银行存款日记账汇总表

由于一家企业可能不止一个银行账户，它会同时与多家银行进行合作，这样就造成了多张银行存款日记账。为了汇总不同银行的数据，创建银行存款日记账汇总表是个好方法。

【例8-2】创建银行存款日记账汇总表，汇总各家银行存款日记账中的数据。

01 新建一个名为"银行存款日记账汇总表"工作表，在工作表中输入标题和列标题，并设置格式，为表格添加边框，如图8-15所示。

02 选中"B4：D50"单元格区域，打开"开始"选项卡，单击"数字"命令组中的"数字格式"按钮，弹出下拉列表，从中选择"会计专用"选项，如图8-16所示。

图8-15 构建基本框架

图8-16 设置数字格式

03 在工作表中输入日期，选中"D4"单元格，在其中输入"=中国银行日记账!G3+建设银行日记账!G3"，按"Enter"键确认输入，如图8-17所示。

04 选中"B5"单元格，在其中输入"=SUMIF(中国银行日记账!$A$4:$A$15,A5,中国银行日记账!$E$4:$E$15)+SUMIF(建设银行日记账!$A$4:$A$15,A5,建设银行日记账!$E$4:$E$15)"，按"Enter"键确认输入，如图8-18所示。

图8-17 计算期初余额

图8-18 计算借方金额

05 选中"C5"单元格，在其中输入"=SUMIF(中国银行日记账!$A$4:$A$15,A5,中国银行日记账!$F$4:$F$15)+SUMIF(建设银行日记账!$A$4:$A$15,A5,建设银行日记账!$F$4:$F$15)"，按"Enter"键确认输入，如图8-19所示。

06 选中"D5"单元格，在其中输入"=D4+B5-C5"，按"Enter"键确认输入，如图8-20所示。

07 选中"B5：D5"单元格区域，将鼠标移动到"D5"单元格的右下角，当鼠标变成"+"时，按住鼠标左键，向下移动鼠标，填充公式，如图8-21所示。

08 选中"B16"单元格，在其中输入求和公式"=SUM(B5:B15)"，按"Enter"键确认输入，如图8-21所示。

图8-19 计算贷方金额

图8-20 计算余额

图8-21 向下填充公式

图8-22 汇总借方金额

09 选中"D16"单元格，在其中输入"=D4+B16-C16"，按"Enter"键确认输入，如图8-23所示。对银行存款日记账汇总表做适当调整后，最终效果如图8-24所示。

图8-23 计算余额

图8-24 最终效果

8.2 销售分析表

在财务管理中，还会涉及很多销售统计表、销售分析表和销售汇总表。财务人员根据这些表格中的数据，对销售人员的业绩、提成、奖金等进行核算。还可以使用这些表格对销售情况进行分析和预测。

8.2.1 创建销售业绩分析表

企业一般会按月、季、半年、一年等时间段，编制销售业绩分析表，对各种商品的销售情况进行统计和分析。

【例8-3】创建上半年销售业绩分析表。

01 创建一个名为"销售业绩分析表"的工作表，在表中创建上半年销售业绩分析表的基本框架，并添加表格，如图8-25所示。

02 选中"B3：F9"单元格区域，打开"开始"选项卡，单击"数字"命令组中的"数字格式"按钮，弹出下拉列表，从中选择"数值"选项，如图8-26所示。

图8-25 创建销售业绩分析表

图8-26 设置数字格式

03 选中"F3"单元格，在其中输入"=SUM(B3:E3)"，按"Enter"键确认输入，如图8-27所示。

04 选中"B9"单元格，在其中输入"=SUM(B3:B8)"，按"Enter"键确认输入，如图8-28所示。

图8-27 计算1月份所有产品的总销售额

图8-28 计算上半年甲产品的总销售额

05 选中"F3"单元格，将鼠标移动到该单元格的右下角，当鼠标变成"+"时，按住鼠标左键，向下移动鼠标，填充公式，如图8-29所示。

06 选中"B9"单元格，将鼠标移动到该单元格的右下角，当鼠标变成"+"时，按住鼠标左键，向右移动鼠标，填充公式，如图8-30所示。

07 按照实际的销售情况输入销售金额，并调整列宽，如图8-31所示。

08 选中"B10：E10"单元格区域，打开"插入"选项卡，单击"迷你图"命令组中的"折线图"按钮，如图8-32所示。

09 弹出"创建迷你图"对话框，单击"数据范围"文本框中的"折叠"按钮，如图8-33所示。

10 此时"创建迷你图"对话框被折叠起来，选中"B3：E8"单元格区域，再次单击"折叠"按钮，如图8-34所示。

图8-29　向下填充公式

图8-30　向右填充公式

图8-31　输入基本数据

图8-32　单击"折线图"按钮

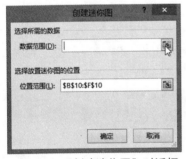

图8-33　"创建迷你图"对话框

图8-34　选择数据区域

⑪ 返回到"创建迷你图"对话框的展开状态，此时，在"数据范围"文本框中已经包含了选择的数据区域，单击"确定"按钮，如图8-35所示。

⑫ 此时，在选定的区域，就可以看到创建的迷你图，迷你图形象的展示了数据的趋势变化，如图8-36所示。

图8-35　单击"确定"按钮

图8-36　最终效果

8.2.2 利用图表辅助分析

除了使用迷你图进行销售数据的趋势分析外，用户还可以根据销售业绩分析表，创建柱形图和折线图，通过它们进一步分析销售数据。

【例8-4】通过图表对销售业绩进行分析（创建柱形图和折线图）。

01 打开销售业绩分析表，选中"B2：E2"和"B9：E9"单元格区域，打开"插入"选项卡，单击"图表"命令组中的对话框启动器，如图8-37所示。

02 弹出"插入图表"对话框，打开"所有图表"选项卡，从中选择"柱形图—三维簇状柱形图"选项，单击"确定"按钮，如图8-38所示。

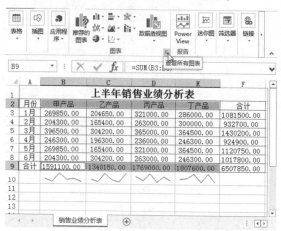

图8-37　单击对话框启动器　　　　　图8-38　"插入图表"对话框

03 弹出新建的图表，选中图表标题，将其修改为"各类产品销售业绩分析"，如图8-39所示。

04 打开"图表工具—设计"选项卡，单击"图表布局"命令组中的"添加图表元素"按钮，弹出下拉列表，从中选择"数据表—显示图例项标示"选项，如图8-40所示。

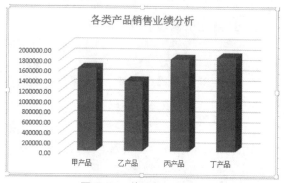

图8-39　修改标题名称

图8-40　选择"显示图例项标示"选项

05 选中"A3：A8"和"F3：F8"单元格区域，打开"插入"选项卡，单击"图表"命令组中的对话框启动器，如图8-41所示。

06 弹出"插入图表"对话框，打开"所有图表"选项卡，从中选择"折线图—带数据标记的折线图"选项，单击"确定"按钮，如图8-42所示。

07 弹出带数据标记的折线图，将图表名称修改为"上半年各月份销售业绩分析"，如图8-43所示。

08 打开"图表工具—设计"选项卡，单击"图表样式"命令组中的"快速样式"按钮，弹出下拉列表，从中选择"样式12"选项，如图8-44所示。

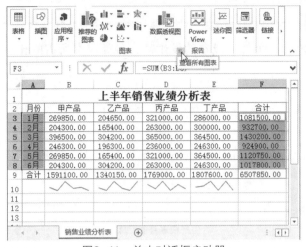

图8-41 单击对话框启动器

图8-42 "插入图表"对话框

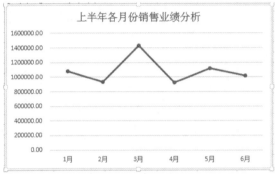

图8-43 修改图表标题

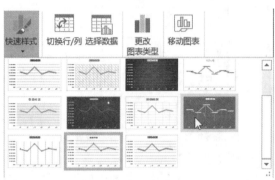

图8-44 选择合适的样式

09 到此，按照不同分类方式创建的图表就完成了，通过各类产品销售业绩分析图，可以分析不同产品在相同时间内的销售情况，如图8-45所示。

10 通过上半年各月份销售业绩分析图，可以分析不同月份中所有产品的销售情况，如图8-46所示。

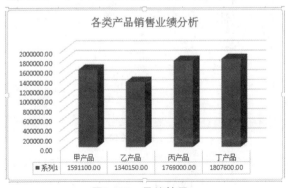

图8-45 最终效果1

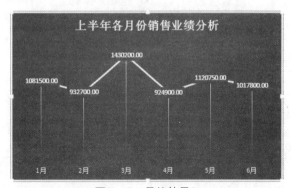

图8-46 最终效果2

8.3 生产成本表

成本分析时按照一定的原则，采用一定的方法，控制实际成本的支出，查明成本升降的原因，寻求降低成本的途径和方法。而对成本进行分析，离不开成本分析的相关表格。

8.3.1 创建生产成本月度汇总表

生产成本月度汇总表是指以月为单位，统计一个月内成本的发生额、各类成本所占的比重情况、单位成本情况。

【例8-5】编制生产成本月度汇总表。

01 新建名称为"生产成本月度汇总表"的工作表，在其中输入标题、行标题、列标题和基本数据，构建基本的框架，如图8-47所示。

02 选中"C8"单元格，在其中输入"=SUM(C5:C7)"，按"Enter"键确认输入，如图8-48所示。计算成本总额。

图8-47　构建基本框架　　　　　　　　　图8-48　计算成本总额

03 将鼠标移动到"C8"单元格的右下角，当鼠标变成"+"时，按住鼠标左键，向右移动鼠标，填充公式，如图8-49所示。

04 选中"C11"单元格，在其中输入"=IF(C10=0,"　",C9/C10)"，按"Enter"键确认输入，如图8-50所示。计算单位成本。

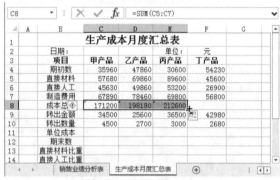

图8-49　向右填充公式

图8-50　计算单位成本

05 选中"C12"单元格，在其中输入"=C4+C8-C9"，按"Enter"键确认输入，如图8-51所示。计算期末数。

06 选中"C13"单元格，在其中输入"=IF(C8=0,0,C5/C8)"，按"Enter"键确认输入，如图8-52所示。计算直接材料比重。

07 选中"C14"单元格，在其中输入"=IF(C8=0,0,C6/C8)"，按"Enter"键确认输入，如图8-53所示。计算直接人工比重。

08 选中"C15"单元格，在其中输入"=IF(C8=0,0,C7/C8)"，按"Enter"键确认输入，如图8-54所示。计算制造费用比重。

图8-51 计算期末数

图8-52 计算直接材料比重

图8-53 计算直接人工比重

图8-54 计算制造费用比重

⑨ 选中 "C16" 单元格，在其中输入 "=C8/SUM($C$8:$F$8)"，按 "Enter" 键确认输入，如图8-55所示。计算成本结构。

⑩ 将公式填充到其右方的单元格中，并设置单元格的格式，效果如图8-56所示。

图8-55 计算成本结构

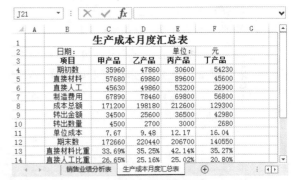

图8-56 设置数字格式

⑪ 选中 "B3：F16" 单元格区域，打开 "开始" 选项卡，单击 "样式" 命令组中的 "套用表格格式" 按钮，弹出下拉列表，从中选择 "表样式中等深浅5" 选项，如图8-57所示。

⑫ 弹出 "套用表格式" 对话框，核对表数据的来源，勾选 "表包含标题" 复选框，单击 "确定" 按钮，如图8-58所示。

⑬ 此时，就套用了系统的固定样式，选中 "C8：F8" 单元格区域，单击 "⟐" 按钮，弹出下拉列表，从中选择 "忽略错误" 选项，如图8-59所示。

⑭ 调整表格的列宽，至此，生产成本月度汇总表就创建完成了，如图8-60所示。

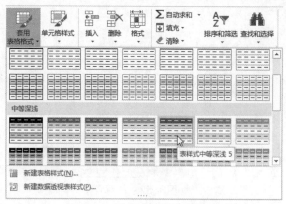

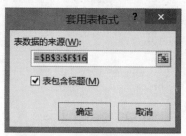

图8-57 选择合适的表格格式　　　　　　图8-58 "套用表格式"对话框

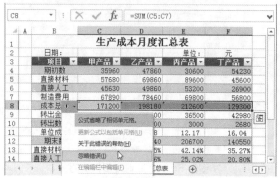

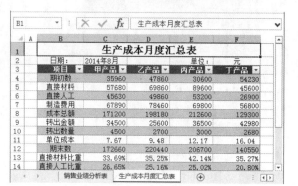

图8-59 选择"忽略错误"选项　　　　　　图8-60 最终效果

8.3.2 生产成本年度汇总表

企业在一年结束时，会对整年的生产成本进行汇总，也就是通过创建生产成本年度汇总表，对各项成本发生额进行总体分析。

【例8-6】创建生产成本年度汇总表。

01 在生产成本月度汇总表的标签上单击鼠标右键，弹出快捷菜单，从中选择"移动或复制"选项，如图8-61所示。

02 弹出"移动或复制工作表"对话框，在"下列选定工作表之前"列表框中选择"（移至最后）"选项，勾选"建立副本"复选框，单击"确定"按钮，如图8-62所示。

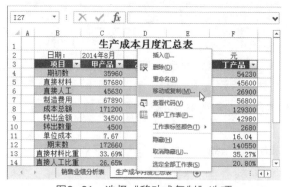

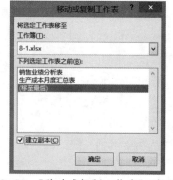

图8-61 选择"移动或复制"选项　　　　　　图8-62 "移动或复制工作表"对话框

03 此时，弹出"生产成本月度汇总表（2）"，在其标签上单击鼠标右键，弹出快捷菜单，从中选择

"重命名"选项，如图8-63所示。

04 将名称修改为"生产成本年度汇总表"，接着修改标题，然后选中"C3：F16"单元格区域，按"Delete"键将数据删除，如图8-64所示。

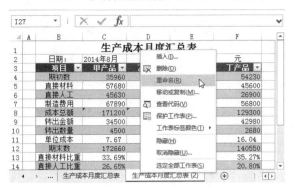

图8-63 选择"重命名"选项　　　　图8-64 删除数据

05 在工作表中按实际情况，输入数据，调整列宽，如图8-65所示。

06 选中"C8"单元格，在其中输入"=SUM(C5:C7)"，按"Enter"键确认输入，如图8-66所示。计算成本总额。

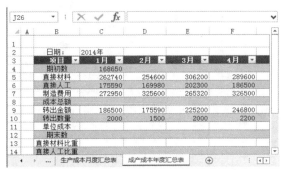

图8-65 输入基本数据　　　　图8-66 计算成本总额

07 选中"C11"单元格，在其中输入"=C9/C10"，按"Enter"键确认输入，如图8-67所示。计算单位成本。

08 选中"C12"单元格，在其中输入"=C4+C8-C9"，按"Enter"键确认输入，如图8-68所示。计算期末数。

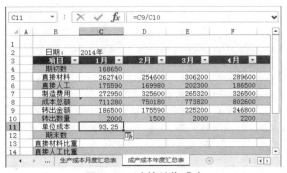

图8-67 计算单位成本　　　　图8-68 计算期末数

09 选中"D4"单元格，在其中输入"=C12"，按"Enter"键确认输入，如图8-69所示。计算期初数。

⑩ 选中"C13"单元格，在其中输入"=C5/C8"，按"Enter"键确认输入，如图8-70所示。计算直接材料比重。

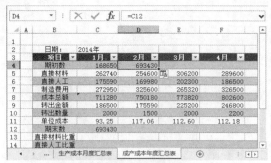

图8-69　计算期初数

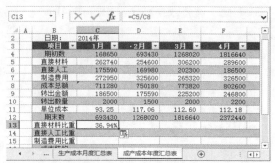

图8-70　计算直接材料比重

⑪ 选中"C14"单元格，在其中输入"=C6/C8"，按"Enter"键确认输入，如图8-71所示。计算直接人工比重。

⑫ 选中"C15"单元格，在其中输入"=C7/C8"，按"Enter"键确认输入，如图8-72所示。计算直接制造费用比重。

图8-71　计算直接人工比重

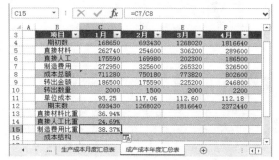

图8-72　计算制造费用比重

⑬ 选中"O4"单元格，在其中输入"=SUM(生产成本年度汇总表!$C4:$N4)"，按"Enter"键确认输入，如图8-73所示。计算全年合计数。

⑭ 选中"D16"单元格，在其中输入"=O5/O8"，按"Enter"键确认输入，如图8-74所示。计算成本结构。

图8-73　计算全年合计数

图8-74　计算成本结构

⑮ 打开"开始"选项卡，单击"样式"命令组中的"套用表格格式"按钮，弹出下拉列表，从中选择"表样式中等深浅9"选项，更改表格样式，如图8-75所示。

⑯ 打开"表格工具—设计"选项卡，单击"工具"命令组中的"转换为区域"按钮，如图8-76所示。将表格转换为普通的单元格区域。

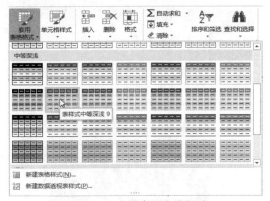

图8-75 选择合适表格样式

图8-76 单击"转换为区域"按钮

⑰ 此时，弹出提示对话框，提示"是否将表转换为普通区域"，单击"是"按钮，如图8-77所示。

⑱ 此时，该表格就转换成了普通的单元格区域，对表格做适当的调整，最终效果如图8-78所示。

图8-77 提示对话框

图8-78 最终效果

8.3.3 利用饼图辅助分析

企业每年会对成本结构进行分析，了解成本的构成，查看哪些成本偏高，哪些成本偏低，进而寻求降低成本的途径和方法。在对成本结构进行分析时，图表可以使数据更加直观明了。

【例8-7】创建饼图对成本结构进行分析（分析直接材料、直接人工和制造费用的占比情况）。

① 新建名称为"成本结构分析"工作表，在其中构建成本结构分析表，将生产成本年度汇总表中的数据复制过来，如图8-79所示。

② 选中"B2：C5"单元格区域，打开"插入"选项卡，单击"插入饼图或圆环图"下拉按钮，弹出下拉列表，从中选择"三维饼图"选项，如图8-80所示。

图8-79 新建成本结构分析表

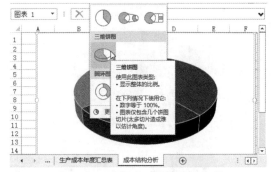

图8-80 选择"三维饼图"选项

03 弹出新建的饼图,打开"图表工具—设计"选项卡,单击"快速布局"按钮,弹出下拉列表,从中选择"布局1"选项,如图8-81所示。

04 将图表标题修改为"成本结构年度分析",调整图表大小,效果如图8-82所示。

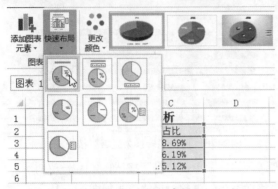

图8-81 设置布局

图8-82 修改饼图标题

05 为图表修改颜色,单击"图表样式"命令组中的"更改颜色"按钮,弹出下拉列表,从中选择"颜色4"选项,如图8-83所示。

06 设置图表样式,单击"图表样式"命令组中的"快速样式"按钮,弹出下拉列表,从中选择"样式2"选项,如图8-84所示。

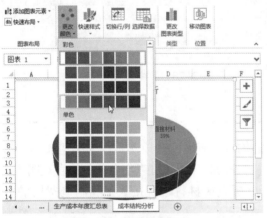

图8-83 更改图表颜色

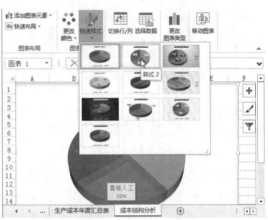

图8-84 选择"样式2"选项

07 将饼图各部分分开。将鼠标放置到饼图的一部分上,当鼠标变成"⊹"时,按住鼠标左键,拖动鼠标,将其从整体中分开,如图8-85所示。

08 同样的方法,将其他部门也分开,使其成为独立的扇形,效果如图8-86所示。

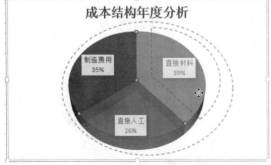

图8-85 将饼图各部分分开

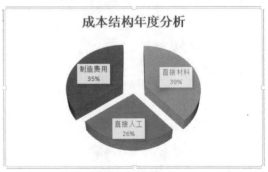

图8-86 分开后的效果

09 打开"图表工具-格式"选项卡,单击"形状样式"命令组中的"形状效果"按钮,弹出下拉列表,从中选择"预设—预设10"选项,如图8-87所示。

10 单击"形状样式"命令组中的"其他"按钮,弹出下拉列表,从中选择"细微效果—红色,强调颜色2"选项,如图8-88所示。

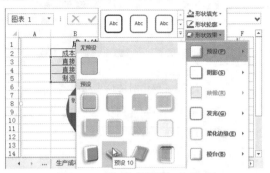 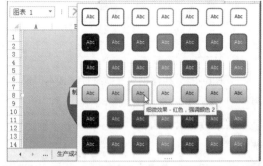

图8-87 选择"预设10"选项　　　　图8-88 选择"细微效果—红色,强调颜色2"选项

11 为图表添加棱台效果。单击"形状样式"命令组中的"形状效果"按钮,弹出下拉列表,从中选择"棱台-柔圆"选项,如图8-89所示。

12 返回图表编辑区,可以看到设置好图表,在图中,可以直观的看到各种成本的比重,如图8-90所示。

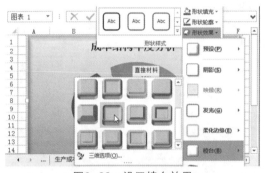 

图8-89 设置棱台效果　　　　　　图8-90 最终效果

8.4 上机实训

通过对本章内容的学习,读者对使用Excel创建财务表格有了更深的了解。下面再通过两个实训操作来温习和拓展前面所学的知识。

8.4.1 构建销售业绩统计表

销售业绩统计表,在销售管理中占有重要的地位,每个企业,根据自身的情况,制作的销售业绩统计表也是不同的,但总体的方向是相同的,都是用来汇总销售过程中的数据的。下面介绍创建销售业绩统计表的相关操作。

01 新建工作表,将其重命名为"销售业绩统计表",在表中构建销售业绩统计表的基本框架,并添加边框,如图8-91所示。

02 选中"C5:G5"、"C7:G7"、"C9:G9"、"C11:G11"和"C13:G13"单元格区域,打开"开始"选项卡,单击"数字"命令组中的对话框启动器,如图8-92所示。

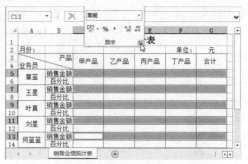

图8-91　构建销售业绩统计表基本框架　　　　图8-92　单击对话框启动器

03 弹出"设置单元格格式"对话框，打开"数字"选项卡，在"分类"列表框中选择"数值"选项，将小数位数设置为"2"，单击"确定"按钮，如图8-93所示。

04 选中"C6：G6"、"C8：G8"、"C10：G10"、"C12：G12"和"C14：G14"单元格区域，打开"设置单元格格式"对话框，打开"数字"选项卡，在"分类"列表框中选择"百分比"选项，将小数位数设置为"2"，单击"确定"按钮，如图8-94所示。

图8-93　设置"数值"型格式　　　　　　图8-94　设置"百分比"型格式

05 选中"A3：G4"和"A5：B15"单元格区域，打开"开始"选项卡，单击"样式"命令组中的"单元格样式"按钮，弹出下拉列表，从中选择"计算"选项，如图8-95所示。

06 选中"C6：G6"、"C8：G8"、"C10：G10"、"C12：G12"和"C14：G14"单元格区域，打开"开始"选项卡，单击"样式"命令组中的"单元格样式"按钮，弹出下拉列表，从中选择"20%，着色6"选项，如图8-96所示。

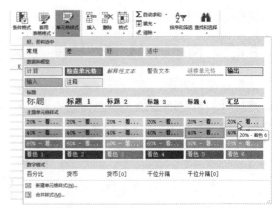

图8-95　选择"计算"选项　　　　　　　图8-96　选择"20%，着色6"选项

07 选中 "B2" 单元格，在其中输入 "=MONTH(TODAY())"，按 "Enter" 键确认输入，如图8-97所示。

08 选中 "G5" 单元格，在其中输入 "=SUM(C5:F5)"，按 "Enter" 键确认输入，如图8-98所示。

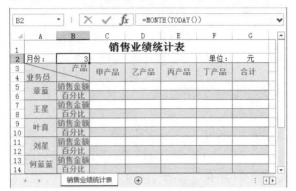

图8-97　输入当前月份

图8-98　计算销售员的销售金额合计

09 选中 "C15" 单元格，在其中输入 "=C5+C7+C9+C11+C13"，按 "Enter" 键确认输入，如图8-99所示。

10 选中 "C6" 单元格，在其中输入 "=C5/C15"，按 "Enter" 键确认输入，如图8-100所示。

图8-99　计算甲产品的销售金额合计

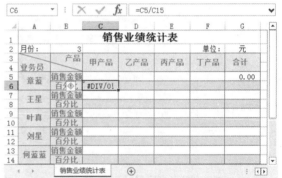

图8-100　计算 "章蓝" 销售甲产品的百分比

11 选中 "C8" 单元格，在其中输入 "=C7/C15"，按 "Enter" 键确认输入，如图8-101所示。

12 选中 "C10" 单元格，在其中输入 "=C9/C15"，按 "Enter" 键确认输入，如图8-102所示。

图8-101　计算 "王星" 销售甲产品的百分比

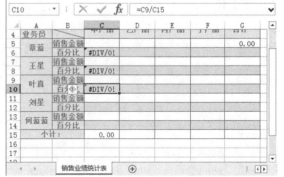

图8-102　计算 "叶真" 销售甲产品的百分比

13 选中 "C12" 单元格，在其中输入 "=C11/C15"，按 "Enter" 键确认输入，如图8-103所示。

14 选中 "C14" 单元格，在其中输入 "=C13/C15"，按 "Enter" 键确认输入，如图8-104所示。

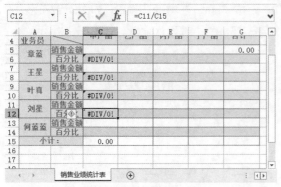

图8-103　计算"刘星"销售甲产品的百分比

图8-104　计算"何蓝蓝"销售甲产品的百分比

⑮ 将百分比公式填充到其右方的单元格中，将计算各产品的销售金额的公式填充到其右方的单元格中，将计算销售员的销售金额的公式复制到其下方的单元格中，如图8-105所示。

⑯ 在表格中输入销售金额，调整表格的列宽，最终的效果如图8-106所示。

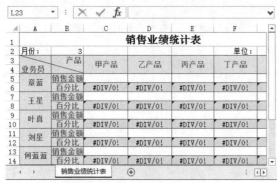

图8-105　向右填充公式

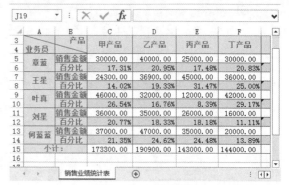

图8-106　最终效果

8.4.2　制作委外加工单

委外加工，又称外协，是指企业委托其他企业代为加工。委外加工一般可以分为全外协和部分外协两种情况。企业进行委外加工业务时，需要使用委外加工单。下面介绍创建委外加工单的相关操作。

① 新建工作表，将其命名为"委外加工单"，在表中输入标题等基本信息，如图8-107所示。

② 选中"A1：H1"单元格区域，打开"开始"选项卡，单击"字体"命令组中的对话框启动器，如图8-108所示，设置标题格式。

图8-107　新建工作表

图8-108　单击对话框启动器

③ 弹出"设置单元格格式"对话框，打开"字体"选项卡，从中将标题设置为"方正行楷简体"、"加粗"和"16"，如图8-109所示。

④ 打开"对齐"选项卡，在"水平对齐"下拉列表中选择"居中"选项，在"垂直对齐"下拉列表中选择"居中"选项，勾选"合并单元格"复选框，单击"确定"按钮，如图8-110所示。

图8-109 设置标题字体

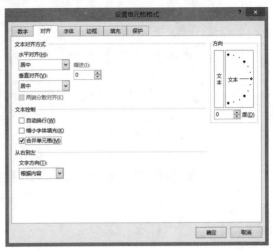

图8-110 设置对齐方式

⑤ 选中"A2：H2"单元格区域，单击"对齐方式"命令组中"合并后居中"下拉按钮，弹出下拉列表，从中选择"合并后居中"选项，如图8-111所示。

⑥ 单击"字体"命令组中的"字号"按钮，弹出下拉列表，从中选择"14"选项，如图8-112所示。

图8-111 选择"合并后居中"选项

图8-112 选择"14"选项

⑦ 选中"A4：H20"单元格区域，单击鼠标右键，弹出快捷菜单，从中选择"设置单元格格式"选项，如图8-113所示。

⑧ 弹出"设置单元格格式"对话框，打开"边框"选项卡，在"样式"列表框中选择合适的样式，单击"外边框"按钮，同样的方法，设置内部框线，然后单击"确定"按钮，如图8-114所示。

⑨ 选中"A5：H6"单元格区域，打开"设置单元格格式"对话框，打开"边框"选项卡，在"样式"列表框中选择"双框线"，单击"下框线"按钮，单击"确定"按钮，如图8-115所示。

⑩ 选中"A7：H10"单元格区域，打开"设置单元格格式"对话框，打开"边框"选项卡，在"样式"列表框中选择"双框线"，单击"下框线"按钮，接着单击"上框线"按钮，如图8-116所示。

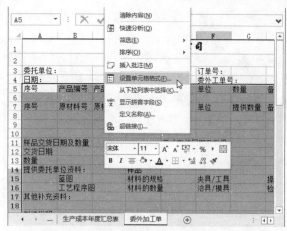

图8-113 选择"设置单元格格式"选项

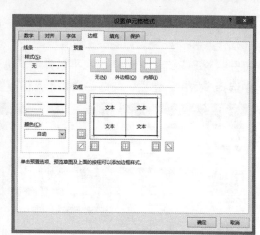

图8-114 设置边框

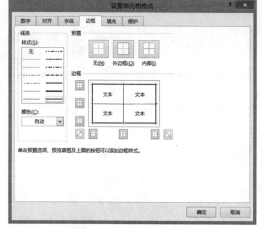

图8-115 修改边框

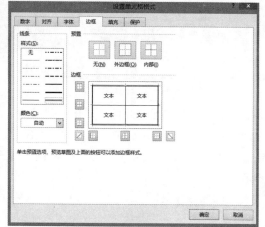

图8-116 修改边框

⑪ 单击"确定"按钮后，选择"A11：H13"单元格区域，重复步骤10的操作。

⑫ 选中"A14：H16"单元格区域，打开"设置单元格格式"对话框，打开"边框"选项卡，将内部框线设置为"无"，单击"确定"按钮，如图8-117所示。

⑬ 修改好边框后，打开"插入"选项卡，单击"插图"命令组中的"图片"按钮，如图8-118所示。

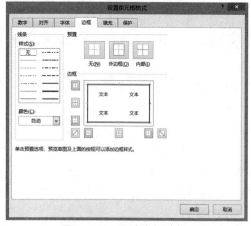

图8-117 取消内部边框

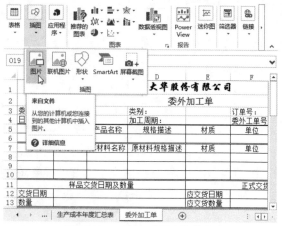

图8-118 单击"图片"按钮

⑭ 弹出"插入图片"对话框，从中选择公司的logo图片，单击"插入"按钮，如图8-119所示。

⑮ 调整插入的logo图片的大小，将其移动到合适位置。打开"开发工具"选项卡，单击"插入"按钮，从弹出的下拉列表中选择"复选框"选项，如图8-120所示。

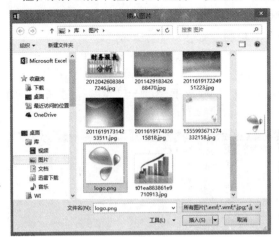

图8-119 "插入图片"对话框

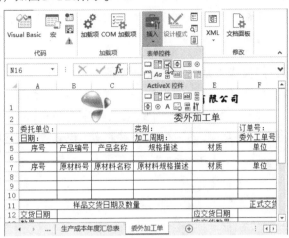

图8-120 选择"复选框"选项

⑯ 此时，鼠标变成"+"字形状，在合适位置，按住鼠标左键，绘制复选框，如图8-121所示。

⑰ 绘制好复选框控件后，选中控件中的文字"复选框1"，按"Delete"键删除，如图8-122所示。

图8-121 绘制复选框

图8-122 删除复选框所带文字

⑱ 同样的方法，添加其他的复选框控件。然后打开"视图"选项卡，在"显示"命令组，取消对"网格线"复选框的勾选，至此，空白的委外加工单就制作完成了，如图8-123所示。

图8-123 最终效果

8.5 常见疑难解答 💡

下面将对学习过程中常见的疑难问题进行汇总，以帮助读者更好地理解前面所讲的内容。

Q：为什么在Excel中不能进行求和运算？

A： 由于在操作中更改了字段的数值，求和字段的所有单元格中的数值没有随之变化，造成不能正常运算。用户可以执行"文件—选项"命令，打开"Excel选项"对话框，打开"公式"选项卡，选择"自动重算"单选项，单击"确定"按钮，如图8-124所示。

Q：如何修改系统的默认字体呢？

A： 用户可以执行"文件—选项"命令，打开"Excel选项"对话框，打开"常规"选项卡，在"新建工作簿"栏中设置默认字体和默认字号即可，如图8-125所示。

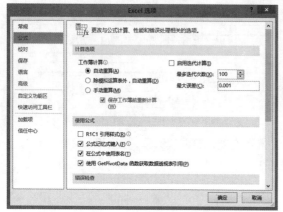

图8-124 "Excel选项"对话框

图8-125 "Excel选项"对话框

Q：工作簿里有一张工作表不见了，隐藏里也找不到，没有删除，因为不能创建同名工作表？

A： 工作表的属性Visible被设置成xlSheetVeryHidden了，按Alt+F11进入VBA，将该工作表的Visible属性改为xlSheetVisibel即可。

Q：为什么公式中含有"−"号就提示公式输入错误？

A： 用户可以单击"开始"按钮，选择"控制面板—区域"选项，打开"区域"对话框，单击"其他设置"按钮，弹出"自定义格式"对话框，从中将列表分隔符由"−"更改为","即可。因为一些符号的使用会影响Excel的使用。

Q：如何直接输入"1/2"？

A： 大家都知道直接输入"1/2"，系统会将其变成"1月2日"，但是用户可以先输入"0"，然后输入空格，再输入分数"1/2"即可。

Q：如何直接输入当前日期？

A： 如果要输入"3月4日"，直接输入"3/4"，再按回车键即可，但是如果要输入当前的时期，除了使用TODAY函数，还可以选中单元格，按"Ctrl+；"组合键即可。

Q：如何分离饼图？

A： 在需要调整的饼图中两次单击要突出显示的数据点扇区，选中该扇形后，按照鼠标左键不放，并向外拖动到合适位置即可。

8.6 拓展应用练习

为了让用户能够更好地掌握账务处理以及对账，用户可以做做下面的练习。

◉ 创建汇总记账凭证账务处理程序图

本例将介绍使用Excel制作账务处理程序图，帮助用户熟悉汇总记账凭证账务处理的流程，最终效果如图8-126所示。

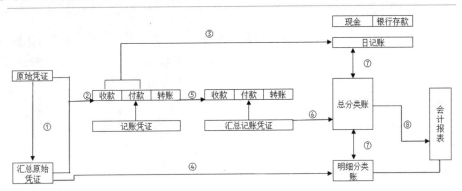

图8-126　最终效果

操作提示

01 新建工作表，在其中构建基本结构；

02 使用直线、箭头绘制流程；

03 添加特殊符号，标明过程；

04 隐藏网格线。

◉ 创建银行存款余额调节表

本例将介绍使用Excel创建银行存款余额调节表，使用户了解银行存款余额调节表的结构以及如何填制数据，最终效果如图8-127所示。

银行存款余额调节表
2014年7月31日

项　　目	金额	项　　目	金额
银行存款日记账余额	¥ 14,000.00	对账单余额	¥ 11,714.00
加：银行已收款入账，企业未入账	¥ 2,394.00	加：企业已收款入账，银行未入账	¥ 11,700.00
减：银行已付款入账，企业未入账	¥ 1,500.00	减：企业已付款入账，银行未入账	¥ 8,720.00
银行已付款入账，企业未入账	¥ 200.00		
调节后的余额	¥ 14,694.00	调节后的余额	¥ 14,694.00

图8-127　最终效果

操作提示

01 新建工作表，输入标题、行标题和项目，并设置格式；

02 为表格添加边框；

03 设置金额列数字格式，并输入金额；

04 通过公式计算调节后的余额。

第**9**章

仪表盘一样的会计报表

本章概述　　资产负债表、利润表和现金流量表是财务报表中的主要报表，也是财务报告最重要的组成部分。其中资产负债表是用来呈现企业在运营过程中，某一个时期内的财务状况；利润表是用来反映企业一定会计期间的经营成果的；现金流量表是用来反映一定时期企业经营活动、投资活动和筹资活动产生的现金的流入和流出情况。

知识要点
- 创建资产负债表
- 创建利润表
- 创建现金流量表

9.1　资产负债表

资产负债表是会计、商业会计或簿记实务的财务报表之一，利润表、现金流量表、股东权益变动表并列企业4大常用财务报表。资产负债表利用会计平衡原则，将合乎会计原则的资产、负债、股东权益交易科目分为"资产"和"负债和所有者权益"两大区块，在经过分录、转账、分类账、试算、调整等会计程序后，以特定日期的静态企业情况为基准，浓缩成一张报表。该报表的功能除了企业内部除错、经营方向、防止弊端外，也可以让所有阅读者于最短时间内了解企业经营状况。

9.1.1　创建资产负债表

资产负债表是用来反映财务状况的时点报表。编制资产负债表的理论依据是资产=负债+所有者权益。

【例9-1】编制资产负债表。

① 新建一个名为"资产负债表"工作表，在其中输入标题，列表题，并设置其格式，如图9-1所示。

② 选中"A3:H20"单元格区域，打开"开始"选项卡，单击"字体"命令组中的对话框启动器，如图9-2所示。

图9-1　新建资产负债表

图9-2　单击对话框启动器

03 弹出"设置单元格格式"对话框，打开"边框"选项卡，从中设置外边框和内部边框，单击"确定"按钮，如图9-3所示。

04 选中"E3:H20"单元格区域，打开"设置单元格格式"对话框，打开"边框"选项卡，在"样式"列表框中选择"双线条"选项，单击"左框线"按钮，单击"确定"按钮，如图9-4所示。

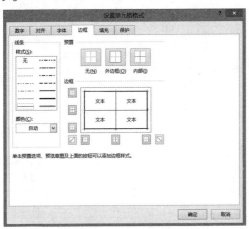 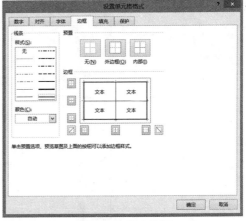

图9-3　设置边框　　　　　　　　　　　　图9-4　修改边框

05 打开"公式"选项卡，单击"定义名称"按钮，弹出"新建名称"对话框，在"名称"文本框中输入"年初余额"，在"引用位置"文本框中输入"=总分类账!$D$4:$D$59"，单击"确定"按钮，如图9-5所示。

06 同样的方法，打开"新建名称"对话框，在"名称"文本框中输入"期末余额"，在"引用位置"文本框中输入"=总分类账!$G$4:$G$59"，单击"确定"按钮，如图9-6所示。

 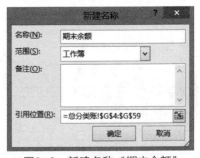

图9-5　新建名称"年初余额"　　　　　　图9-6　新建名称"期末余额"

07 选中"C5"单元格，在其中输入"=SUMIF(科目代码,"1001",年初余额)+SUMIF(科目代码,"1002",年初余额)+SUMIF(科目代码,"1012",年初余额)"，按"Enter"键确认输入，如图9-7所示。计算货币资金的年初余额，因为货币资金=库存现金+银行存款+其他货币资金。

08 选中"D5"单元格，在其中输入"=SUMIF(科目代码,"1001",期末余额)+SUMIF(科目代码,"1002",期末余额)+SUMIF(科目代码,"1012",期末余额)"，按"Enter"键确认输入，如图9-8所示。计算货币资金的期末余额。

09 选中"C7"单元格，在其中输入"=SUMIF(科目代码,"1122",年初余额)"，按"Enter"键确认输入，如图9-9所示。引用应收账款的年初余额。

10 选中"D7"单元格，在其中输入"=SUMIF(科目代码,"1122",期末余额)"，按"Enter"键确认输入，如图9-10所示。引用应收账款的期末余额。

图9-7 计算货币资金的年初余额

图9-8 计算货币资金的期末余额

图9-9 引用应收账款年初余额

图9-10 引用应收账款期末余额

⓫ 选中"C8"单元格，在其中输入"=ABS(SUMIF(科目代码,"1231",年初余额))"，按"Enter"键确认输入，如图9-11所示。引用坏账准备年初余额。

⓬ 选中"D8"单元格，在其中输入"=ABS(SUMIF(科目代码,"1231",期末余额))"，按"Enter"键确认输入，如图9-12所示。引用坏账准备期末余额。

图9-11 引用坏账准备年初余额

图9-12 引用坏账准备期末余额

⓭ 选中"C9"单元格，在其中输入"=C7-C8"，按"Enter"键确认输入，如图9-13所示。计算应收账款净额年初余额。

⓮ 选中"D9"单元格，在其中输入"=D7-D8"，按"Enter"键确认输入，如图9-14所示。计算应收账款净额期末余额。

⓯ 选中"C10"单元格，在其中输入"=SUMIF(科目代码,"1221",年初余额)"，按"Enter"键确认输入，如图9-15所示。引用其他应收款年初余额。

⓰ 选中"D10"单元格，在其中输入"=SUMIF(科目代码,"1221",期末余额)"，按"Enter"键确认输入，如图9-16所示。引用其他应收款期末余额。

图9-13 计算应收账款年初净额

图9-14 计算应收账款期末余额

图9-15 引用其他应收款年初余额

图9-16 引用其他应收款期末余额

❼ 选中"C11"单元格，在其中输入"=SUMIF(科目代码,"1401",年初余额)+SUMIF(科目代码,"1403",年初余额)+SUMIF(科目代码,"1405",年初余额)"，按"Enter"键确认输入，如图9-17所示。引用存货年初余额，因为此处存货=材料采购+原材料+库存商品。

❽ 选中"D11"单元格，在其中输入"=SUMIF(科目代码,"1401",期末余额)+SUMIF(科目代码,"1403",期末余额)+SUMIF(科目代码,"1405",期末余额)"，按"Enter"键确认输入，如图9-18所示。引用存货期末余额。

图9-17 引用存货年初余额

图9-18 引用存货期末余额

❾ 选中"C12"单元格，在其中输入"=C5+C9+C10+C11"，按"Enter"键确认输入，选中"D12"单元格，在其中输入"=D5+D9+D10+D11"，按"Enter"键确认输入，如图9-19所示。

❿ 选中"C15"单元格，在其中输入"=SUMIF(科目代码,"1601",年初余额)"，按"Enter"键确认输入，选中"D15"单元格，在其中输入"=SUMIF(科目代码,"1601",期末余额)"，按"Enter"键确认输入，如图9-20所示。

图9-19　计算流动资产合计

图9-20　引用固定资产原值

㉑ 选中"C16"单元格,在其中输入"=SUMIF(科目代码,"1602",年初余额)",按"Enter"键确认输入,选中"D16"单元格,在其中输入"=SUMIF(科目代码,"1602",期末余额)",按"Enter"键确认输入,如图9-21所示。

㉒ 选中"C17"单元格,在其中输入"=C15+C16",按"Enter"键确认输入,选中"D17"单元格,在其中输入"=D15+D16",按"Enter"键确认输入,如图9-22所示。

图9-21　引用累积折旧

图9-22　计算固定资产净值

㉓ 选中"C19"单元格,在其中输入"=C17",按"Enter"键确认输入,选中"D19"单元格,在其中输入"=D17",按"Enter"键确认输入,如图9-23所示。

㉔ 选中"C20"单元格,在其中输入"=C12+C19",按"Enter"键确认输入,选中"D20"单元格,在其中输入"=D12+D19",按"Enter"键确认输入,如图9-24所示。

图9-23　计算非流动资产合计

图9-24　计算资产总计

㉕ 选中"G5"单元格,在其中输入"=SUMIF(科目代码,"2001",年初余额)",按"Enter"键确认输入,选中"H5"单元格,在其中输入"=SUMIF(科目代码,"2001",期末余额)",按"Enter"键确认

输入，如图9-25所示。

㉖ 选中"G6"单元格，在其中输入"=SUMIF(科目代码,"2202",年初余额)"，按"Enter"键确认输入，选中"H6"单元格，在其中输入"=SUMIF(科目代码,"2202",期末余额)"，按"Enter"键确认输入，如图9-26所示。

图9-25　引用短期借款　　　　　　　　　　图9-26　引用应付账款

㉗ 选中"G7"单元格，在其中输入"=SUMIF(科目代码,"2211",年初余额)"，按"Enter"键确认输入，选中"H7"单元格，在其中输入"=SUMIF(科目代码,"2211",期末余额)"，按"Enter"键确认输入，如图9-27所示。

㉘ 选中"G8"单元格，在其中输入"=SUMIF(科目代码,"2221",年初余额)"，按"Enter"键确认输入，选中"H8"单元格，在其中输入"=SUMIF(科目代码,"2221",期末余额)"，按"Enter"键确认输入，如图9-28所示。

图9-27　引用应付职工薪酬　　　　　　　　图9-28　引用应交税费

㉙ 选中"G9"单元格，在其中输入"=SUMIF(科目代码,"2241",年初余额)"，按"Enter"键确认输入，选中"H9"单元格，在其中输入"=SUMIF(科目代码,"2241",期末余额)"，按"Enter"键确认输入，如图9-29所示。

㉚ 选中"G10"单元格，在其中输入"=SUM(G5:G9)"，按"Enter"键确认输入，选中"H10"单元格，在其中输入"=SUM(H5:H9)"，按"Enter"键确认输入，如图9-30所示。

㉛ 选中"G14"单元格，在其中输入"=G10"，按"Enter"键确认输入，选中"H14"单元格，在其中输入"=H10"，按"Enter"键确认输入，如图9-31所示。

㉜ 选中"G16"单元格，在其中输入"=SUMIF(科目代码,"4001",年初余额)"，按"Enter"键确认输入，选中"H16"单元格，在其中输入"=SUMIF(科目代码,"4001",期末余额)"，按"Enter"键确认输入，如图9-32所示。

图9-29 引用其他应付款

图9-30 计算流动负债合计值

图9-31 计算负债

图9-32 引用实收资本

㉝ 选中"G18"单元格，在其中输入"=SUMIF(科目代码,"4103",年初余额)"，按"Enter"键确认输入，选中"H18"单元格，在其中输入"=SUMIF(科目代码,"4103",期末余额)"，按"Enter"键确认输入，如图9-33所示。

㉞ 选中"G19"单元格，在其中输入"=SUM(G16:G18)"，按"Enter"键确认输入，选中"H19"单元格，在其中输入"=SUM(H16:H18)"，按"Enter"键确认输入，如图9-34所示。

图9-33 引用未分配利润

图9-34 计算所有者权益合计值

㉟ 选中"G20"单元格，在其中输入"=G19+G14"，按"Enter"键确认输入，选中"H20"单元格，在其中输入"=H19+H10"，按"Enter"键确认输入，如图9-35所示。

㊱ 设置金额的数字格式，调整列宽，选中"C21"单元格，在其中输入"=IF(C20=-G20,"年初余额平衡","年初余额不平衡")"，按"Enter"键确认输入，如图9-36所示。

㊲ 选中"D21"单元格，在其中输入"=IF(D20=-H20,"期末余额平衡","期末余额不平衡")"，按"Enter"键确认输入，如图9-37所示。

㊳ 对表格进行适当的调整，最终效果如图9-38所示。可以看出资产负债表是平衡的。

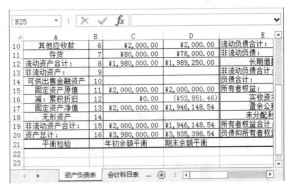

图9-35　计算负债和所有者权益的合计值

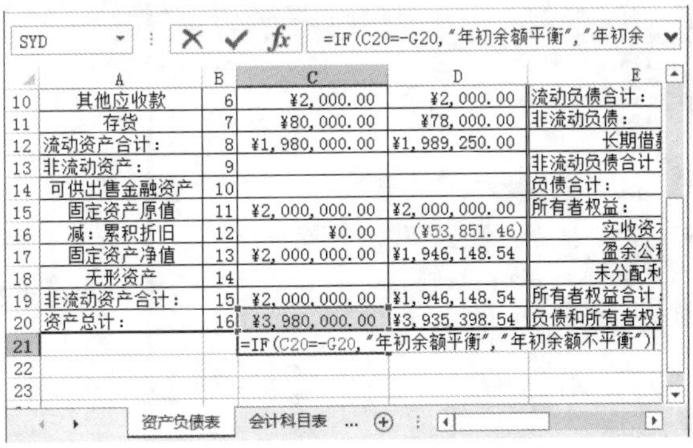

图9-36　计算年初余额是否平衡

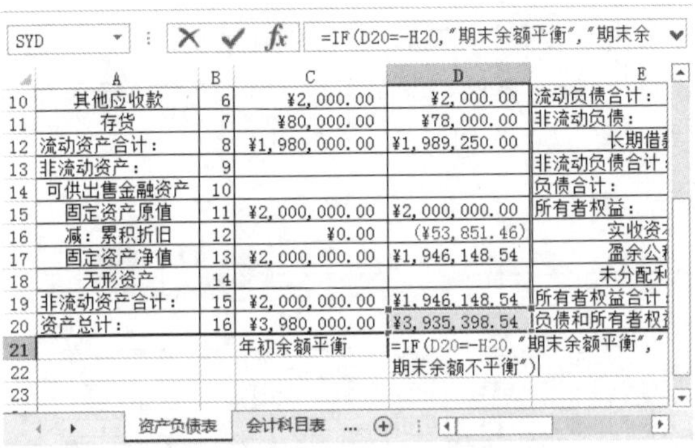

图9-37　计算期末余额是否平衡

图9-38　最终效果

知识点拨

（1）在总分类账中，各会计科目的期末余额都是用借方余额减去贷方余额计算出来的，因此，在总分类账中金额在贷方的就表现为负值。

（2）ABS函数是用来返回数字的绝对值的，该函数的语法格式为：ABS(number)，参数number表示需要计算其绝对值的实数。

9.1.2　发布资产负债表

Excel不仅可以将报表保存为Word格式、PPT格式，还可以将其保存为网页格式，发布到网站上，供有关人士浏览。

【例9-2】 将资产负债表发布到网上。

㉛ 打开资产负债表，执行"文件—另存为"命令，选择"计算机"选项，单击"浏览"按钮，如图9-39所示。

㉜ 弹出"另存为"对话框，单击"保存类型"下拉按钮，弹出下拉列表，从中选择"网页(*.htm;*.html)"选项，单击"更改标题"按钮，如图9-40所示。

㉝ 弹出"输入文字"对话框，在"页标题"文本框中输入"资产负债表"，单击"确定"按钮，如图9-41所示。

㉞ 返回"另存为"对话框，选择"选择工作表"单选项，单击"发布"按钮，如图9-42所示。

图9-39　单击"浏览"按钮

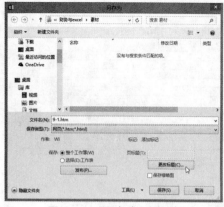
图9-40 "另存为"对话框

图9-41 "输入文字"对话框

图9-42 单击"发布"按钮

05 弹出"发布为网页"对话框，保持默认设置不变，单击"发布"按钮，如图9-43所示。

06 此时，弹出网页格式的资产负债表，如图9-44所示。同时，系统已将网页格式的资产负债表保存到了指定位置，用户可以随时查看发布的资产负债表。

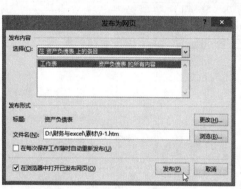
图9-43 "发布为网页"对话框

图9-44 在浏览器中查看报表

9.2 利润表

利润表，也称损益表或收益表，是用来反映企业在一定会计期间经营成果的报表。通过利润表，可以反映企业一定会计期间的收入实现情况，即实现的主营业务收入有多少等，也可以反映一定会计期间的费用耗费情况。

9.2.1 创建利润表

利润表主要由营业收入、营业成本、营业利润、利润总额、净利润等项目组成。其中，营业利润=营业收入–营业成本–营业税金及附加–销售费用–管理费用–财务费用–资产减值损失+公允价值变动净收益+投资净收益。

【例9-3】编制利润表。

01 新建一个名为"利润表"的工作表，在其中构建利润表的基本框架，设置格式并添加边框，如图9-45所示。

02 选中"C4"单元格，在其中输入"=SUMIF(总分类账!\$B\$3:\$B\$50,"6001",总分类账!\$F\$3:\$F\$50)"，

按"Enter"键确认输入，如图9-46所示。计算本月营业收入。

图9-45 构建利润表基本框架　　　　图9-46 计算营业收入

03 选中"C5"单元格，在其中输入"=SUMIF(总分类账!$B$3:$B$50,"6401",总分类账!$E$3:$E$50)"，按"Enter"键确认输入，如图9-47所示。计算本月的营业成本。

04 选中"C6"单元格，在其中输入"=SUMIF(总分类账!$B$3:$B$50,"6405",总分类账!$E$3:$E$50)"，按"Enter"键确认输入，如图9-48所示。计算本月营业税金及附加。

图9-47 计算营业成本　　　　图9-48 计算营业税金及附加

05 选中"C7"单元格，在其中输入"=SUMIF(总分类账!$B$3:$B$50,"6601",总分类账!$E$3:$E$50)"，按"Enter"键确认输入，如图9-49所示。计算本月销售费用。

06 选中"C8"单元格，在其中输入"=SUMIF(总分类账!$B$3:$B$50,"6602",总分类账!$E$3:$E$50)"，按"Enter"键确认输入，如图9-50所示。计算本月管理费用。

图9-49 计算销售费用　　　　图9-50 计算管理费用

07 选中"C9"单元格，在其中输入"=SUMIF(总分类账!$B$3:$B$50,"6603",总分类账!$E$3:$E$50)"，按"Enter"键确认输入，如图9-51所示。计算本月财务费用。

08 选中"C10"单元格,在其中输入"=SUMIF(总分类账!$B$3:$B$50,"6701",总分类账!$E$3:$E$50)",按"Enter"键确认输入,如图9-52所示。计算本月资产减值损失。

图9-51 计算财务费用

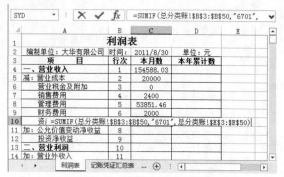

图9-52 计算资产减值损失

09 由于本示例中不涉及公允价值变动净收益和投资净收益,所以在"C11"和"C12"单元格中输入"0"。选中"C13"单元格,在其中输入"=C4+C11+C12-C5-C6-C7-C8-C9-C10",按"Enter"键确认输入,如图9-53所示。计算营业利润。

10 由于本示例中不涉及营业外收入和营业外支出,所以在"C14"和"C15"单元格中输入"0"。选中"C16"单元格,在其中输入"=C13-C14-C15",按"Enter"键确认输入,如图9-54所示。计算利润总额。

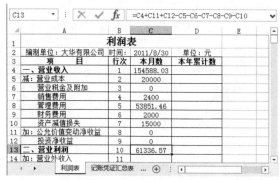

图9-53 计算营业利润

图9-54 计算利润总额

11 选中"C17"单元格,在其中输入"=SUMIF(总分类账!$B$3:$B$50,"6801",总分类账!$E$3:$E$50)",按"Enter"键确认输入,如图9-55所示。计算所得税费用。

12 选中"C18"单元格,在其中输入"=C16-C17",按"Enter"键确认输入,如图9-56所示。计算净利润。

图9-55 计算所得税费用

图9-56 计算净利润

⑬ 由于本示例中未涉及“上一期本年累计数”，而“本年累计数=上一期本年累计数+本月数”，因此此处假设“本月数=本年累计数”。选中“D4”单元格，在其中输入“=C4”，按“Enter”键确认输入，如图9-57所示。

⑭ 将“D4”单元格中的公式填充到其下方的单元格中，到此，利润表就制作完成了，最终效果如图9-58所示。

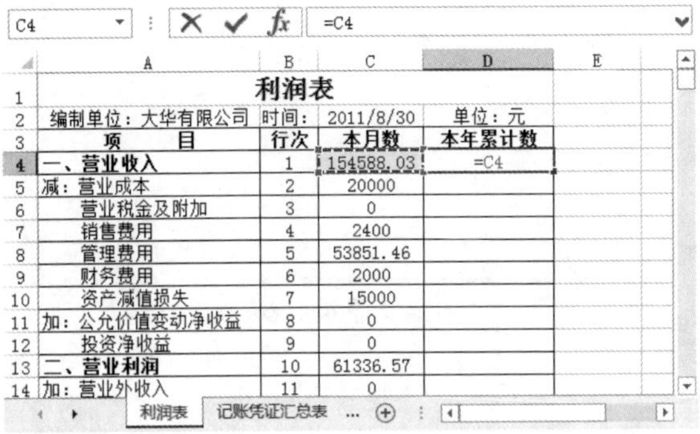

利润表			
编制单位：大华有限公司	时间：	2011/8/30	单位：元
项　目	行次	本月数	本年累计数
一、营业收入	1	154588.03	=C4
减：营业成本	2	20000	
营业税金及附加	3	0	
销售费用	4	2400	
管理费用	5	53851.46	
财务费用	6	2000	
资产减值损失	7	15000	
加：公允价值变动净收益	8	0	
投资净收益	9	0	
二、营业利润	10	61336.57	
加：营业外收入	11	0	

图9-57　计算本年累计营业收入

利润表			
编制单位：大华有限公司	时间：	2011/8/30	单位：元
项　目	行次	本月数	本年累计数
一、营业收入	1	154588.03	154588.03
减：营业成本	2	20000	20000
营业税金及附加	3	0	0
销售费用	4	2400	2400
管理费用	5	53851.46	53851.46
财务费用	6	2000	2000
资产减值损失	7	15000	15000
加：公允价值变动净收益	8	0	0
投资净收益	9	0	0
二、营业利润	10	61336.57	61336.57
加：营业外收入	11	0	0

图9-58　最终效果

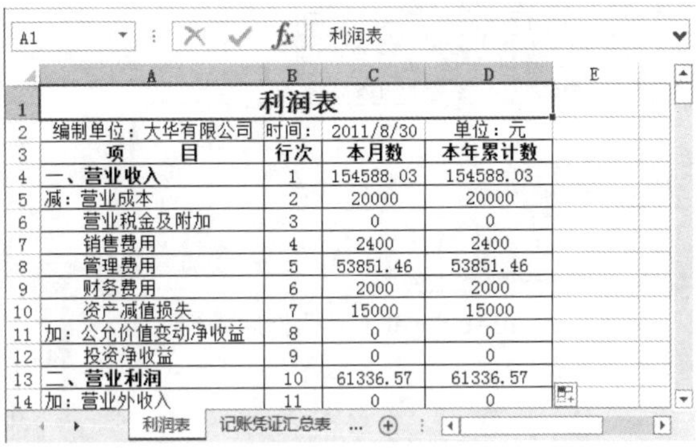

9.2.2 分析收入和费用

为了清晰直观地分析利润表中收入和费用的关系，可以将这些项目提取出来，创建收入与费用统计表，然后使用统计表中数据，创建图表，结合图表分析数据。

【例9-4】使用图表分析收入和费用（基于利润表创建）。

01 新建名称为“收入与费用”工作表，在表中构建“收入与费用统计表”的基本框架，设置格式并添加边框，如图9-59所示。

02 选中“B3”单元格，在其中输入“=利润表!C4”，按“Enter”键确认输入，如图9-60所示。引用利润表中的营业收入。

收入与费用统计表	
项　目	本月数
营业收入	
营业成本	
销售费用	
管理费用	
财务费用	

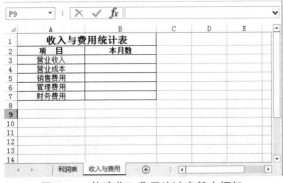

图9-59　构建收入费用统计表基本框架

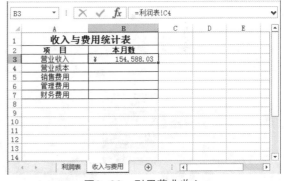

收入与费用统计表	
项　目	本月数
营业收入	¥ 154,588.03
营业成本	
销售费用	
管理费用	
财务费用	

图9-60　引用营业收入

03 同样的方法，引用其他的数据。选中“A2：B7”单元格区域，打开“插入”选项卡，单击“图表”命令组中的对话框启动器，如图9-61所示。

04 弹出“插入图表”对话框，打开“所有图表”选项卡，从中选择“折线图-带数据标记的折线图”选项，单击“确定”按钮，如图9-62所示。

05 此时，弹出设置的图表，在图表中显示了收入和费用的情况，如图9-63所示。

06 选中“本月数”，修改标题名称为“收入与费用统计”，效果如图9-64所示。

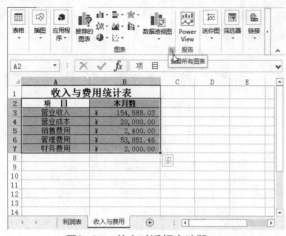

图9-61　单击对话框启动器

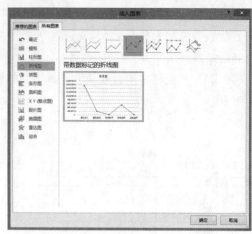

图9-62　"插入图表"对话框

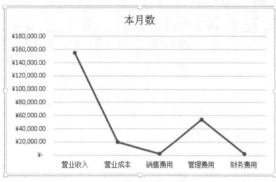

图9-63　初始图表

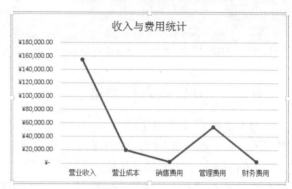

图9-64　修改图表标题

07 单击图表，打开"图表工具—设计"选项卡，单击"图表样式"命令组中的"快速样式"按钮，弹出下拉列表，从中选择"样式2"选项，如图9-65所示。

08 选中数据标签，在其上单击鼠标右键，弹出下拉列表，从中选择"设置数据标签格式"选项，如图9-66所示。

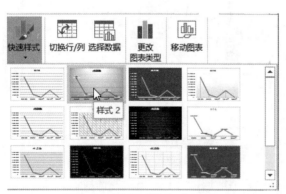

图9-65　选择"样式2"选项

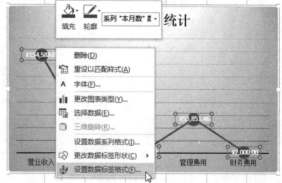

图9-66　选择"设置数据标签格式"选项

09 弹出"设置数据标签格式"窗格，打开"文本选项—文本填充轮廓"选项卡，单击"文本填充"按钮，选择"纯色填充"选项，将颜色设置为"黑色"，如图9-67所示。

10 打开"标签选项"选项卡，在"标签位置"栏，选择"靠上"单选项，然后关闭"设置数据标签格式"窗格，如图9-68所示。

图9-67 设置数据标签文本填充色

图9-68 设置数据标签位置

⓫ 选中数据系列，打开"图表工具—格式"选项卡，单击"当前所选内容"命令组中的"设置所选内容格式"按钮，如图9-69所示。

⓬ 弹出"设置数据系列格式"窗格，打开"填充线条"选项卡，单击"线条"按钮，选择"实线"单选项，将颜色设置为"浅蓝"，如图9-70所示。

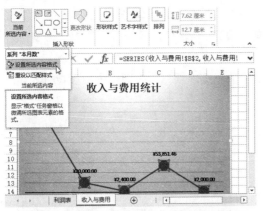

图9-69 单击"设置所选内容格式"按钮

图9-70 设置线条样式

⓭ 单击"标记—数据标记选项"按钮，选择"内置"单选项，在"大小"增量框中输入"8"，如图9-71所示。

⓮ 设置标记颜色。单击"填充"按钮，选择"纯色填充"单选项，将颜色设置为"浅蓝"，如图9-72所示。

图9-71 设置标记大小

图9-72 设置标记填充色

⑮ 打开"效果"选项卡，单击"发光"按钮，将发光颜色设置为"浅蓝"，大小为"6磅"，透明度为"60%"，如图9-73所示。

⑯ 单击"三维格式"按钮，将顶部棱台设置为"圆"，宽度为"6磅"，高度为"6磅"，然后关闭"设置数据系列格式"窗格，如图9-74所示。

图9-73 设置发光效果

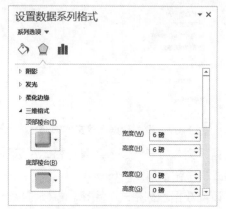
图9-74 设置三维格式

⑰ 返回图表编辑区后，选中标题，打开"图表工—格式"选项卡，单击"艺术字样式"命令组中的"其他"按钮，弹出下拉列表，从中选择"渐变填充—水绿色，着色1，反射"选项，如图9-75所示。

⑱ 修改艺术字颜色。单击"艺术字样式"命令组中的"文本填充"按钮，弹出下拉列表，从中选择"黑色，文字1"选项，如图9-76所示。

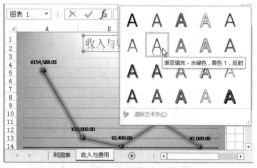
图9-75 选择艺术字样式

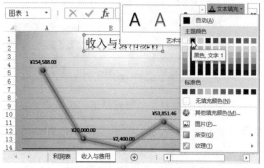
图9-76 设置艺术字颜色

⑲ 此时，可以看到设置好的图表，在图上可以看到收入和费用的相关情况，如图9-77所示。

⑳ 在数据系列上单击鼠标右键，弹出下拉列表，从中选择"选择数据"选项，如图9-78所示。重新选择数据源。

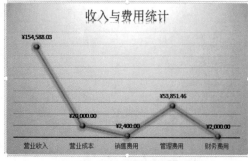
图9-77 设置后的效果

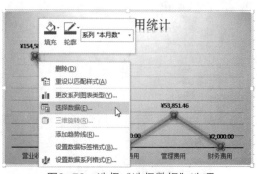
图9-78 选择"选择数据"选项

㉑ 弹出"选择数据源"对话框，在"水平（分类）轴标签"列表框中取消对"营业成本"复选框的勾选，单击"确定"按钮，如图9-79所示。

㉒ 返回图表编辑区，可以看到图表中"营业成本"消失了，如图9-80所示。

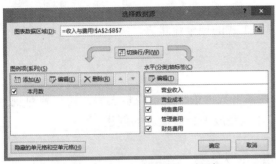

图9-79 "选择数据源"对话框

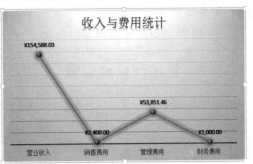

图9-80 更改数据源后的效果

9.3 现金流量表

现金流量表是财务报表的三个基本报表之一，它所表达的是在一个固定期间内，一家企业的资金的增减变动情况。

9.3.1 现金流量表的编制方法

现金流量表是财务报表中非常重要的报表之一，它有三种编制方法：工作底稿法、T型账户法和直接法。下面介绍工作底稿法和T型账户法。

1. 工作底稿法

使用工作底稿法编制现金流量表，就是以工作底稿为手段，以资产负债表和利润表的数据为基础，对每一项目进行分析并编制调整分录，从而编制出现金流量表。

采用工作底稿法编制现金流量表的程序如下所示。

（1）将资产负债表的期初数和期末数记入工作底稿的期初数栏和期末数栏。

（2）对当期业务进行分析并编制调整分录。在调整分录中，有关现金和现金等价物的事项，并不直接借记或贷记现金，而是分别计入"经营活动产生的现金流量"、"投资活动产生的现金流量"、"筹资活动产生的现金流量"，借记表示现金流入，贷记表示现金流出。

（3）将调整的分录记入工作底稿中的相应部分。

（4）核对调整的分录，借贷合计数应当相等，资产负债表项目期初数加减调整分录中的借贷金额以后，应当等于期末数。

（5）根据工底稿中的现金流量表项目部分编制真实的现金流量表。

2. T形账户法

T形账户法指以T形账户为手段，以利润表和资产负债表数据为基础，对每一项目进行分析并编制调整分录，从而编制出现金流量表。

采用T形账户法编制现金流量表的程序如下所示。

（1）为所有的非现金项目分别开设T形账户，并将各自的期末期初变动数计入各账户。

（2）设置"现金及现金等价物"T形账户，每边分为经营活动、投资活动和筹资活动三个部分，左边记现金流入，右边记现金流出。与其他账户一样，计入期末期初变动数。

（3）以利润表的项目为基础，结合资产负债表分析每一个非现金项目的增减变动，并据此编制调整分录。

（4）将调整的分录记入各T形账户，并进行核对，该账户借贷相抵后的余额与原先计入的期末期初变动数应当一致。

（5）根据"现金及现金等价物"T形账户编制正式的现金流量表。

9.3.2 创建现金流量表

通过工作底稿法或T形账户法编制现金流量表，将数据输入现金流量表后，还需要对现金流量表进行适当的调整，对其中的数据进行计算，才能完成现金流量表的创建。

【例9-5】创建现金流量表。

01 新建工作表，将其命名为"现金流量表"，在其中输入标题、列表题、项目名称、金额等基本数据，如图9-81所示。

02 选中"A1：F1"单元格，打开"开始"选项卡，单击"字体"命令组中的对话框启动器，如图9-82所示。

图9-81 新建"现金流量表"

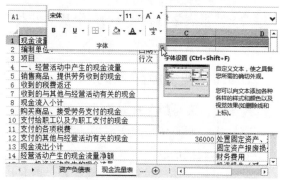

图9-82 单击对话框启动器

03 弹出"设置单元格格式"对话框，打开"字体"选项卡，将标题字体设置为"华文楷体"、"加粗"、"会计用双下滑线"和"15"，如图9-83所示。

04 打开"对齐"选项卡，在"水平对齐"下拉列表中选择"居中"选项，在"垂直对齐"下拉列表中选择"居中"选项，勾选"合并单元格"复选框，如图9-84所示。

图9-83 设置字体格式

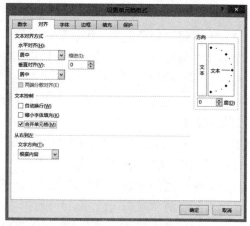

图9-84 设置对齐方式

⑤ 单击"确定"按钮后，选中"A2：F33"单元格区域，单击鼠标右键，弹出快捷菜单，从中选择"设置单元格格式"选项，如图9-85所示。

⑥ 弹出"设置单元格格式"对话框，打开"边框"选项卡，从中将外边框设置为实线，将内部框线设置为虚线，单击"确定"按钮，如图9-86所示。

图9-85　选择"设置单元格格式"选项

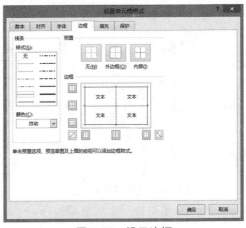

图9-86　设置边框

⑦ 返回工作表编辑区，调整列宽，输入公司名称、日期和行次，如图9-87所示。

⑧ 选中"C5：C33"和"F5：F33"单元格区域，打开"开始"选项卡，单击"数字"命令组中的"数字格式"按钮，弹出下拉列表，选择"会计专用"选项，如图9-88所示。

图9-87　调整列宽

图9-88　设置数字格式

⑨ 选中"A4"、"A8"、"F33"等单元格，在"字体"命令组中单击"加粗"按钮，将字体加粗显示，如图9-89所示。

⑩ 选中所有"小计"和"现金流量净额"所在的单元格，单击"字体"命令组中的"填充颜色"下拉按钮，弹出下拉列表，从中选择"浅绿"选项，如图9-90所示。

图9-89　将指定的字体加粗显示

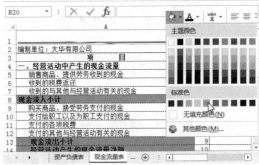

图9-90　为单元格添加填充色

⓫ 选中“C8”单元格，在其中输入“=SUM(C5:C7)”，按“Enter”键确认输入，如图9-91所示。计算经营活动中现金流入小计，同样的方法，计算其他小计金额。

⓬ 选中“C14”单元格，在其中输入“=C8-C13”，按“Enter”键确认输入，如图9-92所示。计算经营活动中现金流量净额。

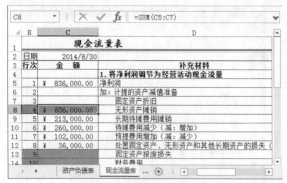

图9-91　计算现金流入小计

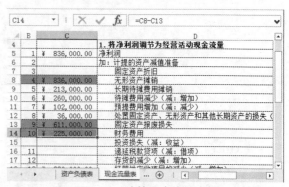

图9-92　计算现金流量净额

⓭ 选中“C33”单元格，在其中输入“=C14+C21+C31”，按“Enter”键确认输入，如图9-93所示。计算现金及现金等价物净增加额。

⓮ 选中“F33”单元格，在其中输入“=F21+F29-F30”，按“Enter”键确认输入，如图9-93所示。计算现金及现金等价物净增加额。

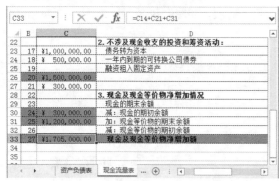

图9-93　计算现金及现金等价物净增加额

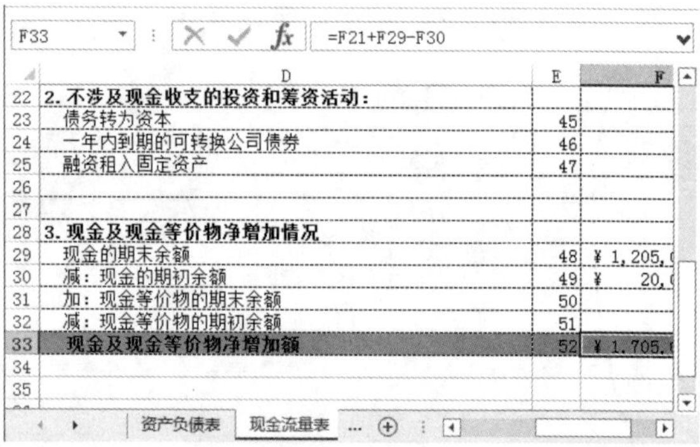

图9-94　计算现金及现金等价物净增加额

⓯ 计算完成后，对工作表进行适当调整，最终效果如图9-95所示。

现金流量表

编制单位：大华有限公司	日期	2014/8/30		单位:元	
项　　目	行次	金　额	补充材料	行次	金　额
一、经营活动中产生的现金流量			1. 将净利润调节为经营活动现金流量		
销售商品、提供劳务收到的现金	1	¥ 836,000.00	净利润	28	¥ 102,000.00
收到的税费返还	2		加：计提的资产减值准备	29	
收到的与其他与经营活动有关的现金	3		固定资产折旧	30	¥ 360,000.00
现金流入小计	4	¥ 836,000.00	无形资产摊销	31	
购买商品、接受劳务支付的现金	5	¥ 213,000.00	长期待摊费用摊销	32	
支付给职工以及为职工支付的现金	6	¥ 260,000.00	待摊费用减少（减：增加）	33	¥ -8,000.00
支付的各项税费	7	¥ 102,000.00	预提费用增加（减：减少）	34	
支付的其他与经营活动有关的现金	8	¥ 36,000.00	处置固定资产、无形资产和其他长期资产的损失（减：收	35	
现金流出小计	9	¥ 611,000.00	固定资产报废损失	36	
经营活动产生的现金流量净额	10	¥ 225,000.00	财务费用	37	¥ 17,000.00
二、投资活动产生的现金流量			投资损失（减：收益）	38	
收回投资所收到的现金	11		递延税款贷项（减：借项）	39	
取得投资收益所收到的现金	12		存货的减少（减：增加）	40	¥ 48,000.00
处置固定资产、无形资产和其他长期资产所收回的现金净	13	¥ 280,000.00	经营性应收项目的减少（减：增加）	41	¥ -5,000.00
收到的其他与投资活动有关的现金	14		经营性应付项目的增加（减：减少）	42	¥ 6,000.00
现金流入小计	15	¥ 280,000.00	其他	43	

图9-95　最终效果

9.3.3　现金流量趋势分析

在Excel电子表格中，用户可以通过使用趋势线性方程，来对现金流量的趋势进行分析，也可使用图表来进行趋势分析。

1.使用趋势线性方程进行预测

趋势线性方程的公式为：$Y=m+nX$，其中m和n代表常数，$m=\sum Y/a$（a表示时期数的个数），$n=\sum XY/\sum X^2$。X表示时期系统的值，且$\Delta X=0$，随着时期的奇偶性不同，X的值是不同的。

	第一年	第二年	第三年	第四年
时期为奇数时，X的值	−2	−1	0	1
时期为偶数时，X的值	−3	−1	1	3

【例9-6】使用线性方程预测现金流量净额（已知2011年到2014年经营活动中的现金流量，预测2015年和2016年，经营活动中的现金流量情况）。

① 单击"新工作表"按钮，新建工作表，将表名称修改为"现金流量趋势分析"，如图9-96所示。

② 在表中构建三个表格，分别是趋势分析表、趋势预测和预测前提，设置其格式和边框，如图9-97所示。

图9-96　新建工作表　　　　　图9-97　构建基本框架

③ 选中"I3：I6"单元格区域，按"Ctrl+C"组合键，复制单元格中的数据，如图9-98所示。

④ 选中"C3"单元格，打开"开始"选项卡，单击"剪贴板"命令组中"粘贴"的下拉按钮，弹出下拉列表，从中选择"粘贴"选项，如图9-99所示。

图9-98　复制数据　　　　　图9-99　粘贴数据

⑤ 选中"D3"单元格，在其中输入"=B3*C3"，按"Enter"键确认输入，如图9-100所示。计算XY的值。

⑥ 选中"E3"单元格，在其中输入"=B3^2"，按"Enter"键确认输入，如图9-101所示。计算X^2的值。

图9-100　计算xy的值

图9-101　计算x^2的值

07 选中"D3：E3"单元格区域，将鼠标移动到"E3"单元格的右下角，当鼠标变成"+"时，按住鼠标左键，向下移动鼠标，填充公式，如图9-102所示。

08 选中"B7"单元格，在其中输入"=SUM(B3:B6)"，按"Enter"键确认输入，如图9-103所示。然后将公式填充到右方的单元格中。

图9-102　向下填充公式

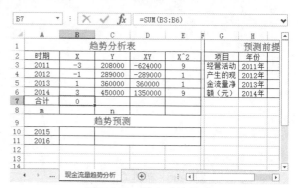

图9-103　输入求和公式

09 选中"B8"单元格，在其中输入"=C7/4"，按"Enter"键确认输入，如图9-104所示。计算m的值。

10 选中"D8"单元格，在其中输入"=D7/E7"，按"Enter"键确认输入，如图9-105所示。计算n的值。

图9-104　计算m的值

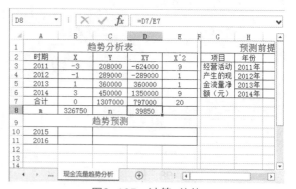

图9-105　计算n的值

11 在"B10"和"B11"单元格中分别输入"5"和"7"，然后选中"C10"单元格，在其中输入"=$B$8+$D$8*B10"，按"Enter"键确认输入，如图9-106所示。预测2015年现金流量净额。

12 选中"C10：E10"单元格区域，将鼠标移动到"E10"单元格的右下角，当鼠标变成"+"时，按住鼠标左键，向下移动鼠标，填充公式，预测2016年现金流量净额，如图9-107所示。

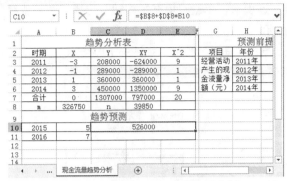

图9-106 预测2015年现金流量净额

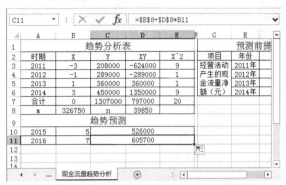

图9-107 预测2016年现金流量净额

2. 使用图表进行预测

【例9-7】使用图表对"现金流量趋势分析"表中的数据进行分析。

01 选中"H2：I6"单元格区域，打开"插入"选项卡，单击"插入柱形图"按钮，弹出下拉列表，从中选择"簇状柱形图"选项，如图9-108所示。

02 弹出柱形图，选中图表标题，将其修改为"经营活动产生的现金流量净额"，如图9-109所示。

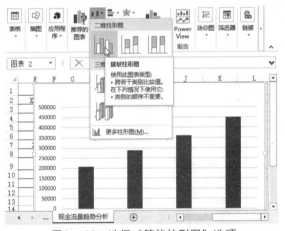

图9-108 选择"簇状柱形图"选项

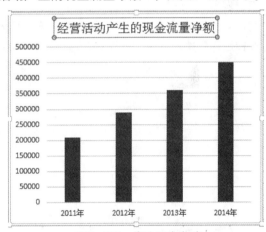

图9-109 修改图表名称

03 单击图表，打开"图表工具—设计"选项卡，单击"图表样式"命令组中的"快速样式"按钮，弹出下拉列表，从中选择"样式16"选项，如图9-110所示。

04 单击图表的图表区，打开"图表工具—格式"选项卡，单击"当前所选内容"命令组中的"设置所选内容格式"按钮，如图9-111所示。

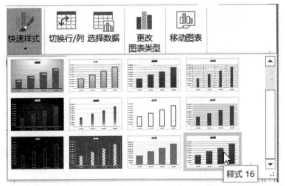

图9-110 选择"样式16"选项

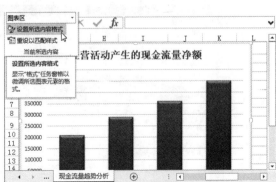

图9-111 单击"设置所选内容格式"按钮

05 弹出"设置图表区格式"窗格,打开"填充线条"选项卡,单击"填充"按钮,选择"图片或纹理填充"选项,单击"文件"按钮,如图9-112所示。

06 弹出"插入图片"对话框,从中选择合适的图片,单击"插入"按钮,如图9-113所示。

图9-112　单击"文件"按钮

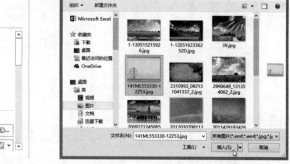

图9-113　"插入图片"对话框

07 在"设置图表区格式"窗格中,单击"图表选项"按钮,弹出下拉列表,从中选择"绘图区"选项,如图9-114所示。

08 切换到"设置绘图区格式"窗格,打开"填充线条"选项卡,单击"填充"按钮,选择"图片或纹理填充"选项,单击"文件"按钮,如图9-115所示。

图9-114　选择"绘图区"选项

图9-115　单击"文件"按钮

09 弹出"插入图片"对话框,从中选择合适的图片,单击"插入"按钮,如图9-116所示。

10 在"设置绘图区格式"窗格中,打开"效果"选项卡,单击"柔化边缘"按钮,接着将"柔化边缘"的大小设置为"42磅",如图9-117所示。

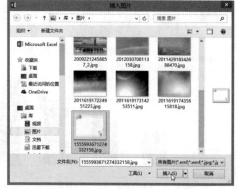

图9-116　"插入图片"对话框

图9-117　设置柔化边缘

⑪ 在"设置绘图区格式"窗格中，单击"绘图区选项"按钮，弹出下拉列表，从中选择"系列"金额""选项，如图9-118所示。

⑫ 切换到"设置数据系列格式"窗格，打开"系列选项"选项卡，单击"系列选项"按钮，将"分类间距"设置为"200%"，如图9-119所示。

图9-118　选择"系列"金额""选项　　　图9-119　设置分类间距

⑬ 打开"效果"选项卡，单击"三维格式"按钮，将窗格右侧的滚动条移动到最下方，单击"重置"按钮，如图9-120所示。取消系列的三维格式设置。

⑭ 打开"填充线条"选项卡，单击"填充"按钮，选择"渐变填充"单选项，单击"预设渐变"按钮，弹出下拉列表，从中选择"顶部聚光灯，着色6"选项，如图9-121所示。

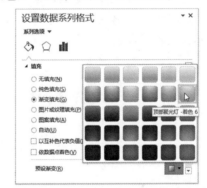

图9-120　单击"重置"按钮　　　图9-121　选择"顶部聚光灯，着色6"选项

⑮ 单击"边框"按钮，选择"渐变线"单选项，单击"预设渐变"按钮，弹出下拉列表，从中选择"径向渐变，着色6"选项，关闭"设置数据系列格式"窗格，如图9-122所示。

⑯ 关闭"设置数据系列格式"窗格，单击图表，打开"图表工具—设计"选项卡，单击"图表布局"命令组中的"添加图表元素"按钮，弹出下拉列表，从中选择"趋势线-线性预测"选项，如图9-123所示。

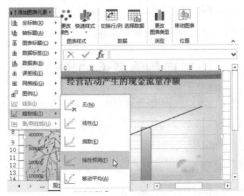

图9-122　选择"径向渐变，着色6"选项　　　图9-123　选择"线型预测"选项

⑰ 弹出"设置趋势线格式"窗格，打开"趋势线选项"选项卡，勾选"显示公式"复选框，其他保持默认设置，如图9-124所示。

⑱ 打开"填充线条"选项卡，单击"线条"按钮，选择"实线"单选项，将颜色设置为"橙色，着色6，深色25%"，如图9-125所示。关闭窗格。

图9-124 勾选"显示公式"复选框

图9-125 设置趋势线颜色

⑲ 单击图表，打开"图表工具-设计"选项卡，单击"图表布局"命令组中的"添加图表元素"按钮，弹出下拉列表，从中选择"数据标签-数据标签外"选项，如图9-126所示。

⑳ 返回图表，可以看到图表添加了背景色，添加了趋势线和数据标签，图中形象的显示了未来数据的走势，如图9-127所示。

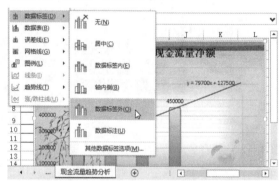

图9-126 选择"数据标签外"选项

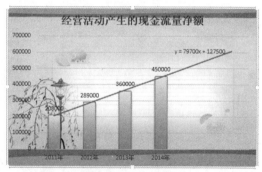

图9-127 最终效果

9.4 上机实训

通过对本章内容的学习，读者对使用Excel创建财务报表有了更深的了解。下面再通过两个实训操作来温习和拓展前面所学的知识。

9.4.1 为资产负债表添加超链接

资产负债表中含有很多数据，有些数据是直接引用其他表格中的数据，为了显示这些数据的来源，用户可以通过为资产负债表中的数据建立超链接的方法来实现。下面介绍为资产负债表添加超链接的相关操作。

⑴ 打开资产负债表，选中"C7"单元格，在其上单击鼠标右键，弹出快捷菜单，从中选择"超链接"选项，如图9-128所示。

02 弹出"插入超链接"对话框,在"链接到"列表框中选择"本文档中的位置"选项,在"请输入单元格引用"文本框中输入"D9",单击"屏幕提示"按钮,如图9-129所示。

图9-128 选择"超链接"选项

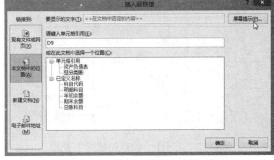

图9-129 单击"屏幕提示"按钮

03 弹出"设置超链接屏幕提示"对话框,在"屏幕提示文字"文本框中输入"数据来源于总分类账",单击"确定"按钮,如图9-130所示。

04 返回"插入超链接"对话框,在"或在此文档中选择一个位置"列表框中选择"总分类账"选项,单击"确定"按钮,如图9-131所示。

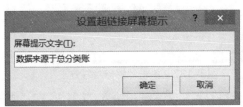

图9-130 "设置超链接屏幕提示"对话框

图9-131 "插入超链接"对话框

05 此时,选中的单元格中的数据以带有下划线的蓝色字体显示,将鼠标指向该超链接时,会显示出屏幕提示信息,如图9-132所示。

06 单击该超链接,即可链接到当前工作簿中的总分类账的"D9"单元格,如图9-133所示。

图9-132 显示屏幕提示

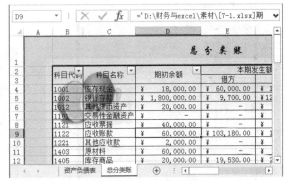

图9-133 总分类账

07 如果用户发现超链接有错误,还可以对超链接进行修改,在超链接上单击鼠标右键,弹出快捷菜单,从中选择"编辑链接"选项,如图9-134所示。

08 弹出"编辑超链接"对话框,在"链接到"列表框中选择"现有文件或网页"选项,单击"当前文件夹"按钮，选择"9-1.xlsx"选项，单击"屏幕提示"按钮，如图9-135所示。

图9-134　选择"编辑超链接"选项　　　　图9-135　单击"屏幕提示"按钮

09 弹出"设置超链接屏幕提示"对话框，在"屏幕提示文字"文本框中，修改屏幕提示为"数据来源于期初余额统计表"，单击"确定"按钮，如图9-136所示。

10 返回"编辑超链接"对话框，单击"书签"按钮，如图9-137所示。

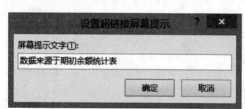

图9-136　设置屏幕提示文字　　　　图9-137　单击"书签"按钮

11 弹出"在文档中选择位置"对话框，在"请键入单元格引用"文本框中输入"C9"，在"或在此文档中选择一个位置"列表框中选择"期初余额统计表"选项，如图9-138所示。

12 返回"编辑超链接"对话框，在"地址"文本框中显示了修改后的链接地址，单击"确定"按钮，如图9-139所示。

图9-138　"在文档中选择位置"对话框　　　　图9-139　单击"确定"按钮

13 返回工作表编辑区，将鼠标移动到超链接上，可以显示更改后的屏幕提示，如图9-140所示。

14 单击该超链接，即可链接到当前工作簿的"C9"单元格，如图9-141所示。

图9-140　显示屏幕提示信息

图9-141　期末余额统计表

9.4.2　将资产负债表传至OneDrive

为了方便共享和携带工作簿，用户可以将工作簿保存到OneDrive，这样，无论到何地，只要登录OneDrive就可以随时查看工作簿，也可以随时将工作表与他人共享。

01 打开浏览器，在地址栏中输入https://onedrive.live.com/，按"Enter"键打开页面，输入账户名称和密码，单击"登录"按钮，如图9-142所示。

02 登录OneDrive后，选择"文件"选项，单击"上传"按钮，如图9-143所示。

图9-142　单击"登录"按钮

图9-143　单击"上传"按钮

03 弹出"选择要加载的文件"对话框，从中选择要上传的工作簿，然后单击"打开"按钮，如图9-144所示。

04 此时，在OneDrive页面中，可以看到上传的进度条，如图9-145所示。

图9-144　"选择要加载的文件"对话框

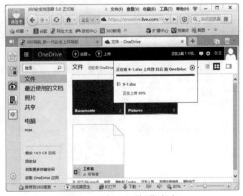

图9-145　上传进度条

05 稍等片刻后，选择的工作簿就保存在OneDrive中了，单击该工作簿，如图9-146所示。

06 该工作簿就在浏览器中被打开了，用户可以在OneDrive中对工作簿中的表进行查看、编辑等操作，如图9-147所示。

图9-146　单击工作簿　　　　　　　　　　图9-147　查看工作表

07 在工作簿上单击鼠标右键，弹出快捷菜单，从中选择"共享"选项，如图9-148所示。

08 选择"获取链接"选项，在"选择一个选项"下拉列表中选择"仅查看"选项，单击"创建链接"按钮，如图9-149所示。

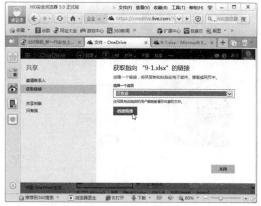

图9-148　选择"共享"选项　　　　　　　图9-149　单击"创建链接"按钮

09 如果用户觉得获取的链接过长，还可以单击"缩短链接"按钮，将链接缩短，如图9-150所示。

10 复制所获取的链接，将链接发给其他用户，其他用户通过打开该链接，就可以查看该工作簿了，如图9-151所示。

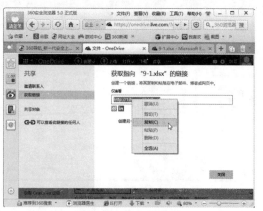

图9-150　单击"缩短链接"按钮　　　　　图9-151　复制链接

9.5　常见疑难解答 💡

　　下面将对学习过程中常见的疑难问题进行汇总，以帮助读者更好地理解前面所讲的内容。

Q：如何编辑定义的名称？

A： 打开"公式"选项卡，单击"定义的名称"命令组中的"名称管理器"按钮，弹出"名称管理器"对话框，从中选择需要编辑管理的名称，单击"编辑"按钮，如图9-152所示。弹出"编辑名称"对话框，在该对话框中对名称进行设置即可，如图9-153所示。

　　　　　　图9-152　"名称管理器"对话框

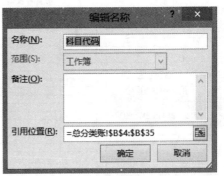
　　　　　　图9-153　"编辑名称"对话框

Q：如何更改图表的数据区域？

A： 单击图表，打开"图表工具—设计"选项卡，单击"数据"命令组中的"选择数据"按钮，弹出"选择数据源"对话框，单击"图表数据区域"文本框的"折叠"按钮，重新选择数据区域，单击"确定"按钮即可，如图9-154所示。

Q：如何切换图表的行和列？

A： 单击图表，打开"图表工具—设计"选项卡，单击"数据"命令组中的"选择数据"按钮，弹出"选择数据源"对话框，单击"切换行/列"按钮，单击"确定"按钮即可。或者单击"数据"命令组中的"切换行/列"按钮。

Q：如何处理断裂的折线图？

A： 当数据源中有空单元格时，用户创建的折线图就会出现断裂的情况，如果想将断裂的地方用直线连接起来，可以打开"选择数据源"对话框，单击"隐藏的单元格和空单元格"按钮，弹出"隐藏和空单元格设置"对话框，选择"用直线连接数据点"单选项，单击"确定"按钮即可，如图9-155所示。

　　　　　　图9-154　"选择数据源"对话框

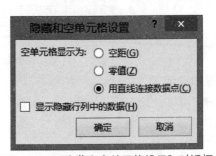
　　　　　　图9-155　"隐藏和空单元格设置"对话框

9.6 拓展应用练习

为了让用户能够更好地掌握会计报表，熟悉各种报表，用户可以做做下面的练习。

◎ 创建所有者权益变动表

本例将帮助用户练习所有者权益变动表的创建，帮助用户熟悉所有者权益变动表的结构，基本项目等，最终效果如图9-156所示。

所有者权益（股东权益）变动表

编制单位： 年 单位：元

项目	行次	本年金额						上年金额					
		实收资本（或股本）	资本公积	盈余公积	未分配利润	库存股（减项）	所有者权益合计	实收资本（或股本）	资本公积	盈余公积	未分配利润	库存股（减项）	所有者权益合计
一、上年年末余额													
1. 会计政策变更													
2. 前期差错更正													
二、本年年初余额													
三、本年增减变动金额（减少以"-"号填列）													
（一）本年净利润													
（二）直接计入所有者权益的利得和损失													
1. 可供出售的金融资产公允价值变动净额													
2. 现金流量套期工具公允价值变动净额													
3. 与计入所有者权益项目相关的所得税影响													
4. 其他													
小计													
（三）所有者投入资本													
1. 所有者本期投入资本													
2. 本年购回库存股													
3. 股份支付计入所有者权益的金额													
（四）本年利润分配													

图9-156 所有者权益变动表

操作提示

01 新建工作表；

02 输入标题、行标题和项目；

03 设置表格中文字格式；

04 添加边框，调整列宽。

◎ 创建会计报表附注

本例将帮助用户练习会计报表附注的创建，帮助用户熟悉会计报表附注的结构，最终效果如图9-157所示。（会计报表附注一般使用Word进行制作）。

会计报表附注	
（一）公司概况	
公司简介：	
注册号：	
注册资本：	
法定代表人：	
法定地址：	
（二）公司主要会计政策、会计估计	
1. 会计制度	公司执行《企业会计准则》和《企业会计制度》
2. 会计年度	采用公历制，自公历1月1日起至12月31日止
3. 记账本位币	以人民币为记账本位币
4. 记账基础及计价原则	
5. 坏账核算方法	
6. 固定资产计价和折旧方法	
7. 存货的核算方法	
8. 借款费用的核算方法	
9. 收入确认原则	
10. 所得税的会计处理方法	
11. 利润分配	

图9-157 会计报表附注

操作提示

01 新建工作表，输入标题和项目；

02 合并需要合并的单元格；

03 设置格式并添加边框；

04 调整列宽，隐藏网格线。

第 10 章

巧妙进行财务分析和财务预算

📹本章概述 　财务分析是以会计核算和报表资料及其他相关资料为依据，采用一系列专门的分析技术和方法，对企业等经济组织过去和现在有关筹资活动、投资活动、经营活动的偿债能力、盈利能力和营运能力状况进行分析和评价，为企业的投资者、债权人、经营者及其他关系企业的组织或个人了解企业过去、评价企业现状、预测企业未来，作出正确决策提供准确的信息或依据。财务预算是反映企业某一方面财务活动的预算，如反映销售收入的销售预算，财务预算是以货币表现的企业长期发展的规划和近期经济活动的计划。

📖知识要点
- 核算各种财务比率
- 财务对比分析
- 财务趋势分析
- 杜邦分析
- 日常业务预算

10.1 能干的财务比率

财务比率可以评价某项投资在各年之间的收益的变化，也可以在某一时点比较某一行业的不同企业。财务比率分析可以消除规模的影响，用来比较不同企业的收益与风险，从而帮助投资者和债权人作出理智的决策。

10.1.1 各类比率指标介绍

财务指标大体可以分为4类，分别是变现能力比率、资产管理比率、负债比率和盈利能力比率。

1. 变现能力比率

变现能力比率是企业产生现金的能力，对企业的稳定性有很大影响，反映企业变现能力的主要指标有流动比率和速动比率。

- **流动比率**

流动比率，也称营运资金比率或真实比率，是指企业资产流动资产与流动负债的比率。一般来说，这两个比率越高，说明企业的变现能力越强，短期偿债能力亦越强，通常认为流动比率应在2:1比较合适。该比率的计算公式为：

$$流动比率 = 流动资产/流动负债$$

- **速动比率**

速动比率，又称酸性测验比率，是指速动资产对流动负债的比率。它是衡量企业流动资产中可以立即变现用于偿还流动负债的能力。速动资产包括货币资金、短期投资、应收票据、应收账款、其他应收框等，可以在短时间内变现，而流动资产中存货、1年内到期的非流动资产及其他流动资产等则不应计入。通常情况下，速动比率保持在1:1比较合适。该比率的公式一般表示为：

$$速动比率=（流动资产-存货）/流动负债$$

2. 资产管理比率

固定资产比率是指固定资产与资产总额之比。用来观察企业固定资产有无资金闲置的现象，就资金运用角度来看，此比率越低越好，表示较少的闲置资金。不同行业的固定资产比率存在较大差异，但固定资产比率越低的企业资产才能更快的流动，从资金营运能力来看，固定资产比率越低，企业营运能力越强。

● 存货周转率

存货周转率，又称库存周转率，是衡量和评价企业购入存货、投入生产、销售收回等各环节管理状况的综合性指标。它是销货成本被平均存货所除而得到的比率，或叫存货周转次数，用时间表示的存货周转率就是存货周转天数。一般情况下，存货周转率越高越好，说明企业销售的能力越强。该比率的计算公式为：

$$存货周转率=销售成本/平均存货$$

$$平均存货=（期初存货余额+期末存货余额）/2$$

● 存货周转天数

存货周转天数是指企业从取得存货开始，至消耗、销售为止所经历的天数。周转的天数越少，说明存货变现的速度越快。该比率的计算公式为：

$$存货周转天数=360/存货周转率=360×平均存货/销售成本$$

● 应收账款周转率

应收账款周转率是销售收入除以平均应收账款的比值，它反映公司从取得应收账款的权利到收回款项，转换为现金所需要的时间的长度。一般情况下，应收账款周转率越高越好，周转率越高，表明收账迅速，账龄较短，资产流动性强，短期偿债能力强，可以减少坏账损失。该比率的公式为：

$$应收账款周转率=销售收入/平均应收账款$$

$$平均应收账款=（期初应收账款净额+期末应收账款净额）/2$$

● 应收账款周转天数

应收账款周转天数是指企业从取得应收账款的权利到收回款项、转换为现金所需要的时间，周转天数越短，说明流动资金使用效率越好。该比率的公式为：

$$应收账款周转天数=360/应收账款周转率=360×平均应收账款/销售收入$$

● 营业周期

营业周期是指从取得存货开始到销售存货并收回资金为止的这段时间，其长短取决于存货周转天数和应收账款周转天数。计算公式为：

$$营业周期=存货周转天数+应收账款周转天数$$

● 流动资产周转率

流动资产周转率指一定时期内流动资产平均占用额完成产品销售额的周转次数，反映流动资产周转速度和流动资产利用效果。计算公式为：

$$流动资产周转率=销售收入/平均流动资产$$

$$平均流动资产=（流动资产期初余额+流动资产期末余额）/2$$

● 固定资产周转率

固定资产周转率表示在一个会计年度内，固定资产周转的次数，或表示1元固定资产支持的销售收入。计算公式为：

$$固定资产周转率=销售收入/固定资产平均净值$$
$$固定资产平均净值=（固定资产期初净值+固定资产期末净值）/2$$

● 总资产周转率

总资产周转率是指企业在一定时期业务收入净额同平均资产总额的比率。总资产周转率是考察企业资产运营效率的一项重要指标，体现了企业经营期间全部资产从投入到产出的流转速度，反映了企业全部资产的管理质量和利用效果。计算公式为：

$$总资产周转率=销售收入/平均资产总额$$
$$平均资产总额=（期初资产总额+期末资产总额）/2$$

3. 负债比率

负债比率是企业全部负债与全部资金来源的比率，用以表明企业负债占全部资金的比重。负债比率是指债务和资产、净资产的关系，反映企业偿付债务本金和支付债务利息的能力。

● 资产负债率

资产负债率，又称举债经营比率，是负债总额除以资产总额的百分比，也就是负债总额与资产总额的比例关系。资产负债率反映在总资产中有多大比例是通过借债来筹资的，也可以衡量企业在清算时保护债权人利益的程度。资产负债率越高，表明企业偿还能力越差。计算公式为：

$$资产负债率=负债总额/资产总额$$

● 产权比率

产权比率是负债总额与所有者权益总额的比率，是评估资金结构合理性的一种指标。产权比率可反映企业借款经营的长度，是衡量企业长期偿债能力的指标之一。产权比率越低，说明企业的长期财务状况越好，企业的财务风险越小。计算公式为：

$$产权比率=负债总额/所有者权益=负债总额/（资产-负债）$$

● 有形净值债务率

有形净值债务率是企业负债总额与有形资产净值的比率。有形净值债务率越低，企业的财务风险越小。计算公式为：

$$有形净值债务率=负债总额/（股东权益-无形资产净值）$$

● 已获利息倍数

已获利息倍数是指上市公司息税前利润相对于所支付债务利息的倍数，可用来分析公司在一定盈利水平下支付债务利息的能力。计算公式为：

$$已获利息倍数=息税前利润/利息费用$$

4. 盈利能力比率

盈利能力比率是指企业正常经营赚取利润的能力，是企业生存发展的基础，是各方面都非常关注的指标，无论是投资人、债权人还是企业经理人员，都会日益重视和关心企业的盈利能力。

● 销售毛利率

销售毛利率是毛利占销售净值的百分比，通常称为毛利率，其中毛利是销售收入与产品成本的差。销售毛利率越大，说明企业获取利润的能力越强。计算公式为：

$$销售毛利率=销售毛利/销售收入净额$$
$$销售毛利=销售收入-销售成本$$

● 销售净利率

销售净利率是指企业实现净利润与销售收入的对比关系，用以衡量企业在一定时期的销售收入获取利润的能力。计算公式为：

$$销售净利率＝净利润/销售收入净额$$

● 资产报酬率

资产报酬率是指税前净利与平均资产总额的比值，代表资产的获利能力。资产报酬率是评价企业资产运营效益的重要指标。

$$资产报酬率＝净利润/平均资产总额$$

● 股东权益报酬率

股东权益报酬率，又称净值报酬率或者净资产收益率，是一定时期内企业的净利润与股东权益平均总额的比率，是普通股持股者获得的投资报酬率。股东权益报酬率越大，说明企业的获利能力越强。计算公式为：

$$股东权益报酬率＝净利润/股东权益平均总额$$
$$股东权益平均总额＝（期初股东权益+期末股东权益）/2$$

10.1.2 创建比率分析表

为了综合反映财务比率的情况，用户可以制作表格，将4种指标汇总到一张表格中，综合反映企业的财务状况。

【例10-1】创建比率分析表，汇总各种财务比率。

① 新建工作表，将其命名为"财务比率分析表"，在其中输入标题、指标名称，并设置其格式，如图10-1所示。

② 选中"B3：C25"单元格区域，打开"开始"选项卡，单击"样式"命令组中的"条件格式"按钮，弹出下拉列表，从中选择"新建规则"选项，如图10-2所示。

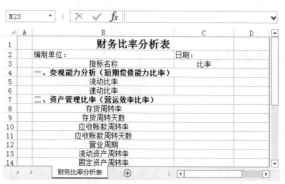

图10-1 构建财务比率分析表基本框架　　　　图10-2 选择"新建规则"选项

③ 弹出"新建格式规则"对话框，在"选择规则类型"列表框中选择"使用公式确定要设置格式的单元格"选项，如图10-3所示。

④ 在"为符合此公式的值设置格式"文本框中输入"=mod(row(),2)=1"，单击"格式"按钮，如图10-4所示。

⑤ 弹出"设置单元格格式"对话框，打开"填充"选项卡，单击"填充效果"按钮，如图10-5所示。

⑥ 弹出"填充效果"对话框，在"颜色"栏中选择合适的颜色，在"底纹样式"栏中选择底纹样式，在"变形"栏中选择合适的变形样式，如图10-6所示。

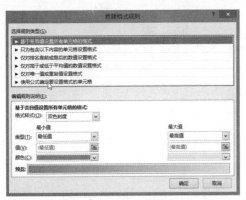

图10-3 "新建格式规则"对话框

图10-4 单击"格式"按钮

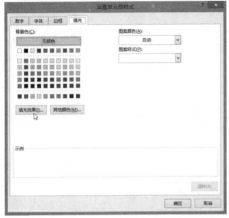

图10-5 单击"填充效果"按钮

图10-6 "填充效果"对话框

07 单击"确定"按钮后，返回"设置单元格格式"对话框，可以在"示例"栏中看到设置的效果，如图10-7所示。

08 单击"确定"按钮后，返回"新建格式规则"对话框，在预览框中可以看到设置后的效果，再次单击"确定"按钮，如图10-8所示。

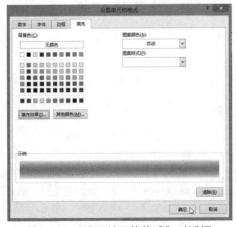

图10-7 "设置单元格格式"对话框

图10-8 "新建格式规则"对话框

09 此时选中单元格区域中奇数行就被设置了底纹。单击"条件格式"按钮，弹出下拉列表，从中选择"管理规则"选项，如图10-9所示。

10 弹出"条件格式规则管理器"对话框，从中单击"新建规则"按钮，如图10-10所示。

图10-9　选择"管理规则"选项　　　　　　　图10-10　单击"新建规则"按钮

⓫ 弹出"新建格式规则"对话框，在"选择规则类型"列表框中选择"使用公式确定要设置格式的单元格"选项，在"为符合此公式的值设置格式"文本框中输入"=$b3<>"""，单击"格式"按钮，如图10-11所示。

⓬ 弹出"设置单元格格式"对话框，打开"边框"选项卡，将边框颜色设置为"灰色"，在"样式"列表框中选择合适的线条样式，单击"外边框"按钮，如图10-12所示。

图10-11　单击"格式"按钮　　　　　　　图10-12　"设置单元格格式"对话框

⓭ 单击"确定"按钮，返回"条件格式规则管理器"对话框，可以看到添加的条件格式，如图10-13所示。

⓮ 单击"确定"按钮，返回工作表编辑区，可以看到设置好的工作表，如图10-14所示。

图10-13　"条件格式规则管理器"对话框　　　　图10-14　最终效果

10.1.3 计算各种比率

变现能力比率、资产管理比率、负债比率和盈利能力比率都是根据资产负债表和利润表中的数据计算得到的。

【例10-2】在“财务比率分析表”中，通过利润表和资产负债表计算各种比率（某企业的资产负债表和利润表如图10-15和图10-16所示。由于资产负债表中负债和所有者权益记在贷方，以负数显示，所以下面的公式中使用ABS函数取绝对值）。

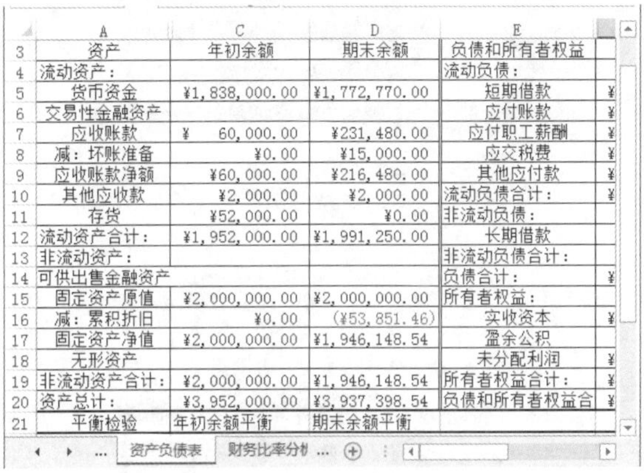

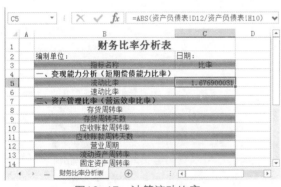

	A	C	D	E
3	资产	年初余额	期末余额	负债和所有者权益
4	流动资产：			流动负债：
5	货币资金	¥1,838,000.00	¥1,772,770.00	短期借款
6	交易性金融资产			应付账款
7	应收账款	¥ 60,000.00	¥231,480.00	应付职工薪酬
8	减：坏账准备	¥0.00	¥15,000.00	应交税费
9	应收账款净额	¥60,000.00	¥216,480.00	其他应付款
10	其他应收款	¥2,000.00	¥2,000.00	流动负债合计：
11	存货	¥52,000.00	¥0.00	非流动负债：
12	流动资产合计：	¥1,952,000.00	¥1,991,250.00	长期借款
13	非流动资产：			非流动负债合计：
14	可供出售金融资产			负债合计：
15	固定资产原值	¥2,000,000.00	¥2,000,000.00	所有者权益：
16	减：累积折旧	¥0.00	(¥53,851.46)	实收资本
17	固定资产净值	¥2,000,000.00	¥1,946,148.54	盈余公积
18	无形资产			未分配利润
19	非流动资产合计：	¥2,000,000.00	¥1,946,148.54	所有者权益合计：
20	资产总计：	¥3,952,000.00	¥3,937,398.54	负债和所有者权益合
21	平衡检验	年初余额平衡	期末余额平衡	

图10-15 资产负债表

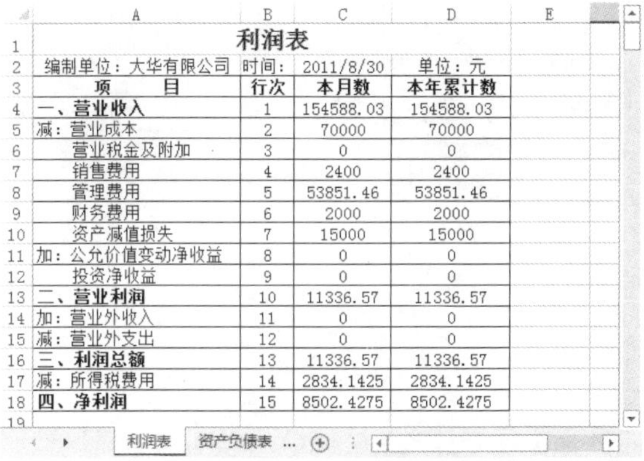

	A	B	C	D
1	利润表			
2	编制单位：大华有限公司	时间：	2011/8/30	单位：元
3	项 目	行次	本月数	本年累计数
4	一、营业收入	1	154588.03	154588.03
5	减：营业成本	2	70000	70000
6	营业税金及附加	3	0	0
7	销售费用	4	2400	2400
8	管理费用	5	53851.46	53851.46
9	财务费用	6	2000	2000
10	资产减值损失	7	15000	15000
11	加：公允价值变动净收益	8	0	0
12	投资净收益	9	0	0
13	二、营业利润	10	11336.57	11336.57
14	加：营业外收入	11	0	0
15	减：营业外支出	12	0	0
16	三、利润总额	13	11336.57	11336.57
17	减：所得税费用	14	2834.1425	2834.1425
18	四、净利润	15	8502.4275	8502.4275

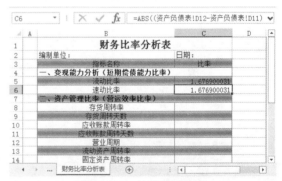

图10-16 利润表

01 打开财务比率分析表，选中“C5”单元格，根据公式“流动比率=流动资产/流动负债”计算流动比率，输入“=ABS(资产负债表!D12/资产负债表!H10)”，按“Enter”键确认输入，如图10-17所示。

02 选中“C6”单元格，根据公式“速动比率=（流动资产-存货）/流动负债”，计算速动比率，输入“=ABS((资产负债表!D12-资产负债表!D11)”，按“Enter”键确认输入，如图10-18所示。

C5　=ABS(资产负债表!D12/资产负债表!H10)

	B	C
1	财务比率分析表	
2	编制单位：	日期：
3	指标名称	比率
4	一、变现能力分析（短期偿债能力比率）	
5	流动比率	1.676900031
6	速动比率	
7	二、资产管理比率（营运效率比率）	
8	存货周转率	
9	存货周转天数	
10	应收账款周转率	
11	应收账款周转天数	
12	营业周期	
13	流动资产周转率	
14	固定资产周转率	

图10-17 计算流动比率

C6　=ABS((资产负债表!D12-资产负债表!D11)

	B	C
1	财务比率分析表	
2	编制单位：	日期：
3	指标名称	比率
4	一、变现能力分析（短期偿债能力比率）	
5	流动比率	1.676900031
6	速动比率	1.676900031
7	二、资产管理比率（营运效率比率）	
8	存货周转率	
9	存货周转天数	
10	应收账款周转率	
11	应收账款周转天数	
12	营业周期	
13	流动资产周转率	
14	固定资产周转率	

图10-18 计算速动比率

03 选中“C8”单元格，根据公式“存货周转率=销售成本/（（期初存货余额+期末存货余额）/2）”，输入“=ABS(利润表!C5/(资产负债表!C11+资产负债表!D11)/2)”，计算存货周转率，按“Enter”键确认输入，如图10-19所示。

04 选中“C9”单元格，根据公式“存货周转天数=360/存货周转率”，输入“=360/C8”，计算存货周转天数，按“Enter”键确认输入，如图10-20所示。

05 选中“C10”单元格，根据公式“应收账款周转率=销售收入/（（期初应收账款净额+期末应收账款金额）/2）”，计算应收账款周转率，输入“=利润表!C4/((资产负债表!C9+资产负债表!D9)/2)”，按“Enter”键确认输入，如图10-21所示。

06 选中"C11"单元格，根据公式"应收账款周转天数=360/应收账款周转率"，计算应收账款周转天数，输入"=360/C10"，按"Enter"键确认输入，如图10-22所示。

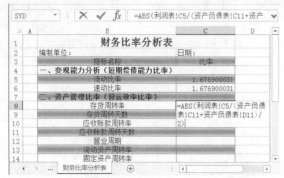

图10-19　计算存货周转率

图10-20　计算存货周转天数

图10-21　计算应收账款周转率

图10-22　计算应收账款周转天数

07 选中"C12"单元格，根据公式"营业周期=存货周转天数+应收账款周转天数"，计算营业周期，输入"=C9+C11"，按"Enter"键确认输入，如图10-23所示。

08 选中"C13"单元格，根据公式"流动资产周转率=销售收入/（（流动资产期初余额+流动资产期末余额）/2）"，计算流动资产周转率，输入"=利润表!C4/（（资产负债表!C12+资产负债表!D12)/2)"，按"Enter"键确认输入，如图10-24所示。

图10-23　计算营业周期

图10-24　计算流动资产周转率

09 选中"C14"单元格，根据公式"固定资产周转率=销售收入/（（固定资产期初净值+固定资产期末净值）/2）"，计算固定资产周转率，输入"=利润表!C4/（（资产负债表!C17+资产负债表!D17)/2)"，按"Enter"键确认输入，如图10-25所示。

10 选中"C15"单元格，根据公式"总资产轴转率=销售收入/（（期初资产总额+期末资产总额）

/2）"，计算总资产周转率，输入"=利润表!C4/((资产负债表!C20+资产负债表!D20)/2)"，按
"Enter"键确认输入，如图10-26所示。

图10-25 计算固定资产周转率

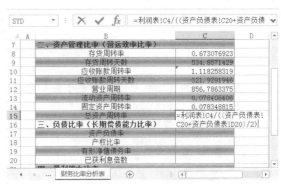

图10-26 计算总资产周转率

⑪ 选中"C17"单元格，根据公式"资产负债率=负债总额/资产总额"，计算资产负债率，输入
"=ABS(资产负债表!H14/资产负债表!D20)"，按"Enter"键确认输入，如图10-27所示。

⑫ 选中"C18"单元格，根据公式"产权比率=负债总额/股东权益"，计算产权比率，输入
"=ABS(资产负债表!H14/资产负债表!H19)"，按"Enter"键确认输入，如图10-28所示。

图10-27 计算资产负债率

图10-28 计算产权比率

⑬ 选中"C19"单元格，根据公式"有形净值负债率=负债总额/（股东权益-无形资产净值）"，计
算有形净值债务率，输入"=ABS(资产负债表!H14/(资产负债表!H19-0))"，按"Enter"键确认输
入，如图10-29所示。

⑭ 选中"C20"单元格，根据公式"已获利息倍数=息税前利润/利息费用"，计算已获利息倍数，输
入"=利润表!C9/利润表!C16"，按"Enter"键确认输入，如图10-30所示。

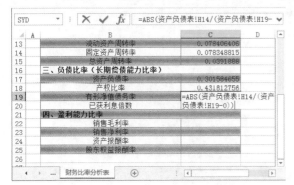

图10-29 计算有形净值债务率

图10-30 计算已获利息倍数

⑮ 选中"C22"单元格，根据公式"销售毛利率=（销售收入-销售成本）/销售收入净额"，计算销售毛利率，输入"=(利润表!C4-利润表!C5)/利润表!C4"，按"Enter"键确认输入，如图10-31所示。

⑯ 选中"C23"单元格，根据公式"销售净利率=净利润/销售收入净额"，计算销售净利率，输入"=利润表!C18/利润表!C4"，按"Enter"键确认输入，如图10-32所示。

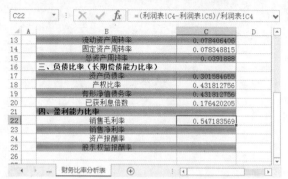

图10-31 计算销售毛利率　　　　　　　　图10-32 计算销售净利率

⑰ 选中"C24"单元格，根据公式"资产报酬率=净利润/平均资产总额"，计算资产报酬率，输入"=利润表!C18/(资产负债表!C20+资产负债表!D20)/2"，按"Enter"键确认输入，如图10-33所示。

⑱ 选中"C25"单元格，根据公式"股东权益报酬率=净利润/（（期初股东权益+期末股东权益）/2）"，计算股东权益报酬率，输入"=ABS(利润表!C18/(资产负债表!C19+资产负债表!D19)/2)"，按"Enter"键确认输入，如图10-34所示。

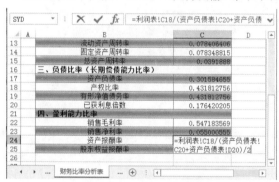

图10-33 计算资产报酬率　　　　　　　　图10-34 计算股东权益报酬率

⑲ 选中"C5：C6"、"C8：C15"、"C17：C20"和"C22：C25"单元格区域，将其设置为数值格式，小数位数设置为"2"，如图10-35所示。设置后的效果如图10-36所示。

图10-35 设置小数位数　　　　　　　　图10-36 最终效果

10.2 财务对比分析更直观

　　财务对比分析主要是通过将该企业的财务比率与标准财务比率进行对比，从而得出差额，再通过差额查找原因，以帮助企业更好的进行经营管理。

10.2.1 利用数据透视表进行财务对比分析

　　数据透视表具有分类汇总的能力，还可以添加字段，所以可以使用数据透视表计算财务比率与标准比率之间的差异值。

　　【例10-3】使用数据透视表对财务比率进行对比分析。

01 新建工作表，将其命名为"对比分析"，在其中构建财务对比分析表，输入标准值和实际值，如图10-37所示。

02 选中"A2：D14"单元格，打开"插入"选项卡，单击"表格"命令组中的"数据透视表"按钮，如图10-38所示。

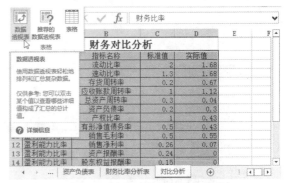

图10-37　构建账务对比分析表　　　　图10-38　单击"数据透视表"按钮

03 弹出"创建数据透视表"对话框，核对所选区域是否正确，选择"新工作表"单选项，单击"确定"按钮，如图10-39所示。

04 弹出空白的数据透视表和"数据透视表字段"窗格，在"数据透视表字段"窗格中，将字段拖至合适区域，如图10-40所示。

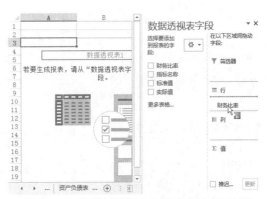

图10-39　"创建数据透视表"对话框　　　图10-40　将数据透视表字段移动到合适区域

05 关闭"数据透视表字段"窗格，单击数据透视表任意单元格，打开"数据透视表工具-设计"选项卡，单击"布局"命令组中的"报表布局"按钮，弹出下拉列表，从中选择"以表格形式显示"选项，如图10-41所示。

06 单击"布局"命令组中的"分类汇总"按钮，弹出下拉列表，从中选择"不显示分类汇总"选项，如图10-41所示。

图10-41 选择"以表格形式显示"选项　　　图10-42 选择"不显示分类汇总"选项

07 打开"数据透视表工具"选项卡，单击"数据透视表"命令组中的"选项"按钮，如图10-43所示。

08 弹出"数据透视表选项"对话框，打开"布局和格式"选项卡，勾选"合并且居中排列带标签的单元格"复选框，单击"确定"按钮，如图10-44所示。

图10-43 单击"选项"按钮　　　　　　图10-44 "数据透视表选项"对话框

09 打开"数据透视表工具—分析"选项卡，单击"计算"命令组中的"字段、项目和集"按钮，弹出下拉列表，从中选择"计算字段"选项，如图10-45所示。

10 弹出"插入计算字段"对话框，在"名称"文本框中输入"差异"，在"公式"文本框中输入"=实际值-标准值"，单击"确定"按钮，如图10-46所示。

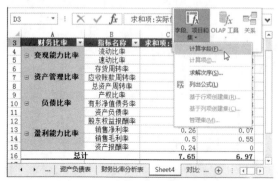
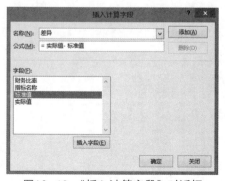

图10-45 选择"计算字段"选项　　　　图10-46 "插入计算字段"对话框

⑪ 此时，数据透视表中就多了一个名为"差异"的字段。单击"筛选"命令组中的"插入切片器"按钮，如图10-47所示。

⑫ 弹出"插入切片器"对话框，从中勾选"财务比率"复选框，单击"确定"按钮，如图10-48所示。

图10-47　单击"插入切片器"按钮

图10-48　"插入切片器"对话框

⑬ 弹出财务比率切片器，将鼠标移动到切片器右下角，当鼠标变成" "时，按住鼠标左键，移动鼠标，调节切片器的大小，如图10-49所示。

⑭ 单击切片器，打开"切片器工具-选项"选项卡，单击"切片器样式"命令组中的"其他"按钮，弹出下拉列表，从中选择"切片器样式深色6"选项，如图10-50所示。

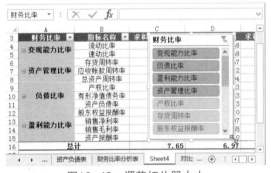

图10-49　调整切片器大小

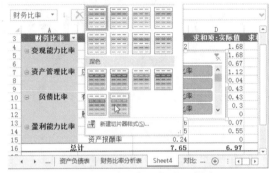

图10-50　设置切片器样式

⑮ 设置好切片器样式后，选择切片器中"盈利能力比率"选项，如图10-51所示。此时，就对数据透视表进行了筛选，最终效果如图10-52所示。

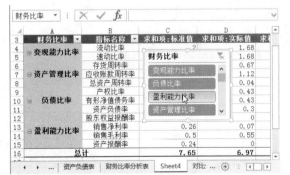

图10-51　使用切片器进行筛选

图10-52　最终效果

10.2.2　利用图表进行直观分析

数据透视图是用来辅助数据透视表的，使用数据透视图可以使数据透视表中的数据更加直观地显示出来，也更加容易进行比较。

【例10-4】使用数据透视图对财务比率进行对比分析。

① 单击财务比率切片器上的"清除筛选器"按钮，取消数据透视表的筛选状态，如图10-53所示。

② 打开"数据透视表工具—分析"选项卡，单击"工具"命令组中的"数据透视图"按钮，如图10-54所示。

图10-53　单击"清除筛选器"按钮

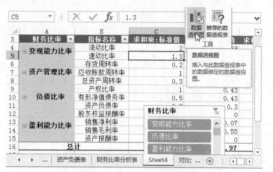

图10-54　单击"数据透视图"按钮

③ 弹出"插入图表"对话框，从中选择"折线图"选项，单击"折线图-带数据标记的折线图"按钮，如图10-55所示。

④ 弹出数据透视图，在图上分别显示了各类指标的标准值、实际值和差异值，如图10-56所示。

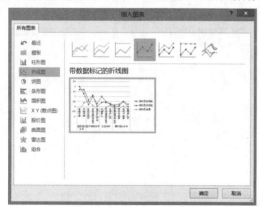

图10-55　"插入图表"对话框

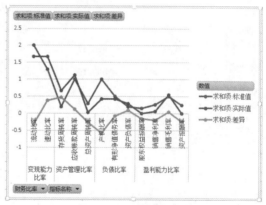

图10-56　数据透视图

⑤ 打开"数据透视表工具—分析"选项卡，单击"显示"命令组中的"字段按钮"按钮，弹出下拉列表，从中取消对"显示值字段按钮"选项的勾选，如图10-57所示。

⑥ 返回数据透视图，此时，值字段按钮就不显示了。接着为数据透视图添加标题为"财务比率对比分析"，如图10-58所示。

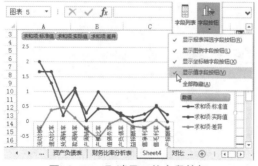

图10-57　取消显示值字段按钮

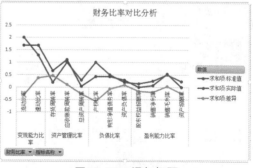

图10-58　添加标题

07 选中图例，按"Delete"键将其删除。打开"数据透视图工具—设计"选项卡，单击"图表布局"命令组中的"添加图表元素"按钮，弹出下拉列表，选择"数据表-显示图例项标示"选项，如图10-59所示。

08 此时，数据透视图中就添加了带图例项标示的数据表，在表中详细列出了各个比率的值，如图10-60所示。

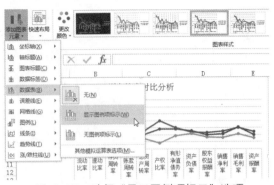

图10-59　选择"显示图例项标示"选项

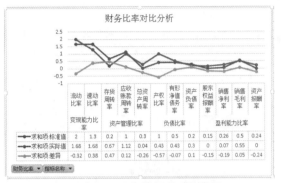

图10-60　添加数据表后的效果

09 打开"分析"选项卡，单击"显示—隐藏"命令组中的"字段列表"按钮，如图10-61所示。

10 打开"数据透视图字段"窗格，从中取消对"财务比率"字段复选框的勾选，如图10-62所示。

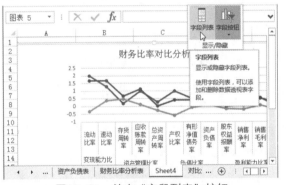

图10-61　单击"字段列表"按钮

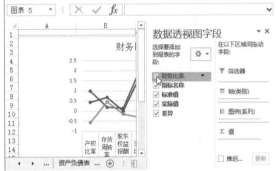

图10-62　取消"财务比率"字段的勾选

11 此时，在数据透视图上，财务比率字段就消失了。选择财务比率切片器中的"盈利能力比率"选项，如图10-63所示。

12 此时，在数据透视图上就只显示关于盈利能力的4个财务指标的值，如图1-64所示。通过切片器也可以对数据透视图进行筛选分析。

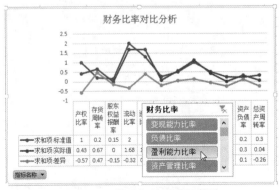

图10-63　使用切片器进行筛选

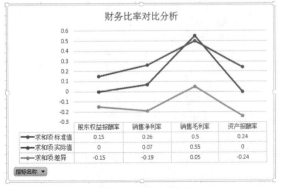

图10-64　最终效果

10.3 轻松进行财务趋势分析

财务趋势分析时通过比较企业连续几期的财务报表或财务比率，来了解企业财务状况变化的趋势，并以此来预测企业未来财务状况，判断企业的发展前景。

【例10-5】使用迷你图进行财务趋势分析（使用迷你图查看一年中各月份，销售净利润的走势情况）。

01 新建工作表，将其命名为"趋势分析"，在其中构建财务趋势分析的基本框架，然后选中"C3"单元格，在其中输入"=(B3-$B$3)/$B$3"，按"Enter"键确认输入，计算净利润百分比，如图10-65所示。

02 将鼠标移动到"C3"单元格的右下角，当鼠标变成"+"时，按住鼠标左键，向下移动鼠标，填充公式，如图10-66所示。

图10-65 计算净利润百分比   图10-66 向下填充公式

03 选中"C3：C10"单元格区域，打开"开始"选项卡，在"数字"命令组中将数字格式设置为"百分比"，如图10-67所示。

04 选中"D3：D5"单元格，单击"对齐方式"命令组中"合并后居中"的下拉按钮，弹出下拉列表，从中选择"取消单元格合并"选项，如图10-68所示。

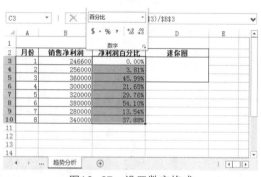
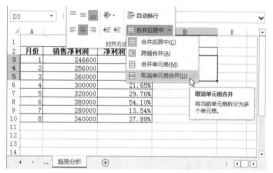

图10-67 设置数字格式   图10-68 取消合并单元格

05 选中"D3"和"D5"单元格，打开"插入"选项卡，单击"迷你图"命令组中的"折线图"按钮，如图10-69所示。

06 弹出"创建迷你图"对话框，在"数据范围"文本框中输入"B3：C10"，然后单击"确定"按钮，如图10-70所示。

07 此时，在选中的单元格中，出现迷你图，按照数据的大小，形成不同的趋势，如图10-71所示。

08 打开"迷你图工具—设计"选项卡，在"显示"命令组中勾选"标记"复选框，此时的迷你图如图10-72所示。

图10-69 单击"折线图"按钮

图10-70 "创建迷你图"对话框

图10-71 创建的迷你图

图10-72 勾选"标记"复选框

09 由于迷你图是同时创建的,所以这两个迷你图是一个组合,如果要取消组合,可以在"分组"命令组中,单击"取消组合"按钮,如图10-73所示。即可取消迷你图的组合。

10 选中第一个迷你图,在"样式"命令组中单击"其他"按钮,弹出下拉列表,从中选择合适的样式,最终效果如图10-74所示。

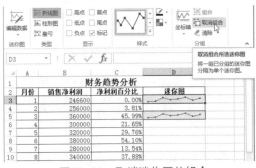

图10-73 取消迷你图的组合

图10-74 修改迷你图样式

10.4 伟大的杜邦分析

杜邦分析法利用几种重要的财务比率之间的关系来综合地分析企业的财务状况,这种分析方法最早由美国杜邦公司使用,故名杜邦分析法。杜邦分析法是一种用来评价公司盈利能力和股东权益回报水平,从财务角度评价企业绩效的一种经典方法,其基本思想是将企业净资产收益率逐级分解为多项财务比率乘积,这样有助于深入分析比较企业经营业绩。

10.4.1 初识杜邦分析体系

杜邦分析法是将净资产收益率分解为三部分进行分析,这三部分分别是利润率、总资产周转率和财务杠杆。

1. 分析的基本思路

（1）净资产收益率是一个综合性最强的财务分析指标，是杜邦分析系统的核心。

（2）资产净利率是影响权益净利率的最重要的指标，具有很强的综合性，而资产净利率取决于销售净利率和总资产周转率的高低。总资产周转率是反映总资产的周转速度。对于资产周转率的分析，需要对影响资产周转的各因素进行分析，以判明影响公司资产周转的主要问题在哪里。销售净利率反映销售收入的收益水平。扩大销售收入，降低成本费用是提高企业销售利润率的根本途径，而扩大销售，同时也是提高资产周转率的必要条件和途径。

（3）权益乘数表示企业的负债程度，反映了公司利用财务杠杆进行经营活动的程度。资产负债率高，权益乘数就大，这说明公司负债程度高，公司会有较多的杠杆收益，但风险也高；反之，资产负债率低，权益乘数就小，这说明公司负债程度低，公司会有较少的杠杆利益，但相应所承担的风险也低。

2. 涉及的财务指标

● 净资产收益率=资产净利率×权益乘数=销售净利率×资产周转率×权益乘数

● 资产净利率=销售净利率×总资产周转率

● 权益乘数=1/（1−资产负债率）

● 净资产收益率=（利润总额/销售收入）×（销售收入/总资产）×（总资产/总权益）

3. 分析步骤

（1）从权益报酬率开始，根据会计资料，主要是资产负债表和利润表，逐步分解计算各指标。

（2）将计算出的指标填入杜邦分析图。

（3）逐步进行前后期比较分析，也可以进一步进行企业间的横向比较分析。

10.4.2 利用杜邦指标进行分析

用户已经了解了杜邦分析的思路和步骤，那么下面就可以根据该思路进行杜邦分析了，首先需要创建杜邦分析图，然后进行数据核算。

【例10-6】创建杜邦分析图。

01 新建工作表，将其命名为"杜邦分析"，在其中构建杜邦分析模型的基本框架，设置字体格式和边框，如图10-75所示。

02 打开"插入"选项卡，单击"插图"命令组中的"形状"按钮，弹出下拉列表，从中选择"直线"选项，如图10-76所示。

图10-75　构建杜邦分析的基本框架

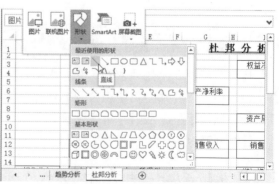

图10-76　选择"直线"选项

03 此时，鼠标变成"+"字形，按住鼠标左键，移动鼠标，绘制直线，如图10-77所示。

04 复制直线，然后将鼠标放置到直线右端的控制点上，按住鼠标左键，鼠标变成"+"字形，移动鼠标，可以调整直线的长短和方向，如图10-78所示。

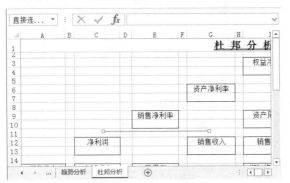

图10-77　绘制直线

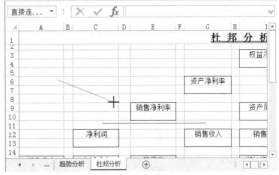

图10-78　调整直线大小和方向

05 同样的方法，绘制直线，通过直线，建立起各指标之间的关系图，如图10-79所示。

06 按住"Ctrl"键，同时选中插入的直线，打开"绘图工具—工具"选项卡，单击"排列"命令组中的"组合"按钮，弹出下拉列表，从中选择"组合"选项，如图10-80所示。

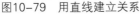

图10-79　用直线建立关系

图10-80　选择"组合"选项

07 同样的方法，为其他的直线建立组合，然后选中所有的组合，如图10-81所示。

08 打开"绘图工具—格式"选项卡，单击"形状样式"命令组中的"其他"按钮，弹出下拉列表，从中选择"细线，深色1"选项，如图10-82所示。

图10-81　选中所有组合

图10-82　选择"细线，深色1"选项

09 选中"A16"单元格，在其中输入"=利润表!C4"，按"Enter"键确认输入，如图10-83所示。

10 使用同样的方法，引入利润表和资产负债表中的数据，效果如图10-84所示。

图10-83　引用销售收入

图10-84　导入全部相关数据

⑪ 选中"C16"单元格，根据"全部成本=销售成本+销售费用+管理费用+财务费用"，计算全部成本，输入"=A19+C19+E19+G19"，按"Enter"键确认输入，如图10-85所示。

⑫ 选中"C13"单元格，根据"净利润=销售收入-全部成本-所得税"，计算净利润，输入"=A16-C16-E16"，按"Enter"键确认输入，如图10-86所示。

图10-85　计算全部成本

图10-86　计算净利润

⑬ 选中"E10"单元格，根据"销售净利率=净利润/销售收入净额"，计算销售净利率，输入"=C13/G13"，按"Enter"键确认输入，如图10-87所示。

⑭ 选中"I16"单元格，根据"期初资产总额=资金及有价证券期初余额+应收账款净额期初余额+存货期初余额+固定资产净值期初余额"，计算期初资产总额，输入"=I19+K19+M19+O19"，按"Enter"键确认输入，如图10-88所示。

图10-87　计算销售净利率

图10-88　计算期初资产总额

⑮ 选中"M16"单元格，根据"期末资产总额=资金及有价证券期末余额+应收账款净额期末余额+存货期末余额+固定资产净值期末余额"，计算期末资产总额，输入"=I20+K20+M20+O20"，按"Enter"键确认输入，如图10-89所示。

⓰ 选中"K13"单元格,根据"平均资产总额=(期初资产总额+期末资产总额)/2",计算平均资产总额,输入"=(I16+M16)/2",按"Enter"键确认输入,如图10-90所示。

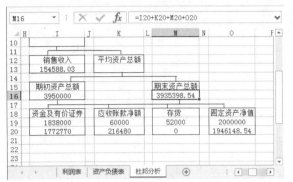

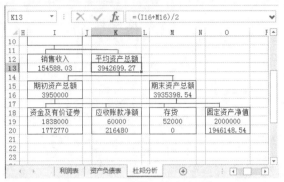

图10-89 计算期末资产总额　　　　　　　　　图10-90 计算平均资产总额

⓱ 选中"I10"单元格,根据"总资产周转率=销售收入/平均资产总额",计算资产周转率,输入"=I13/K13",按"Enter"键确认输入,如图10-91所示。

⓲ 选中"G7"单元格,根据"资产净利率=销售净利率×总资产周转率",计算资产净利率,输入"=E10*I10",按"Enter"键确认输入,如图10-92所示。

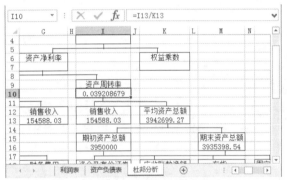

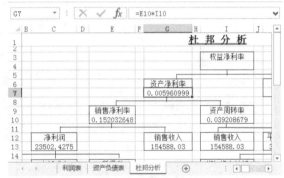

图10-91 计算资产周转率　　　　　　　　　　图10-92 计算资产净利率

⓳ 选中"K7"单元格,根据"权益乘数=1/(1-资产负债率)",计算权益乘数,输入"=1/(1-ABS(资产负债表!H14/资产负债表!D20))",按"Enter"键确认输入,如图10-93所示。

⓴ 选中"I4"单元格,根据"权益净利率=资产净利率×权益乘数",计算权益净利率,输入"=G7*K7",按"Enter"键确认输入,如图10-94所示。

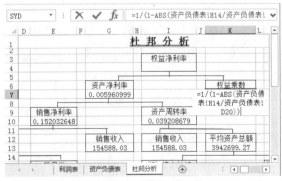

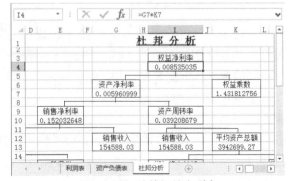

图10-93 计算权益乘数　　　　　　　　　　　图10-94 计算权益净利率

㉑ 选中"I4"、"G7"、"K7"、"E10"和"I10"单元格,将其数字格式设置为"百分比",如图10-95所示。

㉒ 将其余包含数字的单元格设置为"会计专用"格式，如图10-96所示。

图10-95 设置百分比格式

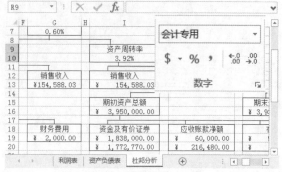

图10-96 设置会计专用格式

㉓ 将鼠标移动到状态栏中的缩放滑块上，将显示比例设置为"80%"，然后打开"视图"选项卡，在"显示"命令组中，取消对"网格线"复选框的勾选，最终效果如图10-97所示。

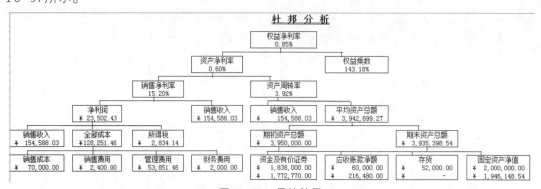

图10-97 最终效果

10.5 非常重要的日常业务预算

财务预算是一系列专门反映企业未来一定预算期内预计财务状况和经营成果，以及现金收支等价值指标的各种预算的总称。财务预算包括销售预算、生产预算、现金预算等。

10.5.1 销售预算

销售预算一般是企业生产经营全面预算的编制起点，生产、材料采购、存货费用等方面的预算，都要以销售预算为基础。销售预算是一个财务计划，它包括完成销售计划的每一个目标所需要的费用，以此来保证公司销售利润的实现。

【例10-7】创建销售预算表。

➊ 单击"新工作表"按钮，新建工作表，将工作表命名为"销售预算表"，如图10-98所示。

➋ 在工作表中输入基本数据，设置其格式，并为表格添加边框，如图10-99所示。

➌ 选中"D3"单元格，在其中输入"=C3*D3"，按"Enter"键确认输入，计算预计的销售收入，如图10-100所示。

➍ 选中"D3：D14"单元格区域，打开"开始"选项卡，单击"编辑"命令组中的"填充"按钮，弹出下拉列表，从中选择"向下"选项，如图10-101所示。

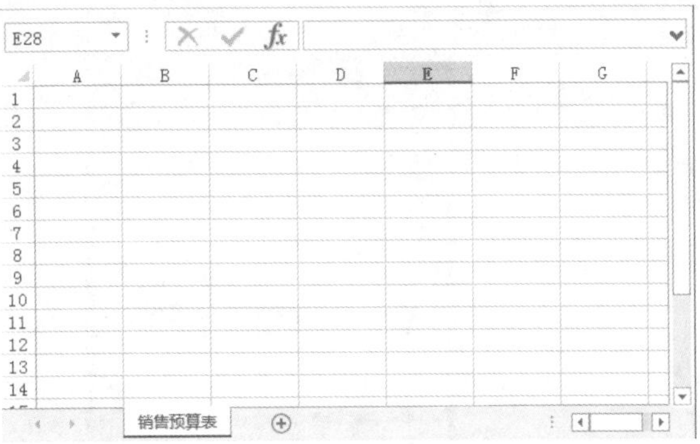

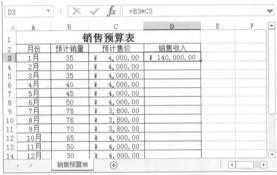

图10-98 新建工作表

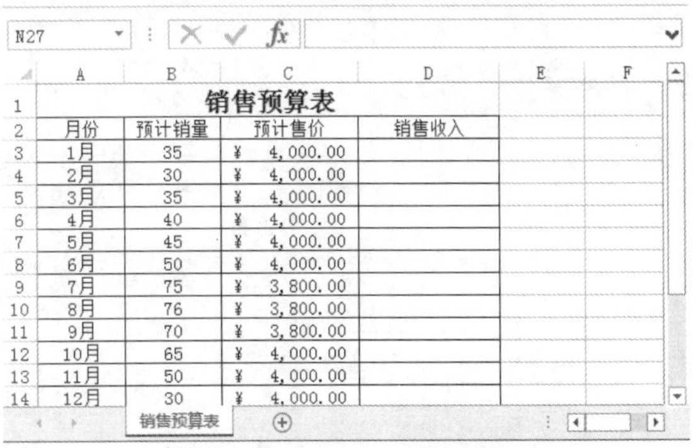

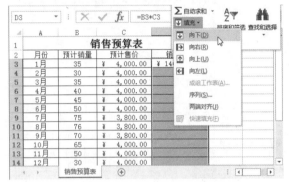

图10-99 构基本框架

图10-100 计算销售收入

图10-101 选择"向下"选项

05 选中第一列，在其上单击鼠标右键，弹出快捷菜单，从中选择"插入"选项，如图10-102所示。

06 此时，就在工作表中插入了一列，在其中按照月份输入"第一季度"、"第二季度"等，并为其添加边框，如图10-103所示。

图10-102 选择"插入"选项

图10-103 插入"季度"列

07 选中"A2：E14"单元格区域，打开"数据"选项卡，单击"分级显示"命令组中的"分类汇总"按钮，如图10-104所示。

08 弹出"分类汇总"对话框，在"分类字段"下拉列表中选择"季度"选项，在"选定汇总项"列表框中勾选"预计销量""销售收入"复选框，其他保持默认设置，如图10-105所示。

09 单击"确定"按钮，返回工作表编辑区后，可以看到系统对工作表进行了分类汇总，如图10-106所示。

10 单击"□"按钮，即可隐藏明细数据，只显示汇总数据，如图10-107所示。显示了汇总的季度和年份数据。

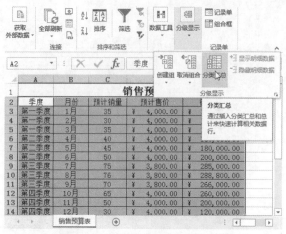

图10-104 单击"分类汇总"按钮

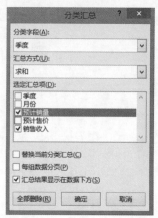

图10-105 "分类汇总"对话框

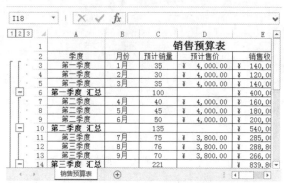

图10-106 显示分类汇总的结果

图10-107 只显示汇总数据

10.5.2 生产预算

生产预算是根据销售预算编制的，它是用来计划为满足预算的销售量及期末存货所需的资源。计划期间除必须有足够的产品以供销售之外，还必须考虑到计划期期初和期末存货的预计水平，避免存货太多形成积压，或存货太少影响下期销售。

【例10-8】创建生产预算表（在生产预算表中，计划期初存货是财务人员预算出来的，期末存货量是根据销售趋势获得的。在本案例中将按不高于20%的比例预留存货）。

01 新建名称为"生产预算表"的工作表，在其中构建生产预算表的基本框架，输入基本数据，设置其格式，添加边框，如图10-108所示。

02 选中"C3"单元格，在其中输入"=销售预算表!C3"，按"Enter"键确认输入，如图10-109所示。同样的方法，导入预算表中其他对应的数据。

03 选中"E3"单元格，在其中输入"=INT(C3*0.2)"，按"Enter"键确认输入，计算预计期末存货量，如图10-110所示。同样的方法，计算其他月份的预计期末存货量。

04 在"D3"单元格中输入1月份的预计期初存货量后，选中"D4"单元格，在其中输入"=E3"，按"Enter"键确认输入，如图10-111所示。向下填充公式计算其他月份的预计期初存货量。

05 选中"F3"单元格，输入"=C3+E3-D3"，按"Enter"键确认输入，如图10-112所示。计算预计生产量。

06 将鼠标移动到"F3"单元格的右下角，当鼠标变成"+"时，按住鼠标左键不放，向下移动鼠标，填充公式，效果如图10-113所示。

图10-108　构建生产预算表基本框架

图10-109　计算预计销量

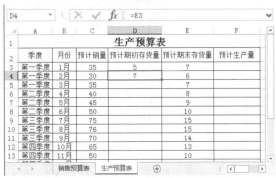

图10-110　计算期末存货量

图10-111　计算预计期初存货量

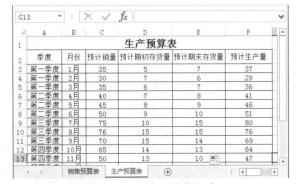

图10-112　计算预计生产量

图10-113　向下填充公式

07 选中"A2：F14"单元格区域，打开"数据"选项卡，单击"分析显示"命令组中的"分类汇总"按钮，如图10-114所示。

08 弹出"分类汇总"对话框，在"分类字段"下拉列表中选择"季度"选项，在"选定汇总项"列表框中选择"预计销量"、"预计期初存货量"、"预计期末存货量"和"预计生产量"复选框，其他保持默认设置，如图10-115所示。

09 单击"确定"按钮后，系统就对工作表进行了分类汇总，选中"A6：F6"、"A10：F10"、"A14：F14"和"A18：F19"单元格区域，打开"开始"选项卡，单击"填充颜色"下拉按钮，从弹出的下拉列表中选择"黄色"，如图10-116所示。

10 此时，所有的汇总行，都被填充了换色底纹，如图10-117所示。在表中，可以清晰地看到每个月、每个季度以及全年的预算情况。

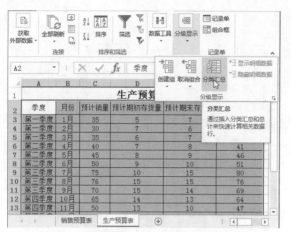

图10-114 单击"分类汇总"按钮

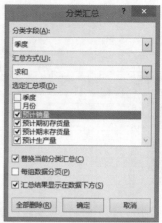

图10-115 "分类汇总"对话框

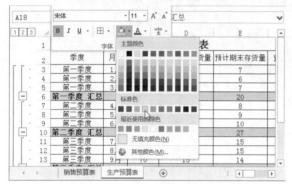

图10-116 选择"黄色"选项

图10-117 最终效果

10.6 上机实训

通过对本章内容的学习，读者对使用Excel进行财务分析和财务预算有了更深的了解。下面再通过两个实训操作来温习和拓展前面所学的知识。

10.6.1 创建财务分析导航页面

在一个工作簿中含有很多的工作表，为了尽快的找到指定的工作表，用户可以设置导航页面，通过超链接来进行定位。下面介绍创建财务分析导航页面的相关操作。

01 新建工作表，将其命名为"财务分析导航"，打开"插入"选项卡，单击"插图"命令组中的"SmartArt"按钮，如图10-118所示。

02 弹出"选择SmartArt图形"对话框，从中选择"层次结构—水平多层层次结构"选项，如图10-119所示。然后单击"确定"按钮。

03 此时，弹出SmartArt图形，选中其中一个图形，打开"SMARTART工具—设计"选项卡，单击"创建图形"命令组中的"添加形状"按钮，弹出下拉按钮，选择"在后面添加形状"选项，如图10-120所示。

04 此时，在选中图形的下方又添加了一个图形，在图形中输入文字，效果如图10-121所示。

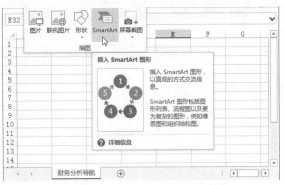

图10-118 单击"SmartArt"按钮

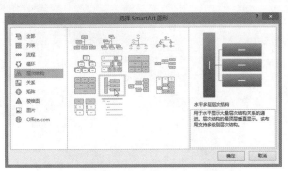

图10-119 "选择SmartArt图形"对话框

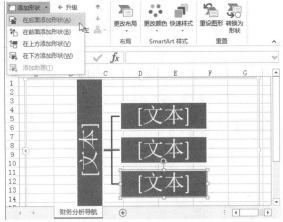

图10-120 选择"在后面添加形状"选项

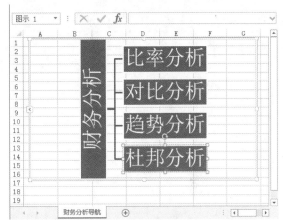

图10-121 输入文字

05 打开"SMARTART工具—设计"选项卡，单击"更改布局"按钮，弹出下拉列表，从中选择"图形图片层次结构"选项，如图10-122所示。

06 此时，原先的SmartArt图形更改为带有图片的SmartArt图形，单击其中的图片按钮，如图10-123所示。

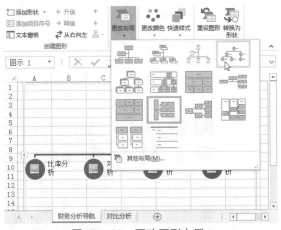

图10-122 更改图形布局

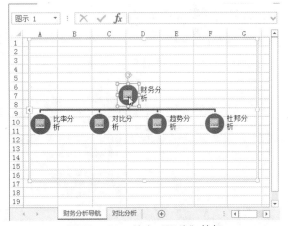

图10-123 单击"图片"按钮

07 弹出"插入图片"页面，单击"来自文件"栏中的"浏览"按钮，如图10-124所示。

08 弹出"插入图片"对话框，从中选择合适的图片，单击"插入"按钮，如图10-125所示。

图10-124　单击"浏览"按钮　　　　　　图10-125　"插入图片"对话框

09 同样的方法，为每个图形都添加上图片，然后选中"财务分析"文本框，调整文本框的大小，如图1-126所示。同样的方法，调整其他图形的大小。

10 单击"SmartArt样式"命令组中的"更改颜色"按钮，弹出下拉列表，从中选择"彩色轮廓—着色5"选项，如图10-127所示。

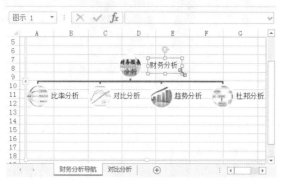

图10-126　调整文本框大小

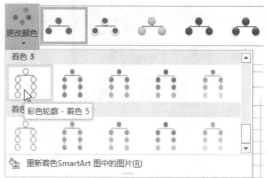

图10-127　选择"彩色轮廓，着色5"选项

11 打开"SMARTART工具—格式"选项卡，单击"形状样式"命令组中的"形状填充"按钮，弹出下拉列表，从中选择合适多的颜色，然后再次单击该按钮，从弹出的下拉列表中选择"渐变-线型向上"选项，如图10-128所示。

12 选中所有的文本框，单击"形状样式"命令组中的"其他"按钮，弹出下拉列表，从中选择"细微效果-水绿色，强调颜色5"选项，如图10-129所示。

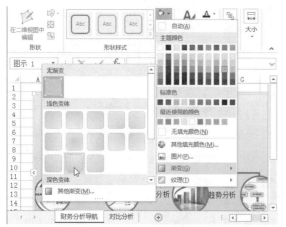

图10-128　设置渐变填充

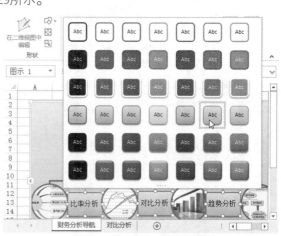

图10-129　设置形状样式

⑬ 调整文本框的位置，然后选中所有的图片，如图10-130所示。

⑭ 打开"图片工具-格式"选项卡，单击"图片样式"命令组中"图片效果"按钮，弹出下拉列表，从中选择"预设—预设4"选项，如图10-131所示。

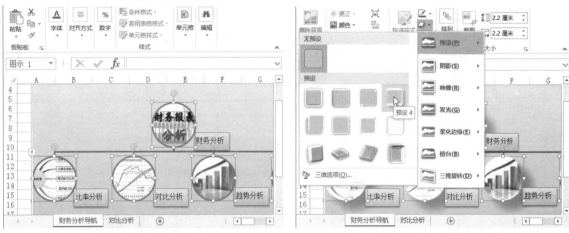

图10-130 选中所有图片　　　　　　图10-131 选择"预设4"选项

⑮ 选中最左边的图片，在上面单击鼠标右键，弹出快捷菜单，从中选择"超链接"选项，如图10-132所示。

⑯ 弹出"插入超链接"对话框，在"链接到"列表框中选择"本文档中的位置"选项，单击"屏幕提示"按钮，如图10-133所示。

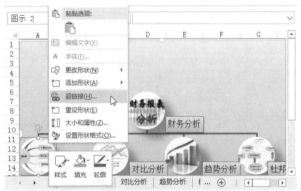

图10-132 选择"超链接"选项　　　　图10-133 "插入超链接"对话框

⑰ 弹出"设置超链接屏幕提示"对话框，在"屏幕提示文字"文本框中输入"切换到"财务比率分析表""，单击"确定"按钮，如图10-134所示。

⑱ 返回到"插入超链接"对话框，选择"或在此文档中选择一个位置"列表框中的"财务比率分析表"选项，单击"确定"按钮，如图10-135所示。

⑲ 同样的方法，为其他的图片也添加超链接。然后打开"SMARTART工具—设计"选项卡，单击"重置"命令组中的"转换为形状"按钮，如图10-136所示。

⑳ 此时，将鼠标移动到添加了超链接的图片上，将显示屏幕提示信息，如图10-137所示。

㉑ 单击该图片，将会切换到链接到的工作表，如图10-138所示，切换到了"对比分析"工作表。

㉒ 对图形进行适当的调整，最终的效果如图10-139所示。

图10-134　"设置超链接屏幕提示"对话

图10-135　单击"确定"按钮

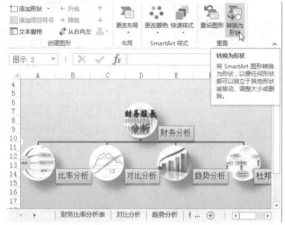

图10-136　单击"转换为形状"按钮

图10-137　显示屏幕提示

图10-138　切换到链接的工作表

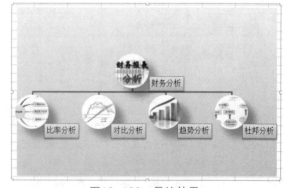

图10-139　最终效果

10.6.1　制作采购预算表

采购预算是指采购部门在一定的计划期间，编制材料采购的用款计划。采购预算是以生产预算为基础进行编制的。下面介绍制作采购预算表的相关操作。

01 新建名称为"材料采购"工作表，在其中构建采购预算表的基本框架，设置其格式和边框，如图10-140所示。

02 选中"C3"单元格，在其中输入"=生产预算表!F3"，按"Enter"键确认输入，如图10-141所示。同样的方法，导入生产预算表中的其他数据。

图10-140 构建采购预算表

图10-141 导入预计生产量

03 输入单位产品材料用量。选中"E3"单元格,在其中输入"=D3*C3",按"Enter"键确认输入,如图10-142所示。然后将公式填充到下方的单元格中。

04 选中"G3"单元格,在其中输入"=E3*0.15",按"Enter"键确认输入,如图10-143所示。计算预计期末存量。然后将公式填充到下方的单元格中。

图10-142 计算生产需求量

图10-143 计算预计期末存量

05 在"F3"单元格中输入1月份的预计期初存量。选中"F4"单元格,在其中输入"=G3",按"Enter"键确认输入,如图10-144所示。然后将公式填充到下方的单元格中。

06 选中"H3"单元格,在其中输入"=E3+G3-F3",按"Enter"键确认输入,计算预计材料采购量,如图10-145所示。然后将公式填充到下方的单元格中。

图10-144 计算预计期末存量

图10-145 计算预计材料采购量

07 选中"J3"单元格,在其中输入"=I3*H3",按"Enter"键确认输入,计算预计采购金额,如图10-146所示。然后将公式填充到下方的单元格中。

08 选中"A2:J14"单元格区域,打开"数据"选项卡,单击"分级显示"命令组中的"分类汇总"按钮，如图10-147所示。

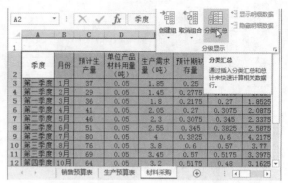

图10-146　计算预计采购金额　　　　　　　图10-147　单击"分类汇总"按钮

⑨ 弹出"分类汇总"对话框，在"分类字段"下拉列表中选择"季度"选项，在"选定汇总项"列表框中勾选"生产需求量"、"预计期初存量"、"预计期末存量"、"预计材料采购量"和"预计采购金额"复选框，其他保持默认设置，如图10-148所示。

图10-148　"分类汇总"对话框

⑩ 单击"确定"按钮，返回工作表编辑区，选中汇总行，将其单元格样式设置为"汇总"，最终效果如图10-149所示。

	A	B	C	D	E	F	G	H	I	J
1				采购预算表						
2	季度	月份	预计生产量	单位产品材料用量（吨）	生产需求量（吨）	预计期初存量	预计期末存量	预计材料采购量	单价	预计采购金额
3	第一季度	1月	37	0.05	1.85	0.25	0.2775	1.8775	8000	15020
4	第一季度	2月	29	0.05	1.45	0.2775	0.2175	1.39	8000	11120
5	第一季度	3月	36	0.05	1.8	0.2175	0.27	1.8525	8000	14820
6	第一季度 汇总				5.1	0.745	0.765	5.12		40960
7	第二季度	4月	41	0.05	2.05	0.27	0.3075	2.0875	8000	16700
8	第二季度	5月	46	0.05	2.3	0.3075	0.345	2.3375	8000	18700
9	第二季度	6月	51	0.05	2.55	0.345	0.3825	2.5875	8000	20700
10	第二季度 汇总				6.9	0.9225	1.035	7.0125		56100
11	第三季度	7月	80	0.05	4	0.3825	0.6	4.2175	8000	33740
12	第三季度	8月	76	0.05	3.8	0.6	0.57	3.77	8000	30160
13	第三季度	9月	69	0.05	3.45	0.57	0.5175	3.3975	8000	27180
14	第三季度 汇总				11.25	1.5525	1.6875	11.385		91080
15	第四季度	10月	64	0.05	3.2	0.5175	0.48	3.1625	8000	25300
16	第四季度	11月	47	0.05	2.35	0.48	0.3525	2.2225	8000	17780
17	第四季度	12月	26	0.05	1.3	0.3525	0.195	1.1425	8000	9140
18	第四季度 汇总				6.85	1.35	1.0275	6.5275		52220
19	总计				30.1	4.57	4.515	30.045		240360

图10-149　最终效果

10.7 常见疑难解答 💡

　　下面将对学习过程中常见的疑难问题进行汇总，以帮助读者更好地理解前面所讲的内容。

Q：如何修改网格线的颜色？

A： 打开任意工作表，执行"文件—选项"命令，弹出"Excel选项"对话框，选择"高级"选项，然后单击"网格线颜色"按钮，弹出下拉列表，从中选择合适的颜色，单击"确定"按钮即可更改网格线的颜色，如图10-150所示。

Q：如何调整Excel的显示比例？

A： 打开"视图"选项卡，单击"显示比例"命令组中的"显示比例"按钮，弹出"显示比例"对话框，从中设置显示比例即可，如图10-151所示。

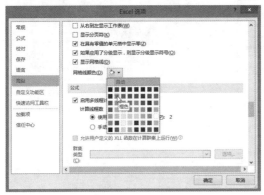

图10-150　"Excel选项"对话框　　　　图10-151　"显示比例"对话框

Q：如何旋转图形？

A： 选中图形，打开"绘图工具—格式"选项卡，单击"排列"命令组中的"旋转"按钮，弹出下拉列表，从中选择合适的旋转角度即可。

Q：在数据透视表中，如何隐藏自动生成的行字段汇总？

A： 单击数据透视表的任意单元格，打开"数据透视表工具—设计"选项卡，单击"布局"命令组中的"分类汇总"按钮，弹出下拉列表，从中选择"不显示分类汇总"选项即可。

Q：如何显示迷你图的横坐标？

A： 单击迷你图，打开"迷你图工具—设计"选项卡，单击"分组"命令组中的"坐标轴"按钮，弹出下拉列表，从中选择"显示坐标轴"选项即可。

Q：如何引用其他工作簿中工作表中的数据？

A： 引用其他工作簿中工作表中的数据，其引用表达形式为："[工作簿名称]工作表名称!单元格引用"。若被引用的工作簿中有一个或多个空格，则需用单引号将其引起来。

Q：嵌套函数有哪些注意事项？

A： 嵌套函数一般以逻辑函数中的IF和AND为前提条件，并与其他函数组合使用。它利用"插入函数"对话框，以通常参数指定的顺序嵌套函数，一个函数中最多可包含七级嵌套函数。从嵌套的函数返回原来的函数时，可以直接使用编辑栏。

10.8 拓展应用练习 📖

为了让用户能够更好地掌握使用图表进行财务分析，用户可以做做下面的练习。

◉ 创建瀑布图

本例将帮助用户练习使用Excel创建瀑布图，练习设置图表，使用图表分析财务数据等。创建图表的原始数据如图10-152所示，最终效果如图10-153所示。

图10-152　数据源

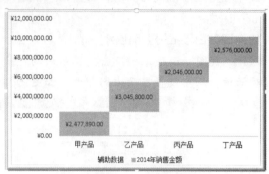

图10-153　最终效果

操作提示

01 创建堆积柱形图；

02 将"辅助数据"系列的填充颜色设置为"无"；

03 添加数据标签；

04 设置数据系列的填充色和图表样式。

◉ 创建阶梯图

本例将帮助用户练习使用Excel创建阶梯图，通过XY散点图与误差线的结合创建阶梯图，分析销售数据，数据源如图10-154所示，最终效果如图10-155所示。

月份	销售量	X误差线	Y误差线
1	346580	1	-112380
2	458960	1	16330
3	442630	1	40000
4	402630	1	-82970
5	485600	1	-46800
6	532400	1	-117600
7	650000	1	71040
8	578960	1	20000
9	558960	1	57700
10	501260	1	11620
11	489640	1	31040
12	458600	1	458600

图10-154　数据源

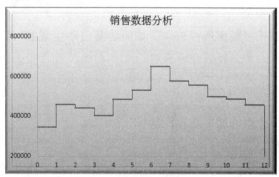

图10-155　最终效果

操作提示

01 创建XY散点图；

02 添加标准误差线；

03 对误差线进行设置；

04 设置数据标记；

05 设置图表的形状样式和形状效果。

附录A 财务与会计知识

A.1 会计科目

表A-1 会计科目参照表

序号	编号	名称	序号	编号	名称
一、资产类			二、负债类		
1	1001	库存现金	1	2001	短期借款
2	1002	银行存款	2	2101	交易性金融负债
3	1012	其他货币资金	3	2201	应付票据
4	1101	交易性金融资产	4	2202	应付账款
5	1121	应收票据	5	2203	预收账款
6	1122	应收账款	6	2211	应付职工薪酬
7	1123	预付账款	7	2221	应交税费
8	1131	应收股利	8	2232	应付股利
9	1132	应收利息	9	2231	应付利息
10	1221	其他应收款	10	2241	其他应付款
11	1231	坏账准备	11	2314	代理业务负债
12	1321	代理业务资产	12	2801	预计负债
13	1401	材料采购	13	2401	递延收益
14	1402	在途物资	14	2501	长期借款
15	1403	原材料	15	2502	应付债券
16	1404	材料成本差异	16	2701	长期应付款
17	1405	库存商品	17	2702	未确认融资费用
18	1406	发出商品	18	2711	专项应付款
19	1407	商品进销差价	19	2901	递延所得税负债
20	1408	委托加工物质			
21	1411	周转材料	三、共同类		
22	1471	存货跌价准备	1	3101	衍生工具
23	1461	融资租赁资产	2	3202	套期工具
24	1501	持有至到期投资	3	3202	被套期项目
25	1502	持有至到期投资减值准备			
26	1503	可供出售金融资产	四、所有者权益类		
27	1511	长期股权投资	1	4001	实收资本
28	1512	长期股权投资减值准备	2	4002	资本公积
29	1521	投资性房地产	3	4101	盈余公积
30	1531	长期应收款	4	4103	本年利润
31	1532	未实现融资收益	5	4104	利润分配
32	1601	固定资产	6	4201	库存股

续表

序号	编号	名称	序号	编号	名称
33	1602	累积折旧			
34	1603	固定资产减值准备	六、损益类		
35	1604	在建工程	1	6001	主营业务收入
36	1605	工程物资	2	6051	其他业务收入
37	1606	固定资产清理	3	6101	公允价值变动损益
38	1701	无形资产	4	6111	投资收益
39	1702	累计摊销	5	6301	营业外收入
40	1703	无形资产减值准备	6	6401	主营业务收入
41	1711	商誉	7	6402	其他业务成本
42	1801	长期待摊费用	8	6403	营业税金及附加
43	1811	递延所得税资产	9	6601	销售费用
44	1901	待处理财产损溢	10	6602	管理费用
			11	6603	财务费用
五、成本类			12	6604	勘探费用
1	5001	生产成本	13	6701	资产减值损失
2	5101	制造费用	14	6711	营业外支出
3	5201	劳务成本	15	6801	所得税费用
4	5301	研发支出	16	6901	以前年度损益调整

A.2 核算方式

表A-2 各种核算方式一览表

核算形式	记账凭证核算形式
特点	直接根据记账凭证，逐笔登记总分类账，是最基本的核算形式。
需设置的凭证、账簿	凭证：收款凭证、付款凭证、转账凭证 账簿：现金日记账、银行存款日记账、总分类账、明细分类账
优点	简单明了，易于理解，总分类账较详细地记录和反映经济业务的发生情况，来龙去脉清楚，便于了解经济业务动态和查对账目。
缺点	如果企业规模大，则工作量很大。
适用范围	规模小，且经济业务较少的单位。
核算形式	**科目汇总表核算形式**
特点	定期将所有记账凭证汇总编制成科目汇总表，据此登记总分类账。
需设置的凭证、账簿	凭证：收款凭证、付款凭证、转账凭证 账簿：现金日记账、银行存款日记账、总分类账和明细分类账
优点	由于总分类账是根据定期编制的科目汇总表登记的，大大减少了登记总账的工作量。
缺点	科目汇总表按总账科目汇总编制，只能作为登记总账和试算平衡的依据，不便于分析和检查经济业务的来龙去脉，不便于查对账目。
适用范围	经济业务量较多的经济单位。
核算形式	**汇总记账凭证核算形式**
特点	先定期将全部记账凭证、付款凭证和转账凭证分别归类编制成汇总记账凭证，再根据汇总记账凭证登记总分类账。

核算形式	汇总记账凭证核算形式
需设置的凭证、账簿	凭证：收款凭证、付款凭证、转账凭证，汇总的收、付、转账凭证 账簿：三栏式现金日记账和银行存款日记账、总分类账和明细分类账
优点	便于通过有关科目之间的对应关系，了解经济业务的来龙去脉，克服了科目汇总表的缺点；减少了登记总分类账的工作量，克服了记账凭证核算形式的缺点。
缺点	汇总记账凭证是按每一贷方科目，而不是按经济业务的性质归类、汇总的，因而不利于会计核算工作的分工，当转账凭证量多时，编制汇总记账凭证的工作量较大。
适用范围	规模大、经济业务较多的经济单位。

A.3 记账凭证财务处理程序

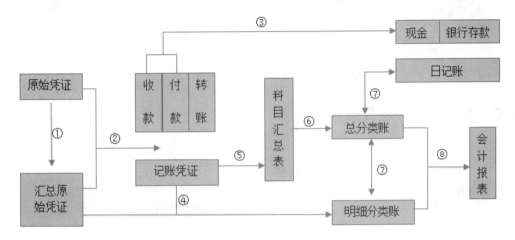

图A-1 记账凭证账务处理程序图

A.4 汇总记账凭证财务处理程序

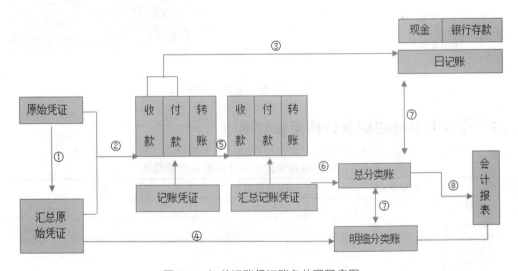

图A-2 汇总记账凭证账务处理程序图

A.5　科目汇总表账务处理程序

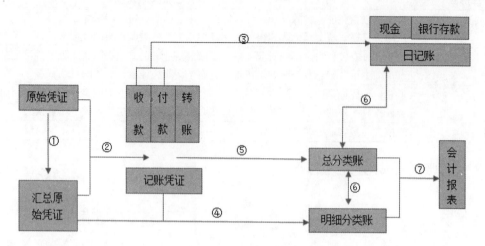

图A-3　科目汇总表账务处理程序图

A.6　费用核算一般程序

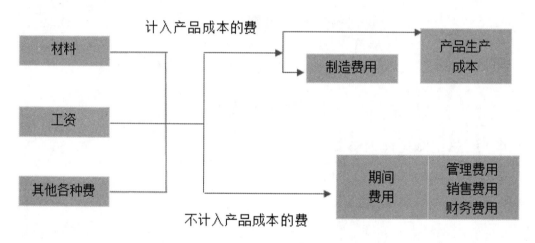

图A-4　费用核算一般程序图

A.7　企业和其他组织会计档案保管期限

表A-3　企业和其他组织会计档案保管期限表

序号	档案名称	保管期限	备注
一	会计凭证类		
1	原始凭证	15年	
2	记账凭证	15年	
3	汇总凭证	15年	
二	会计账簿类		
4	总账	15年	包括日记总账

续表

序号	档案名称	保管期限	备注
5	明细账	15年	
6	日记账	15年	现金和银行日记账25年
7	固定资产卡片		固定资产报废清理后5年
8	辅助账簿		
三	财务报告类		包括各级主管部门汇总财务报告
9	月、季度财务报告	3年	包括文字分析
10	年度财务报告（决算）	永久	包括文字分析
四	其他类		
11	会计移交清册	15年	
12	会计档案保管清册	永久	
13	会计档案销毁清册	永久	
14	银行余额调节表	5年	
15	银行对账单	5年	

A.8 财政总预算、行政事业单位等会计档案保管期限

表A-4 财政总预算、行政事业单位等会计档案保管期限表

序号	档案名称	财政总预算	行政事业单位	税收会计	备注
一、	会计凭证类				
1	国家金库编送的各种报表及缴库退库凭证	10年		10年	
2	各收入机关编送的报表	10年			
3	行政单位和事业单位的各种会计凭证		15年		包括：原始凭证、记账凭证和传票汇总表
4	各种完税凭证和缴、退库凭证			15年	缴款书存根联在销号后保管2年
5	财政总预算拨款凭证及其他会计凭证	15年			包括：拨款凭证和其他会计凭证
6	农牧业税结算凭证			15年	
二、	会计账簿类				
7	日记账		15年	15年	
8	总账	15年	15年	15年	
9	税收日记账（总账）和税收票证分类出纳账		25年		
10	明细分类、分户账或登记簿	15年	15年	15年	
11	现金出纳账、银行存款账		25年	25年	
12	行政单位和事业单位固定资产明细账（卡片）				固定资产报废清理后保管5年
三、	财务报告类				
13	财政总预算	永久			
14	行政单位和事业单位决算	10年	永久		
15	税收年报（决算）	10年		永久	

续表

序号	档案名称	财政总预算	行政事业单位	税收会计	备注
16	国家金库年报（决算）	10年			
17	基本建设拨、贷款年报（决算）	10年			
18	财政总预算会计旬报	3年			所属单位报送保管2年
19	财政总预算会计月、季度报表	5年			所属单位报送的保管2年
20	行政单位和事业单位会计月、季度报表		5年		所属单位报送的保管2年
21	税收会计报表（包括票证报表）			10年	电报保管1年，所属税务机关报送的保管3年
四、	其他类				
22	会计移交清册	15年	15年	15年	
23	会计档案保管清册	永久	永久	永久	
24	会计档案销毁清册	永久	永久	永久	

A.9 "借"和"贷"的含义

表A-5 "借"和"贷"所表示的增减含义

借方	账户类别	贷方
表示资产或费用的增加	资产 费用	表示资产或费用的减少
表示负债、所有者权益、收入的减少	负债 所有者权益 收入	表示负债、所有者权益、收入的增加

附录B　Excel常用快捷键

表B-1　处理工作表快捷键

快捷键	功能
Shift+ F11或 Alt+ Shift+ F1	插入新工作表
Ctrl+ Page Up	移动到共组簿的上一张工作表
Ctrl+Page Down	移动到共组簿的下一张工作表
Shift+ Ctrl+ Page Up	选择当前工作表和上一张工作表
Shift+ Ctrl+Page Down	选择当前工作表和下一张工作表
Alt+O H R	对当前工作表重命名
Alt+E M	移动或复制当前工作表
Alt+E L	删除当前工作表

表B-2　选择单元格、行和列以及对象快捷键

快捷键	功能
Ctrl+空格键	选定整列
Shift+空格键	选定整行
Ctrl+A	选定整张工作表
Shift+ BackSpace	如果选定了多个单元格，则只选定其中的活动单元格
Ctrl+ Shift+空格键	在选定了一个对象的情况下，选定工作表上的所有对象
Ctrl+6	在隐藏对象、显示对象和显示对象占位符之间切换

表B-3　在选定区域内移动快捷键

快捷键	功能
Enter	在选定区域内从上往下移动
Shift+ Enter	在选定区域内从下往上移动
Tab	在选定区域中从左向右移动
Ctrl+ Alt+←	向左切换到下一个不想领的选定区域
Shift+ Tab	在选定区域中从右向左移动
Ctrl+句号	按顺时针方向移动到选定区域的下一个角
Ctrl+ Alt+→	在不相邻的选定区域中，向右切换到下一个选定区域

表B-4　以"结束"模式移动快捷键

快捷键	功能
End	打开或关闭"滚动锁定"模式
End，箭头键	在一行或列内以数据块为单位移动
End，Home	移动到工作表的最后一个单元格
End，Enter	在当前行中向右移动到最后一个非空白单元格
ScrollLock	将选定区域扩展到窗口左上角的单元格

续表

快捷键	功能
向上键或向下键	向上或向下滚动一行
向左键或向右键	向左或向右滚动一行
Home	移动到窗口左上角的单元格

表B-5　在工作表内移动快捷键

快捷键	功能
箭头键	向上、下、左或右移动一个单元格
Ctrl+箭头键	移动到当前数据区域的边缘
Ctrl+ Home	移动到工作表的开头
Home	移动到行首
Ctrl+End	移动到工作表的最后一个单元格
Page Down	向下移动一屏
Page Up	向上移动一屏
Alt+ Page Down	向右移动一屏
Alt+ Page Up	向左移动一屏
Shift+ F6	切换到被拆分的工作表中的上一个窗格
Ctrl+ F6	切换到下一个工作簿窗口
Ctrl+BackSpace	滚动并显示活动单元格
F5	显示"定位"对话框
Shift+ F5	显示"查找"对话框
Shift+ F4	重复上一次查找操作
Tab	在受保护的工作表上的非锁定单元格之间移动

表B-6　选定具有特定特征的单元格快捷键

快捷键	功能
Ctrl+ Shift+*	选择环绕活动单元格的当前区域；在数据透视表中，它将选择整个数据透视表
Ctrl+/	选定包含活动单元格的数组
Ctrl+ Shift+O	选择所有包含批注的单元格
Ctrl+\	在选定的行中，选取与活动单元格中的值不匹配的单元格
Ctrl+ Shift+|	在选定的列中，选取与活动单元格中的值不匹配的单元格
Ctrl+ [	选取由选定区域中的公式直接引用的所有单元格
Ctrl+ Shift+{	选取由选定区域中的公式直接或间接引用的所有单元格
Ctrl+]	选取包含直接引用活动单元格的公式的单元格
Ctrl+ Shift+}	选取包含直接或间接引用活动单元格的公式的单元格
Alt+;	选取当前选定区域中的可见单元格
F8	打开或关闭扩展模式，在扩展模式中，"扩展选定区域"将出现在状态栏行中，并且按箭头键可扩展选定范围。
Shift+ F8	可以使用箭头键将非邻近单元格或区域添加到单元格的选定范围中
Shift+箭头键	将选定区域扩展一个单元格
Ctrl+ Shift+箭头键	将选定区域扩展到与活动单元格在同一列或同一行的最后一个非空单元格
Shift+ Home	将选定区域扩展到行首
Ctrl+ Shift+ Home	将选定区域扩展到工作表的开始处

续表

快捷键	功能
Ctrl+ Shift+ End	将选定区域扩展到工作表上最后一个使用的单元格
Shift+ Page Down	将选定区域向下扩展一屏
Shift+ Page Up	将选定区域向上扩展一屏
End+ Shift+箭头键	将选定区域扩展到活动单元格在同一列或同一行的最后一个非空单元格
End+ Shift+ Home	将选定区域扩展到工作表的最后一个使用的单元格
End+ Shift+Enter	将选定区域扩展到当前行中的最后一个单元格
ScrollLock+Shift+Home	将选定区域扩展到窗口左上角的单元格
ScrollLock+Shift+ End	将选定区域扩展到窗口右上角的单元格

表B-7　输入、编辑、格式设置和计算数据快捷键

快捷键	功能
Enter	完成单元格输入并选取下一个单元格
Alt+ Enter	在单元格中换行
Ctrl+Enter	用当前输入项填充选定的单元格区域
Shift+ Enter	完成单元格输入并向上选取一个单元格
Tab	完成单元格输入并向右选取一个单元格
Shift+ Tab	完成单元格输入并向左选取一个单元格
Esc	取消单元格输入
F4或Ctrl+Y	重复上一个命令或操作
Ctrl+ Shift+ F3	由行列标志创建名称
Ctrl+D	使用"向下填充"命令将选定范围内最顶层单元格的内容和格式复制到下面的单元格中
Ctrl+R	使用"向右填充"命令将选定范围最左边单元格的内容和格式复制到右边的单元格中
Ctrl+ F3	定义名称
Ctrl+K	为新的超链接显示"插入超链接"对话框,或为选定的现有超链接显示"编辑超链接"对话框
Ctrl+;	输入日期
Ctrl+ Shift+:	输入时间
Alt+↓	显示清单的当前列中的数值下拉列表
Ctrl+Z	使用"撤销"命令来撤销上一个命令或删除最后键入的内容

表B-8　输入与添加计算公式快捷键

快捷键	功能
F2	编辑活动单元格并将插入点放在单元格内容的结尾。如果禁止在单元格中进行编辑,它也会将插入点移到编辑栏中
Backspace	在编辑栏内,向左删除一个字符
Enter	在单元格或编辑栏中完成单元格输入
Ctrl+ Shift+ Enter	将公式作为数组公式输入
F3	显示"粘贴名称"对话框,仅当工作簿中存在名称时才可用
Alt+=	用SUM函数插入"自动求和"公式
Ctrl+ Shift+ "	将值从活动单元格的上方的单元格复制到单元格或编辑栏中

续表

快捷键	功能
Ctrl+'	将公式从活动单元格上方的单元格复制到单元格或编辑栏中
Ctrl+`	在工作表中切换显示单元格值和公式
F9	计算所有打开的工作簿中的所有工作表
Shift+ F3	显示"插入函数"对话框
Ctrl+A	当插入点位于公式中某个函数名称的右边时,会打开"函数"对话框
Ctrl+ Shift+A	当插入点位于公式中某个函数名称的右边时,将会插入参数名称和括号
Shift+ F9	计算活动工作表
Ctrl+ Alt+ F9	计算所有打开的工作簿中的所有工作表,不管它们自上次计算以来是否已更改
Ctrl+ Alt+ Shift+ F9	重新检查相关公式,然后计算所有打开的工作簿中的所有单元格,其中包括未标记为需要计算的单元格

表B-9 编辑数据快捷键

快捷键	功能
F2	编辑活动单元格并将插入点放在单元格内容的结尾。
Alt+ Enter	在单元格中换行
Delete	删除插入点右侧的字符或删除选定区域
Ctrl+ Delete	删除插入点到行末的文本
F7	显示"拼写检查"对话框,以检查活动工作表或选定范围中的拼写
Shift+ F2	添加或编辑单元格批注
Ctrl+Z	使用"撤销"命令来撤销上一个命令或删除最后键入的内容
Ctrl+ Shift+ Z	显示"自动更正"智能标记时,撤销或恢复上一次的自动更正

表B-10 插入、删除和复制单元格快捷键

快捷键	功能
Ctrl+C	复制选定的单元格
Ctrl+X	剪切选定的单元格
Ctrl+V	在插入点处插入剪贴板的内容,并替换任何所选内容。
Ctrl+−	显示用于删除选定单元格的"删除"对话框
Ctrl+ Shift++	显示用于插入空白单元格的"插入"对话框

表B-11 设置数据格式快捷键

快捷键	功能
Alt+'	显示"样式"对话框
Ctrl+1	显示"单元格格式"对话框
Ctrl+ Shift+~	应用"常规"数字格式
Ctrl+ Shift+$	应用带有两位小数的"货币"格式
Ctrl+ Shift+%	应用不带小数位的"百分比"格式
Ctrl+ Shift+^	应用带有两位小数的"科学计算"格式
Ctrl+ Shift+#	应用带有日、月和年的"日期"格式
Ctrl+ Shift+@	应用带有小时和分钟,以及AM或PM的"时间"格式
Ctrl+ Shift+!	应用带有两位小数、千位分隔符和减号的数值格式
Ctrl+U	应用或取消下划线
Ctrl+I	应用或取消倾斜格式设置

续表

快捷键	功能
Ctrl+5	应用或取消删除线
Ctrl+9	隐藏选定的行
Ctrl+0	隐藏选定的列
Ctrl+B	应用或取消加粗格式设置
Ctrl+ Shift+&	将外框引用于选定单元格

表B-12　设置边框快捷键

快捷键	功能
Ctrl+ Shift+_	从选定单元格中删除外框
Alt+T	应用或取消上框线
Alt+B	应用或取消下框线
Alt+L	应用或取消左框线
Alt+R	应用或取消右框线
Alt+H	如果选定了多行中的单元格，则应用或取消水平分隔线
Alt+V	如果选定了多列中的单元格，则应用或取消垂直分隔线
Alt+D	应用或取消下对角框线
Alt+U	应用或取消上对角框线

表B-13　输入特殊字符快捷键

快捷键	功能
Alt+0162	输入分币字符¢
Alt+0163	输入英镑字符£
Alt+0165	输入日元符号¥
Alt+0128	输入欧元符号€

表B-14　筛选区域的"自动筛选"命令快捷键

快捷键	功能
Alt+ ↓	在包含下拉箭头的单元格中，显示当前列的"自动筛选"列表
↓	选择"自动筛选"列表的下一项
↑	选择"自动筛选"列表的上一项
Alt+ ↑	关闭当前列的"自动筛选"列表
Home	选择"自动筛选"列表中的第一项
End	选择"自动筛选"列表中的最后一项
Enter	根据"自动筛选"列表中的选项筛选区域

表B-15　显示、隐藏和分级显示数据快捷键

快捷键	功能
Alt+ Shift+←	对行或列分组
Alt+ Shift+→	取消行或列分组
Ctrl+8	显示或隐藏大纲符号
Ctrl+9	隐藏选定的行
Ctrl+0	隐藏选定的列
Ctrl+ Shift+（	取消隐藏选定范围内所有隐藏的行
Ctrl+ Shift+）	取消隐藏选定范围内所有隐藏的列

附录C　财务函数汇总

表C-1　财务函数汇总表

函数名	函数功能
ACCRINT	返回定期支付利息的债券的应计利息
ACCRINTM	返回在到期日支付利息的债券的应计利息
AMORDEGRC	返回使用折旧系数的每个记账期的折旧值
MORLINC	返回每个记账期的折旧值
COUPDAYBS	返回从付息期开始到结算日之间的天数
COUPDAYS	返回包含结算日的付息期天数
COUPDAYSNC	返回从结算日到下一付息日之间的天数
COUPNCD	返回结算日之后的下一个付息日
COUPNUM	返回结算日和到期日之间的应付利息次数
COUPPCD	返回结算日之前的上一付息日
CUMIPMT	返回两个付款期之间累积支付的利息
CUMPRINC	返回两个付款期之间为贷款累积支付的本金
DB	使用固定余额递减法，返回一笔资产在给定期间内的折旧值
DDB	使用双倍余额递减法或其他方法，返回一笔资产在给定期间内的折旧值
DISC	返回债券的贴现率
DOLLARDE	将以分数表示的价格转换为以小数表示的价格
DOLLARFR	将以小数表示的价格转换为以分数表示的价格
DURATION	返回定期支付利息的债券的每年期限
EFFECT	返回年有效利率
FV	返回一笔投资的未来值
FVSCHEDULE	返回应用一系列复利率计算的初始本金的未来值
INTRATE	返回完全投资型债券的利率
IPMT	返回一笔投资在给定期间内支付的利息
IRR	返回一系列现金流的内部收益率
ISPMT	计算特定投资期内要支付的利息
MDURATION	返回假设面值为¥100的有价证券的Macauley修正期限
MIRR	返回正和负现金流以不同利率进行计算的内部收益率
NOMINAL	返回年度的名义利率
NPER	返回投资的期数
NPV	返回基于一系列定期的现金流和贴现率计算的投资的净现值
ODDFPRICE	返回每张票面为¥100且第一期为奇数的债券的现价
ODDFYIELD	返回第一期为奇数的债券的收益
ODDLPRICE	返回每张票面为¥100且最后一期为奇数的债券的现价
ODDLYIELD	返回最后一期为奇数的债券的收益
PMT	返回年金的定期支付金额

函数名	函数功能
PPMT	返回一笔投资在给定期间内偿还的本金
PRICE	返回每张票面为￥100且定期支付利息的债券的现价
PRICEDISC	返回每张票面为￥100的已贴现债券的现价
PRICEMAT	返回每张票面为￥100且在到期日支付利息的债券的现价
PV	返回投资的现值
RATE	返回年金的各期利率
RECEIVED	返回完全投资型债券的在到期日收回的金额
SLN	返回固定资产的每期线性折旧费
SYD	返回某项固定资产按年限总和折旧法计算的每期折旧金额
TBILLEQ	返回国库券的等价债券收益
TBILLPRICE	返回面值￥100的国库券的价格
TBILLYIELD	返回国库券的收益率
VDB	使用余额递减法，返回一笔资产在给定期间或部分期间内的折旧值
XIRR	返回一组现金流的内部收益率，这些现金流不一定定期发生
XNPV	返回一组现金流的净现值，这些现金流不一定定期发生
YIELD	返回定期支付利息的债券的收益
YIELDDISC	返回已贴现的债券的年收益
YIELDMAT	返回到期日支付利息的债券的年收益